Jean le Bleu

Jean Giono, une vie, une œuvre

par Pierre Kyria

JEAN GIONO

Œuvre romanesque

Collection présentée par Pierre Kyria

1 *Colline - Un de Baumugnes - Regain*

2 *Angélo - Mort d'un personnage*

3 *Le Bonheur fou - Les Récits de la demi-brigade*

4 *Un roi sans divertissement - Les Âmes fortes*

5 *Les Grands Chemins - Le Moulin de Pologne*

6 *Le Chant du monde - Deux Cavaliers de l'orage*

7 *Ennemonde et autres caractères - L'Iris de Suse*

8 *Jean le Bleu* suivi de *Jean Giono, une vie, une œuvre,* par Pierre Kyria

JEAN GIONO

Jean le Bleu

Jean Giono, une vie, une œuvre

par Pierre Kyria

FRANCE LOISIRS
123, boulevard de Grenelle, Paris

Une édition du Club France Loisirs, Paris,
réalisée avec l'autorisation des Éditions Grasset.

ISBN : 2-7242-8911-0

Jean le Bleu

CHAPITRE PREMIER

La route aux peupliers. — « Sire ».
— Djouan. — Le scapulaire.

Les hommes de mon âge, ici, se souviennent du temps où la route qui va à Sainte-Tulle était bordée d'une épaisse rangée de peupliers. C'est une mode lombarde de planter des peupliers le long des routes. Celle-là s'en venait avec sa procession d'arbres des fonds du Piémont. Elle chevauchait le mont Genèvre, elle coulait le long des Alpes, elle venait jusqu'ici avec sa charge de longues charrettes criantes et ces groupes de terrassiers frisés qui marchaient à grands pas en faisant flotter des chansons et des pantalons housards. Elle venait jusqu'ici mais pas plus loin. Elle allait avec ses arbres, ses tapeculs et ses Piémontais jusqu'à la petite colline de Toutes-Aures. Là, elle regardait par là-bas derrière. Ce qu'elle voyait, de là, c'était dans les fonds brumeux le poudroyant Vaucluse, boueux et torride, fumant comme une soupe aux choux. De là, ça sentait le gros légume, le riche et la plaine. De là, par beau temps, on voyait l'immobile pâleur des fermes fardées de chaux et le lent agenouillement des paysans gras dans l'alignée des serres à primeurs. De là, par jour de vent, montait l'odeur bouillonnante des lourds fumiers et le corps déchiqueté et sanglant des orages du Rhône. Les peupliers s'arrêtaient ici. Les charrettes coulaient à gros hoquets dans la gueule des auberges de roulage avec leur chargement de farine de maïs et de vin noir. Les terrassiers disaient : « *Porca madona* », ils éternuaient comme des mulets à qui on souffle de la fumée de pipe et ils restaient de ce côté-ci de la colline avec les peupliers et les charrettes. La grande auberge s'appelait : « Au territoire de Piémont ».

Ici, les terres étaient, à l'époque, des prés et de doux vergers qui esplandissaient en un printemps magnifique dès que le chaud remontait la Durance. Ils étaient dressés à connaître l'approche des grands jours. À quoi ? On ne sait pas ; à quelque cri d'oiseau, ou bien à cette flambée verte qui illuminait les collines aux soirs d'avril. Le tout est qu'ils commençaient à tressaillir quand le givre était encore dans l'herbe et, un beau matin, juste au moment où le chaud, tout bleu, pesait sur la Durance charnue, les vergers habillés de fleurs chantaient dans le vent tiède. Ça, nous l'avons tous vu quand nous n'étions encore que des enfants noirs, en blouse d'école.

Je me souviens de l'atelier de mon père. Je ne peux pas passer devant une échoppe de cordonnier sans croire que mon père est encore vivant, quelque part dans l'au-delà du monde, assis devant une table de fumée, avec son tablier bleu, son tranchet, ses ligneuls, ses alènes, en train de faire des souliers en cuir d'ange, pour quelque dieu à mille pieds.

Je connaissais les pas nouveaux dans l'escalier, j'entendais ma mère qui disait en bas :

— C'est au troisième, montez, vous verrez la lumière.

Et la voix qui répondait :

— *Grazie, signora*.

Et puis les pas.

Ils trébuchaient tous sur cette marche de grès, en arrivant presque au premier. Le palier tout descellé cliquetait sous les gros souliers. Les mains s'appuyaient aux deux murs dans l'ombre.

— En voilà un, disait mon père.

L'homme cherchait la poignée de la porte. Elle était cachée et, un peu folle, elle n'ouvrait pas du premier coup.

— *Putana* !

— C'est un Romagnol, disait mon père.

Et l'homme entrait.

Je me souviens qu'il leur donnait toujours la chaise près de la fenêtre, puis qu'il relevait ses lunettes ; il se mettait à parler en italien à l'homme assis, carré, les mains aux cuisses, tout parfumé de velours neuf et de vin. Des fois, c'était long. Des fois, le sourire venait presque tout de suite. Mon père parlait sans gestes, ou bien à gestes lourds, parce qu'il avait un soulier dans une main et dans l'autre main le tranchet. Il parlait tant qu'il n'avait pas vu le sourire. L'autre avait beau sortir des papiers, taper du dos de la main sur les papiers.

— *Porca di dio* !

Tant que le sourire n'était pas venu, mon père parlait et, des fois, l'autre disait alors dans un souffle :

— *Che belezza* !

Puis, il souriait.

Ils ne venaient d'ailleurs pas tout de suite chez mon père ; je ne sais même pas par quel miracle ils y venaient. Cela devait se transmettre chez eux comme une science d'hirondelle, ou bien marqué dans quelque coin de l'auberge, gravé au couteau sur le mur. Un signe, un rond et des croix, une étoile, un soleil, une chose qui devait dire dans leur langue malheureuse :

— Allez chez le père Jean.

Un signe qu'on ne devait voir que lorsqu'on était perdu, perdu comme de pauvres petites souris, un signe qui devait être marqué sur le mur à pleurer, le mur où on s'appuyait du coude pour pleurer. On s'appuyait pour pleurer et puis, on devait voir le signe gravé dans la pierre et on venait chez le père Jean.

Quand je me tenais près du montoir pour voir naviguer les longues charrettes chargées de vin, je voyais arriver aussi des Romagnols et des Canavezzani. Ils chantaient le « dolce amore ». Ils avaient le large feutre planté de travers, l'épaule heureuse, et ils s'arrêtaient sur le grand écart de leurs jambes pour regarder passer les filles. Entre ce moment-là et le temps où il fallait monter notre escalier en se tenant au mur des deux côtés, il y avait des bombances et des parties de mora à s'éborgner, tant à la fin les têtes étaient ballantes et les doigts de fer.

D'abord le sourire. Ensuite, mon père écrivait des lettres au roi d'Italie. À cette époque, j'avais grande confiance aux lettres au roi d'Italie. J'admirais cette humble planche de cordonnier, cet encrier d'un sou, ce porte-plume où la plume était liée au bois par une soie de porc, et puis la main de mon père toute mâchurée d'égratignures noires et qui tournait lourdement en écrivant « Sire ».

Maintenant, je sais, père, c'est toi seul qui faisais les miracles.

— Montez, vous verrez la lumière !

Ce soir-là, nous allions descendre. C'était l'heure de la soupe, en plein. Mon père avait déjà la lampe de cuivre à la main.

— Attends, dit-il.

On chantait dans l'escalier et c'était un pas, sûr et rapide ; un pas qui y voyait en pleine nuit par prescience, qui connaissait l'aplomb des aîtres.

— Je me demande qui c'est, dit mon père.

L'autre venait vers nous à travers la nuit et les murs et les ombres sonores de notre couloir, et le mystère religieux de notre ancien couvent de maison. Il chantait.

— Qui ça peut être ?

C'était un bel homme jeune et blond. Il emplissait toute la porte. Un gros béret de bure marine, tiré en pointu au-dessus de son front, faisait autour de sa tête une auréole en forme de cœur.

— Torino ? dit mon père.

— Turin, oui, dit l'autre en un français à peine un peu piqueté, commune de San Benedetto.

Il se mit à parler tout de suite. Il n'y avait pas pour celui-là la ressource du sourire : il souriait de tout son large ; il n'était que sourire. Il avait en même temps une telle aisance de gestes, un balancement si huileux du torse, un éventement si sûr de ses longs doigts, il avait tant d'équilibre à être beau, jeune et blond, qu'il envoûtait par la seule grâce de son mouvement de vie.

— Christou, disait-il, c'est peut-être moi le plus malade. Ça m'a été dit de venir vous voir. C'est ici ?

— Oui, c'est ici, dit mon père.

L'homme regarda ce pauvre atelier noir, avec sa litière de hachures de cuir et les grandes chandelles de toiles d'araignées qui pendaient du plafond.

— Explique-toi si ça presse, sinon reviens demain. Tu vois, on allait descendre à la soupe.

— J'ai vu, dit l'homme, la table est dressée en bas, mais la patronne m'a dit de monter. Eh ! oui, ça presse.

— Alors ?

— On m'aime trop, dit-il.

Mon père posa la lampe de cuivre sur le coin de la machine à coudre, il sortit son cornet de tabac et il bourra sa petite pipe de terre blanche.

Mon père eut le temps de bourrer et de fumer trois pipes. C'étaient, il est vrai, de petites pipes Gambier, de la marque Aristophane, pas plus grosses de fourneau qu'un dé de jeune fille. Je le regardais fumer, non plus à la posette comme il faisait à son habitude, mais régulier comme une pompe, il tirait sur le tuyau et soufflait la fumée sans arrêt. Dessous ses épais sourcils, ses yeux noircissaient. Il avait dit deux ou trois fois :

— Après, après, vite.

Du temps qu'ayant lâché de l'œil le jeune homme blond, il tirait le tabac de son cornet.

Je comprenais mal ce que disait l'homme. Ça coulait de lui comme une chanson plaintive, un gémissement de chien affamé de caresses. Des mots tombaient en moi comme des pierres sur de l'eau plate ; j'étais tout ému de cercles frissonnants qui s'arrondissaient en faisant trembler mon cœur ou brisaient soudain dans ma gorge une petite vague d'eau amère et froide. Ça n'avait pour moi que la force d'une chanson, mais toute la force d'une chanson. Il en était transfiguré, le parleur, comme huilé d'une lumière plus riche d'huile que la lueur pâle de notre lampe de cuivre. J'entendais des villages neufs éclore autour de moi en des éclatements de graines et vivre avec leur ruissellement de charrettes, d'araires, de torrents, de troupeaux, des envols de poules, d'hirondelles et de corbeaux. Des montagnes se gonflaient sous notre parquet, me portant tout debout jusqu'aux hauteurs du ciel, comme la houle de quelque géante mer. Et j'étais là-haut, pauvre naufragé extasié, déchiré de mon père, arraché du bon havre solide de sa bouche, de la belle frondaison pleine d'oiseaux qu'était sa barbe, de la molle colline de ses joues ; j'étais là-haut dans l'écume de la haute vague, seul, nu, meurtri, râpé jusqu'au sang par un terrible sel, mais en face d'un large pays neuf, arène de tous les vents, de toutes les pluies, de tous les gels, et le grand cyclone bleu de la liberté se vautrait devant moi dans des étendards de sable.

Mon père retira la pipe de sa bouche.

— Pauvre couillon, dit-il.

Il le disait à cet homme blond qui, tout d'un coup, parut cassé et mort comme si on avait fouillé dans son ventre à pleins doigts et retiré le petit mécanisme qui faisait aller les doigts et la langue dans le bel ordre séduisant.

Mon père resta un moment à regarder l'homme immobile et muet.

— Tu t'appelles ?

— Djouan.

Il prit la lampe.

— Viens manger la soupe avec nous.

On descendit, moi second, l'escalier où mon père portait la lumière. Derrière moi, le pas de Djouan cherchait les marches. Il s'embroncha. Il se retint à mon épaule.

« Pardoun, boccia », j'entendis qu'il disait humblement à voix basse.

Ma mère fit les quelques moues qu'elle faisait d'habitude et les haussements d'épaules derrière la porte du placard. Moi, j'avais pris déjà l'assiette à la planche de l'évier.

— Place-le là, dit mon père, en face de la glace. Enlève ton béret, il lui dit. Mets-toi à ton aise. C'est de la soupe de pauvre que tu vas manger.

On servit la soupe à la saucissette. Ma mère demanda à Djouan s'il aimait les pommes de terre écrasées ou entières. Il s'était détourné. Il avait léché la paume de sa main pour lisser ses cheveux.

— Pauline, dit mon père, tu te souviens d'être passée à Chorges ?

— Non, dit ma mère.

— Quand tu es allée à Remollon, avec le petit.

— J'ai été malade dans la voiture ; j'ai rien vu.

— Cet homme vient de Chorges, dit mon père. Et il y a fait des saloperies.

Je me souvenais, moi, de ce village de la route. Un camp volant, un campement de pierre, une halte de voyageurs. Les nuits et les jours pleins de grincements d'essieux, de craquements de roues, de claquements de fouets, de grondements de diligences, de cris, d'appels. Dans le sillage des lourdes charrettes quittant l'auberge écumait l'odeur rousse des écuries. Les garçons balançaient des lanternes. Une fille courait après un tilbury. La patache de Gap partait haut bâchée en accrochant toutes les branches des platanes. Du côté de l'Italie, les chevaux qui sentaient l'étape hennissaient dans les détours de la montagne. Je me souvenais de notre arrivée à la nuit tombante. On avait froid. Un air glacé passait au joint des vitres. Le postillon tapait du pied pour se réchauffer. Les chevaux fumaient dans la lumière du fanal comme si on les avait baignés d'eau bouillante. La route sonnait dure sous les roues. Je voyais ma mère toute pâle, toute gémissante, les lèvres sans couleur, et sa tête qui tapait contre le bois de la voiture. Dehors, rien qu'un val de schistes nus, un torrent vert et tout tordu, la nuit et le vent. Et puis, ça avait été soudain, à pleines vitres, le gros rire d'une auberge large ouverte, éclairée jusqu'au fond du gosier. Un homme en veste de peau de mouton fumait la pipe devant la porte. La voiture s'arrêta. Ça sentait l'âtre, l'assiette et la lampe.

— Dans Chorges même ? demanda mon père.

— Non, dit Djouan, dans une ferme.

— De quel côté ?

— La Menestre.

— Qu'est-ce que tu faisais là ?

— Comme ça.

Ça voulait dire : bien sûr, je n'avais rien à y faire, mais le hasard l'a voulu.

— Je m'étais arrêté avec un pied malade, dit Djouan.

— La femme ou la fille ? dit mon père.

— La femme.

— Laisse-le manger, dit ma mère.

— Il n'a qu'à manger en même temps, dit mon père. Il avait sous la barbe son menton dur. Il ajouta :

— L'homme non plus ne doit pas manger, là-haut.

— Je me fous de l'homme, dit Djouan.

— Et de ce que tu as tué son sommeil et son appétit ?

— Je me fous aussi.

— Et de ce que tu as pris à celui-là ce qui était tout entièrement à lui ?

— La femme l'aime plus. Elle m'aime moi. Elle est à mon bon goût. Elle est jeune ; c'est la liberté.

— C'est pas de ça que je parle.

— Il faut penser aussi, dit ma mère...

— Je parle, dit mon père, de sa paix.

Djouan avait sorti son grand couteau montagnard, large à la corne comme une serpe et plus fin de fil qu'un saignoir de boucher.

— Comment, sa paix ?

— Je connais ces fermes là-haut, dit mon père. Tu les connais, toi ?

— Oui, c'est pareil en Suza.

— Bon, pour vivre là il faut sa paix.

— Je me fous aussi.

— Non, dit mon père.

— Je te dis que je me fous aussi, dit Djouan.

— Qu'est-ce que tu as autour du cou ?

Mon père pointa son doigt vers le cou de Djouan et je vis une ficelle rouge.

— La Madona.

Il tira un scapulaire d'étoffe où saignait un cœur couleur d'orange.

— J'ai parlé de la paix, dit mon père.

La soupe était mangée.

— C'était son aide et son assistance, dit alors mon père. L'homme c'est comme une balle élastique. À des moments, pour qu'il remonte, il faut qu'une chose tape sur lui ; de sa propre force il ne peut pas. S'il est seul, il fait deux ou trois sauts dans l'herbe et il y reste mort. Compris ?

Il avait fait avec la main l'imitation du jeu de balle. Il continua :

— Il a la femme, tant que tu la lui laisses, tant qu'il ne sait pas. Toi, tu as la médaille.

— Je veux qu'on ait pareil, dit Djouan.

Il trancha la ficelle avec son couteau. Il plaqua le cœur d'étoffe sur la table.

— Je te le laisse.

Au bout d'un temps, il dit encore :

— Ça va, patron ?

Il avait gardé sa main sur le cœur sanglant. Il disait « patron » à mon père qui n'était le patron de personne, même pas de lui-même. Il avait les lèvres tremblantes et les yeux larges de celui qui voit venir la mort.

— Un peu mieux, dit mon père. Comme ça, c'est plus juste.

Djouan retira lentement sa main. Il se dressa. Il mit son béret.

— Compagnie ! dit-il en dressant sa main gauche en l'air pour le salut.

Il ouvrit la porte et il s'en alla, la laissant ouverte. Dehors, il pleuvait.

CHAPITRE II

Antonine et les deux Louisa. — Le couvent. — Sœur Dorothée. — Sœur Clémentine. — La Vierge morte.

J'allais à l'école chez les sœurs de la Présentation. C'étaient généralement des ouvrières de ma mère qui m'y conduisaient. Tantôt Antonine, tantôt Louisa, tantôt une autre Louisa.

Antonine était brusque et rousse ; sa main dure secouait mon poignet. Elle allait à grands pas. Elle riait en regardant les garçons et alors on voyait ses lèvres étroites s'ouvrir comme fendues au couteau sur des dents éclatantes. Elle avait, à ces moments-là, un regard tout amassé au coin de l'œil comme si elle avait fait couler toute cette boue violette qui était son regard d'habitude dans le pointu de l'œil pour le verser, de là, comme du canon d'une burette dans l'œil des garçons. Je le voyais bien, moi. J'avais peur, chaque fois, de retrouver après le regard des orbites blanches, et de voir le garçon s'en aller en courant avec la couleur d'Antonine... On pouvait tout craindre car, en me quittant à la porte grillagée de l'école, elle avait pour moi le même regard, et je savais bien, moi, que tout le reste du jour était oscillé de lunules violettes et que je ne pouvais plus rien regarder : ni fleurs, ni buis, ni statues de vierge, sans être entouré du fourmillement dansant et luisant de cette constellation.

La première Louisa était lisse, douce et blanche comme une dragée. Avant de partir, elle se tournait vers la glace, lustrait ses cheveux, arrangeait son col de dentelle, sortait sa petite boîte à poudre.

— Oui, Louisa, disait ma mère ; ça va, ma fille.

Louisa avait de petites mains frémissantes et tièdes comme des oiseaux. À chaque galopade de chevaux ou cris de rues, elle me tirait contre elle, elle me serrait contre elle à me faire toucher sa cuisse de la tête. Et chaque fois je m'étonnais de sentir sous ses jupes cette grosse chose mouvante et chaude. Se pouvait-il qu'il y eût sous ces jupes — toujours propres, toujours taillées au fin ciseau, et fraîches, et fleuries comme des haies d'aubépines — se pouvait-il qu'elles fussent pleines d'une bête nue et ronronnante ? Louisa avait des yeux clairs et ronds qui regardaient toujours en face avec l'innocence d'une enfance qui s'était continuée à travers sa beauté et par sa beauté. Elle faisait face au vent et à la rue, à la rue qui ruisselait de chevaux, de portefaix, de brouettes et d'hommes portant des planches ; elle faisait face à tout avec son visage de dragée et ses beaux yeux calmes. Oseriez-vous ? semblait-elle dire. Ce petit enfant-là et moi, moi ? Ce moi était si doux, si lisse et si blanc ! J'enfonçais mes petites mains dans la tiédeur de ses mains. Je la regardais ; elle me souriait. Nous marchions du même pas, moi me forçant un peu pour atteindre au rythme vélivole et longuement balancé de sa marche à hauts talons, et parfois elle chantonnait un chant léger tout parfumé de son odeur et qui nous portait, elle et moi, comme un nuage.

Un nuage !

C'est un nuage qui aurait dû habiter ses jupes et non pas cette bête chaude que je n'avais jamais vue, que j'aurais bien aimé voir — bien aimer, non, en tout cas, avec une grande peur — et qui grondait sourdement dessous Louisa innocente. Au grillage, elle se penchait vers moi, elle m'embrassait et j'entrais à l'école en me léchant les lèvres.

Louisa seconde ne venait pas souvent. Elle ne s'en plaignait pas. Moi non plus. Elle ne parlait jamais. Elle travaillait. Elle ne levait jamais les yeux. Elle travaillait. Elle m'accompagnait vite, vite. Elle languissait de travailler. Elle était de la campagne. Son père avait une grande ferme. Elle avait pris pension chez nous et elle apprenait le repassage chez ma mère moins pour en faire son métier que pour acquérir le coup de poignet de la ménagère accomplie. Ses grosses couleurs, ses grosses mains, son gros bon sens, son pas solide, tout était motif à rire à l'atelier. On la sentait carrée. Elle portait son porte-monnaie dans une poche d'étoffe pendue sous sa robe, et, quand elle entrait dans un magasin pour un achat, elle cherchait un coin pour soulever sa robe. Avec elle, c'était une marche à la muette où je me faisais un peu tirer. Elle y mettait toute la raideur nécessaire pour me faire sentir que, dans cette promenade vers l'école, c'était elle la maîtresse, mais elle avait en même temps pour le beau petit garçon que j'étais toute la souplesse qu'il se doit.

Beau petit garçon ! Je veux dire quant à l'habit, car, pour le reste, j'avais une ingrate figure allongée et maigre où se voyaient seuls des yeux tendres. Mais dans quel majestueux col empesé s'emboîtaient mes épaules et dans combien de mains s'était gonflée et élargie la magnifique soie bleu ciel de ma lavallière avant de me confier à Louisa seconde. On savait qu'il ne fallait pas compter sur elle si quelque chose de ma toilette se défaisait en route et on ne me livrait à ses bonnes mains râpeuses que fin prêt et tout luisant. Nous partions. D'en bas, quand je levais le nez, je pouvais seul savoir que Louisa seconde avait des yeux verts, à en juger par la lueur qui, de la lisière de ses paupières baissées, surveillait la place où elle et moi mettions les pieds. Elle était pour moi sans mystère. Je n'avais pas peur de la perdre en la quittant au grillage ; je savais la retrouver le soir, toujours pareille, et elle me disait, avant de s'en aller :

— Si vous avez besoin de faire pipi, demandez-le.

Elle était seule à me dire « vous ».

Je l'ai revue l'autre an...

Je les ai revues toutes les trois d'ailleurs, dans ces années dernières et j'ai dit :

— Antonine !

Puis :

— Tu étais une sacrée vieille tourte quand même ! Tu te souviens quand tu m'avais fait coucher dans la corbeille à linge, ce dimanche du costume neuf, et que tu m'avais fait tomber dans le ruisseau ?

— Ne m'en parle pas, elle a dit, ta mère doit encore en trembler.

J'ai salué le mari de Louisa première et j'ai serré la main à son grand garçon, et je les ai écoutés parler tous les trois. Je pensais qu'au fond j'ai toujours été un peu amoureux d'elle. Elle est toujours pareille, sans changement.

Mais, à Louisa seconde, ça a été plus fort que moi, j'ai dit : « Mademoiselle Louisa ».

Elle est restée toute seule la maîtresse de sa ferme. On la sent aigrie et dure, tendue de toutes ses forces vers un but qui n'est pas un but de femme. Et maintenant, elle vous regarde bien en face, trop en face, avec des yeux suppliants et incendiés.

Le jardin de notre école était pareil à un gros fruit plein de chair et de jus. Les murs qui le pressaient le faisaient jaillir et bouillonner ; il en coulait des lilas de partout ; les grands buis éclaboussaient d'ombres et d'odeurs les murs de notre petite classe et le lierre écumant d'abeilles bavait comme de la mousse de confiture du haut mur de la terrasse. Les allées étaient pavées de petits cailloux plantés de champ. Sœur Dorothée était la paveuse. On la trouvait toujours, et toujours tout à coup, accroupie dans une bulle d'ombre. Elle alignait ses petites pierres en des arcs de cercle dont la largeur du chemin ne laissait apercevoir qu'un segment : le segment visible et paisible abrité par le couvent ; le reste du cercle s'en allait en fumée dans le jardin, dans le monde là-bas, loin, loin, au-delà des murs et des collines qu'on apercevait un peu, et Dieu seul sait par où il s'en allait tourner avant de revenir dans les mains de sœur Dorothée.

Nous avions vite su qu'il s'agissait là d'un travail de punie et qu'il fallait avoir péché pour aligner des petites pierres de couleur. C'était toujours sœur Dorothée. Elle n'avait guère plus de raison que nous autres. Nous allions la trouver en marchant à quatre pattes derrière les buis. On était vite nez à nez.

— Où allez-vous ? disait-elle à voix basse.

— On vient vous voir.

— Cachez-vous.

On se cachait.

— Qui surveille la cour ? demandait-elle.

— Sœur Philomène.

— Alors, il y en a au moins cinq de punis déjà.

— Six.

— Et vous quatre qui allez l'être pour être venus me voir, ça va faire ?

— Dix ! On vous aide ?

— Non, ça m'amuse.

— Vous voulez du chocolat ?
— Qui en a ?
— Moi.
Elle s'essuyait les mains à l'envers de sa robe.
— Venez, disait-elle.
C'était une cachette sous un gros laurier-rose. Il avait tant d'odeur et une odeur si forte qu'on était ivre rien que d'entrer là-dessous. Cette odeur pesait sur mes yeux. En un rien de temps tout se déformait de ce qui était visible pour moi. Dans l'ombre bleue, le visage de mes petits camarades fondait comme du cierge allumé, fondait et coulait, et il y en avait des taches dans l'herbe, et il y en avait des taches dansantes dans l'ombre, comme des morceaux de suif fondu qui y flottaient, portant un œil, une bouche, une oreille, ou la petite fenêtre rouge et luisante d'une joue. Sœur Dorothée s'allongeait dans l'herbe. Elle y devenait un monde noir bossué de montagnes et de collines, creusé de vallées sèches et silencieuses, sans eau, sans arbres, toute déserte et comme détestée. Seul vivait le monde heureux de son visage où sa bouche mangeait du chocolat, où sa lèvre faisait un bruit enfin humide, où, sous le glissement oblique d'un rais de soleil, sa joue se veloutait d'un duvet blond que dans mon ivresse d'odeur je voyais onduler et voguer comme un vaste océan d'herbes mûres.

Nous restions là en respirant à peine. Là-bas, la cour carrelée de grandes dalles sonnait sous les courses et les jeux ; les murs grésillaient de toute une friture de cris ; on entendait sonner les anneaux de fer du portique et les câbles du trapèze qui grinçaient dans leurs crochets. Dans la petite classe, trois punis épelaient la leçon à voix égale.

Le laurier était vraiment gros et fort comme un homme.

— Taisez-vous, disait sœur Dorothée.

On s'arrêtait de respirer.

Le gravier criait. Des clefs tintaient. Une baguette d'osier frappait doucement une robe à petits coups nerveux comme un chat qui se fouette de sa queue en regardant l'alentour. Sœur Philomène ! Elle touchait du pied le pavage abandonné. Elle cherchait autour d'elle de tout son pointu : son nez de furet humait le profond de l'air, son œil bien aiguisé coupait les ombres. Mais, le laurier était vraiment gros et fort comme un homme. On se sentait en lui bien abrité ; il était plein d'épaisseur et de beaux mensonges. On l'aimait pour ça jusqu'à abandonner toute sa vie. Sœur Philomène soupirait. Elle regardait encore une fois les tronçons de cercle du pavage ; les tronçons de ces cercles qui allaient là-bas s'arrondir dans le monde par-delà les collines. Elle soupirait, oui, plusieurs fois, et elle s'en allait comme un gros chat, presque sans bruit, avec seulement le bruit de badine qui battait nerveusement sa robe.

On couchait généralement mon ami Paul à plat sur la table, au bas des gradins. Sœur Clémentine faisait se sauver les petits enfants avec le bruit d'aile de ses grands bras.

— Débarrassez vite : les encriers, les cahiers. Là, cette ardoise, vite.

De ce temps, Paul se tamponnait le nez avec son mouchoir rouge de sang et il attendait doucement, séparé du monde par son saignement, touché de Dieu, objet indolent de la sollicitude de sœur Clémentine et de la curiosité de tous. Une fois la table nue, on l'étendait là-dessus, à plat, la tête basse après lui avoir dit :

— Paul, laisse ton nez.

Sœur Clémentine et Louisa première sont pour l'éternité droites et blanches dans mon cœur comme des lys.

Ce qui séduisait en sœur Clémentine, c'était le milieu de son corps. Au repos, il n'y avait là, à vrai dire, que la cordelière épaisse et rude et les plis de sa noire futaine, autant que je m'en souviens, trois grands plis qui montaient comme des guirlandes contre sa poitrine et dix plis qui descendaient jusqu'à ses pieds. Elle portait la robe un peu courte, assez pour découvrir ses chevilles. Ainsi immobile, les bras pliés pour tenir son livre, la tête droite, elle avait la noblesse des colonnes. Mais...

Mais, à des moments de notre classe du matin, quand, bien séparés du monde bruyant de la rue et de la ville nous entendions le calme du couvent couler en nous avec ses pépiements de pigeons et le frottement de ses lilas contre les murs, sœur Clémentine se mettait à marcher. En ce moment où j'écris, là, avec mon amère cigarette au coin de la bouche, mes yeux déjà brûlés, ma lampe et, contre la fenêtre, la nuit de la vallée où se traîne la phosphorescence des charrettes de paysans, je viens de quitter la plume et de penser à toutes mes expériences d'homme. Certes, devant les yeux secrets de mes sens, il y a eu la danse de presque tous les serpents séduisants du monde.

Je n'ai jamais goûté de joie plus pure, plus musicale, plus entière, plus sûrement fille de l'équilibre que la joie de voir marcher sœur Clémentine.

Cela naissait comme un tournis de vent. Le bois des gradins criait d'un petit cri magnétique. Elle marchait. Elle avait des sandales de feutre ; la plante de ses pieds claquait doucement. Une ondulation qui était à la fois vague, col de cygne, gémissement, montait dans la colonne. C'était si ample et si solide, cela venait en si droite ligne des profondeurs de la terre que, si l'ondulation était montée jusqu'au cou de sœur Clémentine, elle l'aurait brisé comme une tige d'iris. Mais, elle la recevait sur le beau ressort de ses hanches, elle la muait en un balancement de navire qui part et tout le haut de son corps : poitrine, épaules, cou, tête et cornette, frémissait comme une voilure gonflée d'une pointe de vent.

Allongé sur la table, Paul saignait sans toucher son nez. Il ne bougeait pas plus qu'un mort et aussi pâle. Le sang faisait un gros caillot au trou de sa narine. Un moment, il ne coulait plus. Paul reniflait et le caillot détaché glissait le long de sa joue comme une petite fleur au bout d'une tige luisante de sang frais. On avait étendu les mouchoirs tachés de sang près de la fenêtre, sur le dos d'une chaise. C'était comme une boucherie d'enfants. Au bout d'un peu, la tourière frappait et entrait avec son odeur d'oignons et d'herbes.

— Il se sera encore fourré dans le nez, disait-elle, de cette herbe des quatre voleurs : saigne-toi, saigne-toi. Te voilà beau, monsieur Paul.

Sœur Clémentine venait relever le malade. Il se faisait mou dans ses bras. Il la regardait avec des yeux de bœuf. Il lui roucoulait du fond de la gorge une plainte toute barbouillée.

— Oui, mon gros, lui disait-elle en l'essuyant.

Elle mouillait de sa salive un coin de son mouchoir et elle délutait du bout des doigts la bouche caillée de Paul.

— Emmenez-le, disait-elle à la converse. Va, mon petit.

Et elle lui passait la main dans les cheveux.

À deux ou trois nous étions seuls à savoir que, pour l'amour de sœur Clémentine, pour cette main passée dans les cheveux, pour cette salive sur les lèvres, Paul prisait de l'herbe à voleurs. Il en avait fait sécher assez pour en emplir une vieille boîte à cirage. C'était là comme un trésor caché sous nos pieds. Il fallait seulement relever un peu la planche du gradin. Il y avait là de quoi nous saigner tous comme des taureaux.

Mon premier commerce avec une vierge eut lieu devant tout un peuple assemblé, un lundi de Pâques, au fond d'un verger d'amandiers en fleurs. Je veux dire mon premier commerce important.

L'école couventine était, comme il se doit, soutenue moralement, pécuniairement et bellement par tout ce qui se promenait en poult-de-soie dans la ville. La notairesse, la pharmacienne, la commandante en retraite, l'huissière, la propriétaire foncière, la juge de paix, les greffières, les longues enfants de Marie, les joueuses de harpe, tout ce qui était demoiselles en sucre, Delphine, Clara, la troupe des yeux baissés et des mains en mitaines, tout ce qui se corsetait en baleines de parapluie, toût ce qui marchait à la héronnière était du parti du couvent, nourrissait, astiquait, lustrait le couvent comme une bonne bête fournisseuse de gloire et de lèche à langue pleine.

On peut s'étonner que mon révolutionnaire de père ait consenti à me donner à cette école. Au moment de la décision, il avait été question de rien moins que de pain quotidien. Mon père était âgé. Il travaillait seul, s'il travaillait bien, et, seul dans sa haute chambre sombre, dans le fond de la maison, sans boutique, sans devanture, seul avec son métier, il était l'esclave de la ville. La paire de souliers coûtait vingt francs. C'était fait et c'était solide, et, comme il disait, on était sûr de marcher sur du cuir. Mais, à cette époque, pour être sûr de marcher sur du cuir, il fallait être de la

« haute ». On lui avait gentiment mis le marché en mains.

— Ce bel enfant, avait dit la dame qui était entrée à l'atelier en se bouchant le nez et qui, là, n'était assise que sur une impondérable partie de la chaise, ce bel enfant si délicat et qui ressemble tant à sa mère ! Vous n'ignorez pas, monsieur Jean, qu'avant de se marier avec vous, Mlle Pauline a fait partie de nos congrégations et, j'ose le dire, avec tant de zèle que nous avions toutes conçu de grands espoirs. Elle s'est mariée, à son aise. Nous n'avons jamais voulu influencer personne et nous savons que vous êtes bon pour elle malgré votre différence de religion.

Mon père l'arrêta de la main.

— Il n'y a pas de différence, madame.

— On dit, poursuivit-elle, que vous êtes protestant.

— Je le serais, dit mon père, je l'avouerais sans aucune honte mais je dois dire que je ne le suis pas. Ce qui a pu le faire croire, c'est que je lis la Bible, c'est que j'en parle. En réalité, je ne suis rien, je crois en Dieu et, si je diffère d'idée avec ma femme, c'est seulement sur ce point qu'elle croit que Dieu a créé des succursales et des bureaux sur la terre, avec des bureaucrates et des employés qui délivrent des billets vers lui, et que moi je me suis imaginé qu'il était assez grand pour faire tout de lui-même et que, d'ailleurs, quand on avait besoin de lui, on le trouvait partout.

La madame bougea la tête et la plume d'autruche de son chapeau fit le guignol avec son ombre sur le mur.

— Nous savons, dit-elle, vous êtes quand même un brave homme et ça n'est pas pour un peu d'extravagance... Pauline nous a dit que vous la laissiez aller à la messe...

— Elle est libre, dit mon père.

— Remarquez, dit la dame, que nous avons été très gentils, nous aussi. À cause de Pauline, on vous a donné le ressemelage du couvent, mon mari vous a commandé ses bottes de chasse et je sais que Mme de... voudrait vous parler au sujet d'un vieillard de l'hospice auquel elle s'intéresse et qui aura bientôt besoin de faire arranger ses souliers.

— Au fond, dit mon père, de quoi s'agit-il ?

— Voilà, dit-elle : vous savez que nous avons à Saint-Charles une école. Vous avez assez de bon sens pour savoir qu'il n'y a aucune comparaison à faire entre l'éducation et l'instruction que peuvent donner les bonnes sœurs et ce qu'apprennent les institutrices de la laïque, n'est-ce pas ? On garde les enfants jusqu'à six heures. Il y a des jardins. La pension est de vingt sous par semaine...

— Pauline est libre, dit mon père.

Suivit un silence où, seule, se mit à craquer la semelle de cuir que mon père cousait.

La dame dit : « Au revoir » ; j'allai l'éclairer dans l'escalier. Elle descendit chez ma mère.

Mon père avait dit :

— S'il est de ma race, il fera son compte tout seul. Envoie-le, si ça te fait plaisir.

Le lundi de Pâques, on avait des vêpres particulières dans l'églisette de Saint-Charles. Il n'y avait pas de vitraux aux fenêtres mais d'honnêtes vitres vert d'eau, un peu en verre à bouteille et au travers desquelles on pouvait voir le haut du portique avec les dix pendeloques des cordes portant les anneaux, le trapèze et la balançoire. L'autel était en bois doré faîté de grosses étoiles. La sacristie était juste derrière l'autel une simple étagère et un petit placard. Le prêtre s'habillait là ; on voyait son bras et son épaule quand il revêtait la chasuble.

Dès le bord de l'après-midi les dames arrivaient. Le vestibule de l'école était en pleine réception. Les carreaux froids du parquet luisaient comme une belle eau noire et les fleurs de céramique flottaient là-dessus comme un bel étang paisible et perdu.

Cette fois-là, ce furent ma mère et ma marraine qui me menèrent à l'école. Mon col était plus blanc et plus empesé que jamais et ma lavallière si bleue que mes yeux, bleus d'ordinaire, étaient ce jour-là comme deux petites boules de cendres. On m'avait passé des gants en tricotage, on avait soutaché le haut de mes chaussettes d'un sournois élastique et on me tirait vers l'école par les deux bras. Par les deux bras : ma mère me tirait d'un, ma marraine me tirait de l'autre, j'étais au milieu d'elles comme un petit singe prisonnier.

Je devais réciter les hommages à la Vierge.

On n'avait pas eu besoin de me recommander le secret à la maison et de me dire de n'en pas parler à mon père. Il me suffisait d'être à proximité d'un mystère pour qu'aussitôt je devienne l'enfant-silence lui-même. Tout ce qui touchait les au-delà de l'air, je m'en sentais intimement amoureux comme d'une patrie, comme d'un pays jadis habité et bien-aimé dont j'étais exilé mais vivant encore tout entier en moi avec ses lacis de chemins, ses grands fleuves étendus à plat sur la terre comme des arbres aux longs rameaux et le moutonnement houleux d'écumantes collines où je connaissais tous les sillages. J'avais la conscience d'être en ce savoir beaucoup plus fort que les grandes personnes et je connaissais tels jeux de l'ombre devant lesquels Antonine et les deux Louisa auraient fui et que j'avais considérés de plain-pied avec seulement une petite flamme de glace au pointu de mes fesses. Il m'en était venu une sorte d'orgueil surhumain. Si Jésus, la Vierge et même Dieu le père m'étaient apparus, s'ils avaient fait de moi leur compagnon sur la terre, je n'aurais pas crié comme Jeanne d'Arc ou Bernadette, le monde continuera à n'en rien savoir, cela m'aurait paru tout naturel.

Ce qui me paraissait, au contraire, surnaturel, impossible à comprendre en même temps que la géographie des pays invisibles où ruisselait dans des nuages de poussière l'immense troupeau des dieux, c'était, à mon sens, l'existence de ces femmes qui bourdonnaient dans le vestibule du couvent. Que ça ait été doué d'un corps et d'une parole, voilà le surnaturel. Cela faisait un bruit de verroterie, de bracelets, de soie froissée et de bégaiements comme une mer sur la plage. Quel rapport pouvait-il y avoir entre ça et la Vierge à qui j'allais parler, et même, quel rapport pouvait-il y avoir entre ça et seulement la petite sœur Dorothée, encore punie et qui venait de passer, les mains pleines de petites pierres rondes ?

Deux petits garçons et deux petites filles portant des oriflammes se mirent en carré autour de moi. Ils me regardaient du coin de l'œil et la terreur palpitait dans leur regard comme une grosse mouche. Sœur Dorothée me regarda aussi avant de s'effacer dans l'entrebail de la porte des cuisines.

— Adieu, adieu ! il semblait qu'elle me disait.

La nef qui allait m'emporter vers le mystère se formait toute seule autour de moi sur l'ordre des grandes forces invisibles. Je n'avais plus de petits camarades ni d'amis : ils n'étaient plus que les planches du navire ; ils venaient autour de moi s'amasser et se joindre pour me porter et les clous d'or des cierges allumés frémissaient comme les chevilles des voiliers quand la mer et le vent commencent à lécher.

Seuls, les armateurs et les commanditaires étaient tranquilles. La supérieure ordonnait le cortège, redressait un drapeau, penchait un cierge, tapait du doigt sur une joue, souriait à la jeune Catherine de Faidherbe et s'agenouilla même devant elle pour déplisser un volant de la belle robe en moire blanche. Il s'agissait bien de ça ! Tout compte fait, c'est moi le chef je pensais. C'est moi l'important là-dedans. Qui prendra la parole, au débarqué dans l'au-delà ? Qui s'avancera le premier sur la plage solitaire, au-devant de la Vierge, qui supportera le grand regard divin ? Qui est la victime, somme toute ? Moi. Bon. Alors, ne serait-il pas plus sage de me prendre un peu seul, hors de l'équipage, de me tirer derrière un rouleau de corde ou un tonneau de goudron et de me faire là, à l'aise, les bonnes amitiés qui donnent du courage ? Ne serait-il pas plus sage de faire ça que de caresser une quelconque Catherine de Faidherbe qui n'était là que comme pavillon de poupe ?

— Tiens-toi tranquille, me souffla ma mère.

On ouvrit la porte du jardin.

Le soleil et le printemps se battaient là dehors, à coups de vent tiède ; les fleurs d'amandiers volaient de tous les côtés.

Un coup de claquoir et la carène d'enfants glissa dans la mer.

À notre tendre mère
Portons nos cœurs meurtris...

Les orgues soufflaient à pleine gorge. Mon cœur n'était pas meurtri. Il était tout chatouillé, tout caressé, tout épanoui, comme s'il flottait dans la mer à côté du navire, le mouvement, la cadence des pas, ce vent du navire, qui nous avait battus par tribord en soufflant d'un coup tous les cierges. Tous les enfants avaient crié : « Ah ! Ah ! » comme des oiseaux de mai. Tout donnait de la chanson à notre beau départ. Nous étions dans le jardin, en plein jardin. Certes, je reconnaissais le paysage familier : les buis, les grands figuiers, les lauriers-roses mais, toutes fenêtres ouvertes, la maîtrise chantait dans l'orgue :

À notre tendre mère
Portons nos cœurs meurtris...

Les oriflammes battaient des ailes comme de grosses colombes. On se faisait passer de rang à rang derrière moi des torches de lavande enflammées et j'entendis courir dans les arbres les grosses servantes de la Vierge qui devaient crier vers elle :

— Madame, madame, ils arrivent.

Nous arrivions.

La Vierge habitait au fond du verger d'amandiers. Tout était en fleurs et en herbe verte. C'était une belle maison. Elle avait pour piliers les troncs noirs pareils à des hommes malades et qui jetaient leurs bras tordus vers le ciel. Elle avait pour plafond un grand fardeau de fleurs. Le tapis, c'était cette épaisse saladelle frisée, ces pissenlits qui jutaient sous les pieds.

Comme tous les jours, la Vierge était sur son piédestal. Elle était en pierre à tombe toute pertuisée par la pluie et je savais qu'en temps ordinaire... Voilà ce qu'elle faisait par temps ordinaire. Je m'étais approché d'elle, un soir. Il faisait du vent comme toujours. Un vent à caprice, tantôt froid comme de l'eau et, d'autres fois, il vous chauffait les joues comme avec de la braise. La Vierge en pierre tendre était toute usée de pluie. Le vent la faisait chanter.

Aujourd'hui, elle se taisait. Il y avait trop de monde. Moi qui la connaissais, je sentais bien qu'elle n'était pas comme d'habitude, que ça n'était pas le jour, que nous tombions mal, que, si elle avait eu le temps, elle nous aurait fait dire par sa bonne qu'elle était malade, comme faisait ma marraine, des fois.

Le mieux à faire était de se retirer sur la pointe des pieds, de s'en aller, de fermer les portes et les fenêtres, d'arrêter l'orgue et de la laisser se soigner dans sa maison des arbres, au douillet du soleil et des fleurs.

Je ne commandais pas, moi qui savais. Et ça ne faisait pas l'affaire de ceux qui avaient payé l'expédition. J'étais déjà seul devant elle.

Les autres, là-bas, rangés en silence attendaient.

La supérieure me regarda.

— Allez, mon petit, elle dit.

Je levai mes yeux vers la Vierge.

— Bonne mère, je dis, vous qui êtes la belle grenade ouverte et l'orange mûre...

J'éclatai en sanglots et je criai :

— Elle est morte ! Elle est morte !

Il me fut assez facile de m'échapper quand tout le monde se précipita. Je vis seulement ma mère à qui on expliquait la chose assez durement.

Je trouvai sœur Dorothée au chemin des hortensias.

— Vous n'allez pas vous traîner dans la terre avec votre beau costume, me dit-elle.

— Si, je dis.

Elle n'osa pas me contredire et elle me précéda à quatre pattes sous le laurier.

Elle m'embrassa.

Je lui donnai du chocolat.

— Sœur Dorothée, je dis, sœur Dorothée, la Vierge, vous savez, la Vierge ?

— Oui, dit sœur Dorothée, la Vierge, alors ?

— Elle est morte, je dis.

— Hé ! oui, fit sœur Dorothée.

Et je vis qu'elle savait ça depuis longtemps.

Elle riait en mangeant son chocolat.

CHAPITRE III

L'anarchiste.

Un soir, mon père venait de fermer la porte de la rue ; on frappa. Deux gros coups très vite et une voix inconnue qui cria d'un grand cri mou :

— Père Jean !

— Qu'est-ce que c'est ? dit ma mère, blanche comme un osier.

— On va voir.

Il releva la clenche de fer. Dehors, l'homme piétinait sur le trottoir avec ses gros souliers. Mon père entrebâilla la porte. Je me souviendrai toujours de cette main perdue. Elle était noire et grasse. Elle avait surgi de la rue. Elle tirait sur la porte pour l'ouvrir en plein. Elle était affolée et plaintive comme un rat qu'on traque à coups de bâton. La porte s'ouvrit. L'homme se précipita chez nous et ferma la porte.

— Fermez, fermez, disait-il en tremblant et il montrait le verrou.

Mon père poussa le verrou.

Nous étions là tous les trois dans le seuil intérieur : mon père, moi et l'homme. Un peu plus loin, là-bas derrière la table, ma mère haussait la lampe et, maintenant, on voyait que celui-là, tout frais arrivé, était maigre, déchiré et tout bleu de visage sous sa barbe.

Il venait d'entendre claquer le verrou. Il dit comme pour s'excuser.

— Coupard. M. Coupard.

— C'est lui qui t'envoie ? dit mon père.

— Non, mais il m'a parlé.

— D'où tu viens ?

— Je travaillais à Salon quand on m'a arrêté.

— Alors ?

— Les gendarmes me menaient à Digne. J'ai voulu pisser. On m'a détaché les mains. J'ai tapé. J'ai couru.

— Loin ?

— À l'entrée de la ville.

— Tais-toi, dit mon père.

On entendit courir dans la rue. Ils passèrent juste devant la porte. Ils prirent à gauche par la rue des quartiers sombres.

— Pauline, dit mon père, fais du café. Tu as mangé, toi ?

— Non.

— Donne du pain et du fromage.

J'allai là-bas à côté de ma mère.

— Ton père, ton père, elle disait à voix basse en bougeant la tête.

Elle les regardait. Ils étaient assis tous les deux là-bas ; ils ne parlaient pas.

L'homme reprenait lentement haleine.

On lui aménagea une chambre là-haut au troisième, près de l'atelier de mon père, dans la resserre aux olives. Avant de monter, l'homme avait dit :

— Je voudrais bien me laver les mains.

On mit un matelas par terre.

— Dors et ne t'inquiète pas, dit mon père.

L'homme tendit vers lui une main qui était maintenant comme un beau pigeon tranquille.

— Merci, camarade.

Je me retournai avant de sortir. L'homme avait tiré de sa poche une petite glace et un petit peigne et il se peignait la barbe.

Notre maison était toute double ; elle avait deux voix et deux visages. Au rez-de-chaussée était l'atelier de repassage de ma mère. Une grande table étoffée de draps blancs. Ma mère chantait comme un oiseau : *Le temps des cerises, Les blés d'or, Les douleurs sont des folles, Les bas noirs, Frou-frou.* Louisa première faisait la tierce. Antonine sifflait comme un homme. Louisa seconde ballait de la tête en mesure. Il y avait aussi deux petites apprenties qui s'en allaient avec une grande corbeille livrer le linge. On dépendait la robe de Mme Pangon.

— Attention aux brides !

On la couchait dans la corbeille. On faisait des piles de mouchoirs. On pliait des pantalons de femmes.

— La dentelle en dehors.

— Pour ce qu'elle en fait, disait Antonine.

— Attention, le petit est là.

— Il apprendra bien tout seul.

— Viens que je t'embrasse, ma belle amande.

On me prenait le visage avec des mains chaudes et moites parfumées à la toile chaude.

La bouchère et la boulangère qui étaient porte à porte venaient passer des moments.

— Je ne sais pas ce que j'ai, là à la cuisse, c'est gros comme une noix. Touchez.

Elles relevaient leurs jupes. Ma mère touchait. Antonine touchait, les Louisa, les apprenties.

Le crieur public entrait avec son clairon sous le bras.

— Joue un air, demandait Antonine.

— Fais la folle, grondait ma mère.

Le crieur se campait sur ses jambes, arrondissait son bras, bousculait le linge pendu à des cordes.

— Ah ! mon Dieu, les coiffes de Mlle Delphine.

Le bon ami d'Antonine passait devant la vitrine.

— Il est encore là, disait-elle, je vais lui jeter le baquet comme à un chien.

— Il faudrait te le jeter à toi aussi, disait ma mère. Fais attention, tu vas roussir, petite pute.

Une porte donnait dans le couloir. De là on entendait encore la rue qui se frottait contre la boutique, mais, quelques pas et on entrait dans l'autre monde. Le visage de la maison était là ombre et silence. On descendait une marche. On était dans la cour intérieure. Par le plein jour d'hiver la nuit restait là au fond du matin au soir. L'été, vers midi, une goutte de soleil descendait dans la cour comme une guêpe puis s'envolait.

Je retournais de l'école à quatre heures. J'étais maintenant un élève du petit collège lépreux que la ville avait rejeté là-haut, hors d'elle, sur les aires à blé, du côté des collines.

Il faisait bon chez ma mère. On chantait. Antonine sentait la prune, Louisa première la vanille, Louisa seconde mangeait des berlingots.

— Va tenir compagnie à ton père, disait maman.

Dans la cour, à cette heure-là, c'était toujours la nuit. Dans la charcuterie à côté, une machine mâchait sans repos de la viande de cochon. On l'entendait ronronner et hoqueter de l'autre côté du mur. L'escalier était large et plat et comme à la cavalière. Notre propriétaire disait qu'on pouvait monter à cheval jusqu'au premier étage. Elle disait ça avec des yeux ronds sous sa coiffe et en joignant tout de suite ses mains.

À part la chanson de mangeaille qui suintait du mur, on entendait le pas des gros rats sur les tuiles, et puis, si on restait un moment, le bruit d'une grosse pierre qui tombait de haut dans un gouffre d'eau. C'était le vieux puits qui parlait. On avait fermé sa porte à clef et on le laissait pourrir là derrière. Le puisatier nous avait dit que, dans le fond en bas, il y avait deux races de bêtes : des crapauds blancs, tout blancs, sans yeux, larges comme des assiettes, et qui se gonflaient comme des vessies de porc pour flotter sans fatigue. « Ils restent là, disait-il, des ans complets, sans bouger, à vieillir en flottant sur cette eau sans air et sans jour, plus épaisse que du pétrole. » Des crapauds, bon, et puis des serpents. Des serpents sans peau, avec une peau mince comme une feuille de papier à cigarette, juste de quoi tenir leur cœur et leurs boyaux.

Je montais l'escalier et, chaque fois que mon pied rencontrait dans l'ombre la marche de grès, je tremblais de toucher un de ces crapauds blancs évadés ou bien de glisser, comme sur un abricot pourri, sur le cœur tout chaud d'un serpent.

L'homme qui était entré un soir à la maison n'en était plus sorti. Depuis quinze jours on lui montait sa soupe là-haut.

Il était là, maintenant, de l'autre côté de l'établi, les coudes aux cuisses, la tête penchée, bien éclairée par la haute lampe de cuivre. Il roulait une cigarette.

— Non, disait mon père, tu n'as pas l'esprit révolutionnaire, tu as l'esprit de justice, voilà tout.

— Tu as lu Bakounine ? dit l'homme.

Mon père montra d'un mouvement de tête la grosse malle à ferrure qui prenait tout un coin de la pièce.

— Je l'ai là-dedans.

— Jean Grave ?

— Aussi.

— Laurent Tailhade ?

— Oui.

— Proudhon ?

— Oui.
— Blanqui ?
— Je l'ai connu à Puget-Théniers.
— Moi, dit l'homme, j'ai fait partie de la « Société des Saisons ».
— Ça n'existait plus, dit mon père.
L'homme repoussa tous ses cheveux en arrière avec sa main ouverte. Je voyais bien sa main maintenant. Elle était devenue humaine et sage. On sentait qu'elle n'était plus seule à chercher sa vie ou de la chair d'amitié, à tâtons, mais qu'elle était rattachée à un corps d'homme par un bon bras. Elle était longue et pointue, on la sentait fertile et de bonne volonté. Les doigts étaient maigres, déliés. Autour des ongles, dans la rainure de la chair, était restée la collerette blanche des gâcheurs de plâtre. Quand l'homme parlait, il tendait dans la lumière sa main ouverte, offerte avec ses doigts courbes et la grande paume vaste et creuse toute déserte et mâchée de travail.
— On l'avait refaite, dit-il. Proudhon, bon. Si tu connais seulement un homme, tu ne peux pas croire à Proudhon. Là-dedans...
Il tapa sur sa poitrine à pleins poings. Sa main fermée était comme une tête de marteau.
— Là-dedans, ça n'est que désirs et jouissances. Là-dedans, ça n'est que de la mécanique pour nous lancer à la chasse du gibier de notre bouche et de nos...
Il me regarda.
— Et de nos... Tu m'as compris ? L'aide aux autres, ça n'y est pas là-dedans. Mutualité ? Merde. Tout ce que ça fera, ça fera durer la petite propriété privée. Voilà. On l'avait refaite la « Société » de Blanqui. J'en étais, tu m'entends ?
Il tendit sa main dans la lumière. Elle était toute ouverte. À mesure qu'il parlait, il ferma ses doigts

lentement comme s'il voulait prendre toute la lumière de la lampe.

— La bataille. Voilà. Rien que ça pour nous. C'est tout ce qui reste.

Je ne le voyais plus. Je ne voyais plus que son poing tendu vers nous, gros comme un monde.

— Je te l'ai dit, dit mon père. Tu as l'esprit de justice, voilà tout.

Un matin, l'homme vint chercher de l'eau chaude au fourneau de ma mère. Il demanda :

— Vous n'avez pas de ciseaux ?

Il remonta vers sa haute chambre noire avec son bol d'eau chaude et le petit ciseau à broder de Louisa seconde.

Il se coupa la barbe. Il n'en laissa qu'une petite mouche au bout du menton. Il releva la pointe de ses moustaches. J'étais là pendant qu'il le faisait. Il regarda vers moi en tordant ses poils entre ses deux doigts.

— C'est difficile, dit-il, de faire tenir ça en l'air. Ça n'a jamais eu l'habitude.

En effet, dès qu'il lâchait sa moustache, elle retombait doucement et alors, on le voyait apparaître. On le voyait apparaître tel qu'il était avec sa barbe pleine, tel qu'il était le soir où il s'était précipité chez nous. On le reconnaissait tout de suite. Ça lui refaisait son visage triste. Je crois qu'en fin de compte il se cira la pointe des moustaches avec un peu de poix.

Le soir venu, je défaisais ma blouse pour aller me coucher quand mon père me dit :

— Reste là, on va sortir.

— Tu mènes le petit ? s'étonna ma mère.

— Ça donne confiance, dit-il ; ça sera tout à fait une promenade.

Là-haut, à l'atelier, l'homme était prêt. Il avait un beau ventre rond, à plein gilet. Mon père le regarda des pieds à la tête.

— Qu'est-ce que tu en penses ? demanda l'homme.

— Oui, dit mon père, ça fait bourgeois. Ça va pour ce soir. Mais, après-demain, il te faudra trouver autre chose. Le ventre te gênera. D'ici en Suisse, ça en fait des kilomètres.

On sortit. La rue était déserte. Il était onze heures du soir ; l'automne finissait. Le temps était mou, même un peu pourri. La nuit jutait une petite rosée aigre.

On quitta tout de suite la grand-rue ; on entra dans les ruelles sombres qu'on appelait « dessous les cloches ». Un entrelacs de petites rues se nouaient en résille autour de l'église, juste sous l'aplomb du clocher. Ça grouillait comme les nervures dans une feuille de frêne ; c'était plus noir que la nuit, ça sentait l'étable et l'évier. Vint une odeur de pain et de fagot sec. On entendait des coups sourds frappés derrière les murs. Une lucarne saignait à gros bouillons ; la lumière se caillait sur des flaques de purin.

— Le four, dit mon père, on fait le pain.

Il ajouta :

— Et toi, tu t'habitues à l'air du dehors ?

— Oui, dit l'homme, je m'habitue, ne t'inquiète pas.

Il écouta le bruit du travail.

— On dirait qu'on se bat là-bas dedans.

On tourna par la petite rue des écuries. Les chevaux reniflaient et tapaient du pied. Des chèvres tiraient sur la chaîne. Des agneaux réclamaient la mamelle. Un chat assis dans l'ombre nous regardait avec ses deux petites étoiles rousses. Il n'y avait plus que notre pas dans la ville. Nous traversions le quartier paysan. Sur le pavé, la boue des plaines ; la terre des collines séchait en grosses mottes. Un fagot de genêts mourait contre un mur. Il sentait déjà le champignon. À la porte d'une étable, on avait déchargé le corps tronçonné d'un figuier. Un âne se plaignait. Un chien nous regarda passer. On entendit le bruit de son collier quand il dressa la tête. Des chapelets d'ail craquaient sous l'auvent des portes. Il n'y avait de lumière qu'à une fenêtre d'un rez-de-chaussée. Je regardai en passant. Debout près d'un lit, une femme remuait à la cuiller un bol de tisane.

Il n'y avait que notre pas dans la ville. Nous allions vers les boulevards, vers la campagne, vers les arbres. L'homme avait un pas aussi solide que le grand pas de mon père.

— Écoute, dit-il en s'arrêtant, une fontaine !

Elle battait du tambour dans son bassin.

Soudain, on déboucha sur le boulevard. On eut en plein visage toute la braise des étoiles et on entendit les collines qui gémissaient sous la main du vent.

— Camarade ! dit l'homme, camarade !

Il avait saisi le bras de mon père et je sentais que sa main tremblait. La liberté !

— Tu pleures ? dit mon père.

— Quand on m'a arrêté, dit l'homme, je faisais un manteau de cheminée dans une maison neuve. Une cheminée qui doit tirer comme le diable. Jamais de fumée, que le temps soit au nord ou au sud, jamais, j'ai le secret. Sur le devant du manteau, j'ai dessiné deux branches de chêne, à coups de pouce.

Je vis son pouce passer dans la lueur des étoiles. Il était sombre et épais comme une racine d'arbre.

— Trois mois dans la prison, à Salon. Ça prenait jour dans un couloir. C'est là que j'ai arraché ma chemise. On m'a mené à Avignon dans une caisse chargée sur une charrette. Cinq mois à Avignon. Et c'est la première fois, depuis...

La ville dormait derrière nous comme une ruche morte. Il y avait dans elle, de temps en temps, un grondement comme si ses richesses de sucre amassées s'éboulaient au fond de ses cellules. Tout dormait. La ville ne respirait plus que par ses fontaines. L'horloge sonna minuit.

Le monde, maintenant, parlait au-dessus des hommes avec sa voix de vent et d'étoiles.

— Camarade, dit l'homme, ça sera comme le jour du jugement dernier, tu m'entends ?

Nous étions arrêtés sous un orme. On entendait voler dans le feuillage les chouettes silencieuses.

— ... C'est nous qui jugerons en dernier les iniquités et les injustices. Les malheureux sortiront de terre et toute la terre sera crevassée. Dans les champs, dans les prés, dans les collines et les montagnes, au milieu des chemins les plus durs, on entendra craquer la terre, on la verra se fendre en étoile, se soulever comme quand une taupe veut sortir et les malheureux pousseront autour de nous comme des plantes. Toi, camarade ; moi, camarade ; ce petit-là. (Sa main dure se posa sur ma tête comme pour y maçonner des rêves.)

» ... Les ouvriers et les paysans, nous sommes maintenant tout pliés dans notre drap de mort et on a bien attaché les bandes ; et on nous a mis la mentonnière comme aux morts pour nous empêcher de parler. Ça sera comme un jugement dernier : quand la trompette aura sonné, les draps tomberont de nos épaules, notre bouche sera descellée. Je ne sais pas te dire, je vois.

— Je vois, dit mon père.

— La première fois que j'ai vu, dit l'homme, je bâtissais dans un bois d'oliviers. J'avais fait les quatre murs et le plafond. J'étais à genoux dans un angle, ma truelle à la main, j'étendais le plâtre sur les murs blancs. Autour de moi, rien que l'odeur du mortier. Depuis quelque temps, je sentais dans ma tête comme l'éveil d'un oiseau. D'un coup, j'en ai été ivre. Il m'a semblé qu'une grande chose avec des ailes de couleurs s'embronchait dans la porte pour entrer vers moi et m'annoncer. À partir de ce moment-là, j'ai vu, on peut me mettre en prison, on peut me mettre où on veut. Je porte la révolution.

» Camarade, nous, les prolétaires, les ouvriers et les paysans, nous avons les poignets solides, nous secouerons le châtaignier du ciel et les étoiles tomberont sur la terre avec tous leurs piquants comme des châtaignes.

— Ça fera du sang, dit mon père.

— De la pourriture.

— J'aime mieux être infirmier, dit mon père, tu me mettras à l'infirmerie.

— Il n'y aura pas d'infirmerie, camarade, il n'y aura pas de blessés après le jugement, ça sera un second déluge.

Il resta un moment à respirer la nuit.

— Adieu, dit-il.

— Quoi ? dit mon père.

— Il faut que je parte. Maintenant, je viens d'en décider en écoutant tout autour de nous.

— Ce soir ?

— Ce soir.

— Nous avions dit après-demain. C'est loin d'ici la Suisse. Il te faut de quoi manger. Il te faut des sous.

— Donne ce que tu as sur toi.

J'entendis mon père qui se fouillait.

— Trente-cinq sous. Jean, tu as des sous ?

Je me fouillai :

— Quatre sous, papa.

— Voilà tout ce qu'on a. Si tu rentrais, je t'ai préparé ton baluchon.

— La liberté, dit l'homme. La liberté. Pas d'amis, pas de chaînes, pas de reconnaissance. Nu comme Adam.

Il ne dit plus rien. Puis, je l'entendis marcher vite de son grand pas sur la terre molle.

CHAPITRE IV

Oisellerie. — La maison des errants. — Le visage du mur. — « Décidément » et « Madame-la-Reine ». — Les leçons de musique. — Monsieur Bach. — La cour aux moutons. — Le Grand d'Espagne.

Dès la nuit tombée, j'allais m'asseoir près de l'établi de mon père. Il allumait sa haute lampe de cuivre. Puis, il dépendait les cages.

Il avait cinq cages pleines d'oiseaux : des canaris, des pinsons, des chardonnerets, et une petite cage d'appelants où il gardait un rossignol, tout seul. La cage du rossignol sentait la pourriture. Il fallait le nourrir avec des vers de terre tronçonnés et hachés. Mon père hachait les vers avec une fourchette en fer dont il avait aiguisé les cinq branches en les limant avec son tiers-point. Il nourrissait aussi son rossignol avec des mouches. Il raflait les mouches avec sa main, puis il allait donner pâture. Le rossignol aiguillait son bec à travers les barreaux pour piquer le ventre de la mouche. Il en coulait une goutte de sang blanc et épais comme du pus. Quand c'était une grosse mouche ou un taon, mon père cassait la bête en deux. Il donnait d'abord le corselet aux ailes bleues.

— Le moins bon d'abord, disait-il.

Après, il tendait doucement la petite vessie du ventre plein de miel.

La lampe allumée et réglée, mon père dépendait les cages. Il les plaçait à côté de l'établi, pour que les oiseaux soient dans la lueur rousse de la lampe, et, au bout d'un moment, ils se mettaient tous à chanter.

J'écoutais les pinsons et les chardonnerets surtout. Pour que le rossignol se décide, il fallait le mettre un peu dans l'ombre, près du baquet où le cuir trempait. Alors, il commençait par de petits sanglots.

— Écoute, écoute, disait mon père.

Tous les oiseaux se taisaient, se perchaient en grappes sur les petits perchoirs de bois et restaient là, ébouriffés et peureux, et on voyait trembler le bord transparent de leurs plumes.

— Écoute.

Le rossignol pleurait tout doucement pour lui-même. Une petite voix grêle qui avait la couleur grise et rouge de la douleur.

— Écoute, il désire.

Et puis, je comprenais, moi, que ça allait changer. L'odeur de la mangeaille pourrie montait en deux ou trois grosses bulles et, tout aussitôt, éclatait la terrible chanson roulante de l'oiseau.

Je m'asseyais à la gauche de mon père, devant le grand placard. De ce côté-là, notre maison touchait à plein mur la maison voisine. C'était une ruche lézardée et branlante, toute ajourée de fissures et de serpents de jours et où on donnait à la petite location des chambres aux errants de la route aux peupliers.

Comme l'atelier de mon père, ces chambres n'avaient de fenêtres que sur une cour au fond de laquelle campaient des moutons. Ils venaient là en descendant de la montagne. Ils bêlaient un jour ou deux. Après, ils se taisaient. Je les regardais. Ils allongeaient le cou sur une paille noire et ils restaient là en ne faisant que respirer. Le samedi, un boucher venait ouvrir la porte. Il faisait dresser les moutons à coups de pied. Les bêtes se levaient ; elles avaient le dessous du ventre noir de purin et elles s'en allaient en boitant.

Parfois, aux fenêtres d'à côté, apparaissait une tête d'homme ou de femme. Les femmes regardaient tout aussitôt en l'air, du côté du jour et de ce lambeau de ciel pur et plat comme une pierre qui bouclait la cour par en haut. Les hommes élargissaient leurs bras sur l'appui de la fenêtre, ils penchaient la tête et ils restaient de longs moments à regarder les moutons sans rien dire, sans rien faire, en respirant seulement.

Comme la maison d'à côté tenait deux côtés de la cour, je pouvais mieux regarder les gens qui habitaient les chambres presque en face l'atelier de mon père. Il y avait là-bas une petite fille. Son père allait dans les cafés avec un tapis de cartes. Il étendait le tapis par terre, dans la sciure, il se remontait un peu les manches de sa chemise, il tapait dans ses mains, il s'élançait, et voilà qu'il était debout sur ses mains et qu'il marchait avec ses bras comme avec des jambes. Des fois, il revenait au tapis, il pliait les bras, doucement, doucement, il touchait le tapis avec son menton, et voilà, il se redressait avec un grand contentement, il prenait une soucoupe à n'importe qui sur une table et il faisait la quête. La petite fille était bien plus jeune que moi, quatre ans, je crois, je l'avais vue dès son arrivée là-bas. Elle avait un caraco rouge et un grand ruban jaune qui faisait la ganse dans ses cheveux raides et noirs comme un casque de fer. Elle avait d'abord regardé le ciel, comme toutes les femmes, mais elle avait vite baissé la tête vers les moutons, en bas.

Elle appelait les moutons en tendant vers eux sa petite main et en passant son pouce sur ses doigts fermés.

— Galine, galine, chantait-elle avec des roulades pareilles à celles de notre rossignol.

Les moutons ne regardaient pas.

Un soir, comme le rossignol venait de finir son chant et qu'il piquait dans son bol à viande, j'entendis monter les escaliers dans la maison d'à côté. C'étaient des nouveaux. Ils allaient habiter contre nous, séparés de nous juste par le mur. On poussa une caisse qui grinçait de tous ses clous sur le parquet. J'entendis la porte se fermer et puis, deux hommes se mirent à parler, longtemps, longtemps, sans arrêt, une parole sans fin, comme une respiration. Mon père écoutait aussi. Il tapa du doigt sur la cage des chardonnerets.

— Allez, dit-il.

Les oiseaux chantèrent. On ne parla plus. Au bout d'un moment, les oiseaux se mirent à manger des graines. On entendit que les hommes recommençaient à parler tout bas, en ronronnant.

Mon père tapa du doigt sur la cage des pinsons :

— Allez !

Le chant des pinsons éclata mais se tut aussitôt parce que les pinsons n'aiment pas la lumière de la lampe.

Le rossignol secoua sa mangeoire de fer et il chanta. Mon père l'écouta sans oser bouger ni sa main qui tenait le tranchet ni ses jambes qui serraient la bigorne. C'étaient comme de petites lunes rouges, étincelantes, et au milieu un grand soleil triste avec des rayons en couteaux blancs et qui tournait à toute vitesse en fauchant la nuit.

Quand le rossignol s'arrêta de chanter, mon père quitta le tranchet, prit la lampe et me dit :

— Viens, nous descendons.

On n'entendait plus de bruit.

Mon père avait envie d'un petit jardin. Son désir flambait au milieu de nous comme un feu. On s'y brûlait et on s'y réchauffait. Dès qu'on avait fini de manger, à midi, le chant du vent, dans la rue, attirait mon père. Il s'en allait faire un tour dans les chemins du bord de la ville. Il devait regarder tous les enclos et même mesurer la terre en marchant de son grand pas d'un angle de mur à l'autre angle, et puis, chercher, à tant le mètre, combien ça pouvait faire d'argent. Il profitait de ces promenades pour rapporter la pâture du rossignol. Moi, de ce temps, je m'en allais dans notre grand escalier et je montais à la rencontre du soleil. Au-dessus de l'atelier de mon père était un vaste grenier sonore comme une cale de navire. Une large fenêtre, dominant toute la cour aux moutons, permettait de voir, au-delà des toits, par là-bas loin, le scintillement de la rivière, le sommeil des collines, et les nuages qui nageaient comme des poissons avec de l'ombre sous le ventre. On ne pouvait vivre dans le bas de notre maison qu'en rêvant. Il y avait trop de lèpre de terre sur les murs, trop de nuit qui sentait le mauvais champignon, trop de bruits dans l'épaisseur des pierres. La tranquillité, on ne l'avait qu'en partant de cette maison, et, pour partir, on pouvait se servir de ces bruits, de ces nuits, de ces visages étranges que l'humidité dessinait sur les murs. On pouvait se servir de la large fenêtre.

Je revois cette profondeur marine qui grondait au-delà de la ville. Toute la plaine fumait sous l'écume des routes. Des champs, frais hersés, s'envolaient des embruns tordus. Le vent faisait son chemin et tout tremblait dans son sillage, on sentait qu'il s'en allait droit devant lui, qu'il était là, mais que déjà ses yeux s'élargissaient sur de nouveaux pays étalés et faisant la roue comme de gros oiseaux de toutes les couleurs. On sentait qu'il était puissant et doux, qu'il suffisait de s'appuyer un peu fort à son flanc pour être emporté dans le monde. On sentait que ce désir de fuite il le semait en vous comme une lente graine féroce et qu'on serait déchiré plus tard par d'énormes racines mouvantes comme des poulpes. Je sentais que le vent s'enracinait en moi. Quand il m'arrive maintenant d'essayer de soigner sur moi des éclats de chair saignants et tout aigus de douleur, je pense à ces graines dont j'ai été ensemencé devant la grande fenêtre et je trouve toujours au fond de la plaie le petit serpent violet.

L'humidité montait dans les murs jusqu'au grenier. Du côté qui regardait le nord dormait une ombre grise où parfois, même en plein jour, passait l'éclair blême d'un rat. Je regardais souvent ce mur. Il fallait d'abord laisser les yeux s'habituer. Je sentais mon regard qui entrait de plus en plus profond dans l'ombre. C'étaient comme des épaisseurs et des épaisseurs de ciel qu'il fallait traverser avant d'atteindre le pays. Peu à peu j'arrivais à un endroit où l'ombre s'éclaircissait, une sorte d'aurore montait le long du mur du nord, et je voyais « la dame ». C'était une tache de moisissure. Elle avait un visage ovale et un peu gras. Elle était verte, mais, le plus vert, c'était dans ses yeux, et toute la couleur de sa peau ne devait être qu'un reflet, un suintement lumineux de son regard. À la place de sa bouche, le mal du mur était allé profond jusqu'à la brique, et c'était là rouge et charnu comme de la vraie chair. Elle était autoritaire et dure à la fois pour elle-même et pour moi. Elle cachait volontairement au fond de l'ombre moisie ces yeux verts et cette bouche que je désirais mais elle y restait toute seule, et pourtant elle savait bien que tout le monde l'aurait aimée si elle s'était montrée au jour. Elle m'imposait tous mes rêves en me regardant droit dans les yeux. Certes, à partir de moi, l'émotion de son regard s'en allait à travers ma tête en des jaillissements que je commandais seul, qui fusaient vers le vent ou vers le pas mystérieux dans l'épaisseur des murs, mais la pierre jetée dans cette flaque d'eau calme que j'étais c'était elle qui la jetait en me regardant. Elle avait des générosités soudaines et magnifiques ; certains de mes désirs terribles, elle les apaisait dans elle-même. D'autres fois, elle me refusait la plus simple douceur et je m'en allais, tout ballottant, sans plus rien de solide ni d'accroché dans ma poitrine ; je passais de longs jours à souffrir. Elle ne se laissait jamais attendrir par ma souffrance, mais elle attendait la bonne saison de mon cœur. Alors, quand cette bonne saison était venue, elle faisait naître en moi, d'un seul regard, le chant de toutes mes violettes et fleurir l'épais jasmin qui dansait au-dessus de mon cœur à la place où sont les flammes dans le cœur figuré de Jésus.

Ce visage du mur avait encore d'autres pouvoirs et d'autres grâces. Il était humainement beau et triste. Sa beauté venait de ce qu'il était profondément humain. Le front, les joues, la bouche, les yeux, ce grand pli qui dessinait sa volute d'un seul côté des lèvres de brique, les cheveux : tout était fait de chair non protégée, de chair vive, tout était franchement offert au grand pouce maçon de la vie, sans peur des bonheurs et des souffrances. Souvent, malgré la dureté implacable de la pensée de plâtre qui blêmissait son front, je sentais dans mon humus de petit garçon la plante d'homme tressaillir. Je sentais qu'il me serait doux, plus tard, d'accompagner, de protéger ce visage, de vivre avec lui, de chercher sur lui la consolation de mes peines ; j'appelais de toutes mes forces secrètes pour qu'il ne soit plus moisissure de pierre et je désirais tant qu'il se construisît charnellement dans l'air qu'au bout de très longs moments de silence et d'attente une forme vivante touchait mes yeux éblouis.

Cependant, tout s'organisait autour de moi pour que je ne puisse jamais plus oublier ce visage. À mon insu, les forces secrètes lançaient la silencieuse navette dans les fils. Quelques jours après l'installation des nouveaux locataires dans la grande maison d'à côté, mon père s'en alla à la recherche de son jardin et moi je montai au grenier pour l'attendre.

Je regardais la dame. Il avait plu toute la nuit une sorte de pluie folle couchée par le vent montagnier et le mur du nord était humide. Une petite goutte d'eau perlait dans les deux yeux verts.

Je ne sais pas si cela commença vraiment d'un commencement que l'on puisse marquer. Cela devait être vivant au fond des choses ; la naissance ne fut qu'un soulèvement de toute la matière du monde comme une vague qui se dresse dans la mer.

J'entendis le chant d'une flûte.

Il me sembla que la bouche de brique parlait.

C'était un air tristement allègre. Le jeu du flûtiste était d'une rectitude implacable. On sentait que cette musique, avant de la faire sortir de lui, il l'avait longtemps gardée dans sa tête comme un serpent enroulé. À côté de la flûte, marchait un violon sombre. Ils s'en allaient, tous les deux, sur une longue route montante. Ils avaient la lente allure de ceux qui vont très loin.

Mon cœur se mit à faire les mêmes grands pas que je devais écouter sonner en moi beaucoup plus tard.

Je tendis ma main dans l'ombre et la dame du mur prit ma main.

À la fin, je descendis à l'atelier de mon père. Il était là. Déjà. L'horloge sonna quatre heures.

Mon père ne bougeait pas. Les oiseaux étaient comme morts.

— Tu as entendu la musique ? me dit-il.

— Oui.

— Tu as les yeux rouges.

— Je les ai frottés.

— Tu as les mains sales.

— J'ai touché le mur.

— Où étais-tu ?

— Là-haut.

Jusqu'à l'heure de la soupe nous restâmes sans parler. Mon père n'avait pas dépendu les cages. Il tirait le ligneul doucement et il serrait le nœud de sa couture en deux tours de poignet au lieu d'un seul pour ne pas le faire claquer. Le silence était tout autour de nous comme du sable dans du vent. À peine s'entendait de loin en loin le bruit d'un pinson éveillé qui tapait du bec sur sa mangeoire. Un mouton soupira. La nuit, dehors, eut comme un tressaut des ailes, puis elle resta sans bouger à couver le monde sous ses plumes noires. J'étais immobile, j'osais à peine respirer, mon regard traversait l'abat-jour de papier, les murs, les ciels, jusqu'au bon repos d'un magnifique visage vert et rouge.

De ces deux hommes qui jouaient de la musique, l'un s'appelait « Décidément » et l'autre « Madame-la-Reine ».

Le premier, à un moment où je jouais sur le trottoir devant notre maison, passa près de moi. Il sentait la pomme blette et le vieux cuir. J'eus juste le temps, en relevant le nez au long de lui, de lui voir des pantalons de toile à fleurettes et une figure blondasse d'où suintaient deux longues moustaches molles. Je ne l'avais pas entendu venir. Il marchait sur des espadrilles. Un peu plus bas, devant le boucher, il rencontra le gros abbé de l'église Saint-Sauveur. Il le regarda bien en face puis il lui cria : « Coua, coua ! » à pleine gorge. Il continua sa route, sans se presser, en balançant ses moustaches.

Madame-la-Reine avait une queue-de-pie bien brossée mais luisante. Je le rencontrai au bureau de tabac. Il dit :

— Donnez-moi un cigare d'un sou.

Il était l'homme le plus maigre et le plus grand que j'aie jamais vu. S'il bougeait un doigt, son doigt claquait ; en marchant, ses jambes claquaient, ses bras claquaient, et, en prenant son cigare, sa main fit le bruit de tout un craquement de braises. Il alluma le tabac à l'allumoir et il resta là à pomper très vite la fumée en fermant les yeux.

À table, mon père me regarda puis tourna deux ou trois fois son morceau de pain entre ses doigts.

— Si tu apprenais la musique ? dit-il.

Pour moi, la musique était d'essence mystérieuse et si père m'avait dit : « Tu vas apprendre le sorcier... », je n'aurais pas eu plus de peur dans la gorge.

— Je ne saurai pas, dis-je, sans reconnaître ma voix.

Et toute ma chaleur était descendue d'un coup dans mes souliers.

— Je crois que non, tu ne sauras pas, dit mon père au bout d'un silence, mais ça ne fait rien. Va seulement chez les hommes d'à côté et écoute. Vingt sous par semaine, ajouta-t-il pour ma mère qui tenait les sous.

Décidément m'ouvrit la porte et il resta à me regarder, la tête penchée, l'œil vide, pendant que ses moustaches pleuraient doucement jusqu'à la poche de son gilet.

— Voilà le petit monsieur, dit-il à la fin.

Madame-la-Reine qui fouillait dans la grande caisse se redressa en craquant comme un fagot et s'avança vers moi.

— Entrez ! dit-il.

Et il mit sa main sur son cœur.

La porte une fois fermée, on resta là tous les trois à se regarder. Madame-la-Reine faisait claquer ses mains en les frottant à toute vitesse et ses coudes voletaient de chaque côté de lui comme des moignons d'ailes. Décidément, de temps en temps, remuait la tête et faisait flotter ses moustaches. Je regardais cette grande chambre sombre, si vaste et si haute que la clarté du jour n'y était en son milieu que comme un petit bloc de glace. On ne voyait d'abord ni murs ni plafonds. Ce n'est qu'au bout d'un moment que je pus distinguer, autour de moi, le corps musculeux de la maison.

— Je crois que ça va marcher, dit Madame-la-Reine. Si le petit monsieur se veut donner la peine d'entrer tout à fait. Ça n'est pas entrer que d'être là à se regarder. Voilà de quoi s'asseoir.

Il tira avec le pied un tapis où je m'assis. Madame-la-Reine plia ses jambes à côté de moi, Décidément entra dans l'ombre.

— Je suis bien content, dit Madame-la-Reine. Il ne s'agit pas de dorémifasolasido. Pourquoi apprendre ? À quoi ça sert ? Le principal, qui l'apprend ? D'où ça vient ? Mystère.

Il fit claquer son long doigt en le tendant dans l'ombre d'où Décidément s'avança avec son violon et la flûte.

Madame-la-Reine prit la flûte et je m'aperçus que ses doigts ne faisaient plus de bruit. Il pencha sa tête au long de la tige de bois, ses mains posées sur la flûte comme des oiseaux. Il me regarda.

Les yeux s'éteignirent.

— Ça va être *Monsieur* Mozart, dit-il.

Et ils commencèrent.

On n'y voyait plus.

Ç'avait été *Monsieur* Rameau, *Monsieur* Scarlatti et le petit Jean-Chrétien. Nous avions eu *Monsieur* Haydn juste au moment où le jour s'en allait. Il avait duré jusqu'à l'ombre complète. Maintenant, il n'y avait plus rien autour de moi que la musique. Je ne voyais plus la tapisserie décollée des murs, les deux paillasses au ras du sol, le broc, les deux assiettes par terre et la grande caisse de planche. C'était l'ombre. Parfois, dans un silence, quand un de ces *messieurs* était fini, Madame-la-Reine secouait sa flûte en la faisant siffler comme une cravache.

— Qu'en pense le petit monsieur ? demanda Décidément.

— Allume, dit Madame-la-Reine, on va voir.

Il alluma un bout de bougie.

— Donne, dit Madame-la-Reine.

Puis il approcha la lumière de mon visage.

Il se mit seulement à siffler entre ses dents en regardant mes yeux.

Il se tourna vers Décidément et il hocha une fois ou deux la tête. Puis il se dressa et je compris qu'ils se regardaient tous les deux sans parler.

Je ne parle plus de mon père et de ma mère. Il n'y avait plus rien.

Une fois seulement mon père me demanda :

— Ça va, fiston ?

Il ajouta :

— Et maintenant, tu n'as pas envie d'apprendre la musique ?

— Oh ! non, je dis, non !

Et je me mis à rougir, puis je caressai sa grosse main déchirée et toute noire.

Le samedi, j'apportai mes vingt sous.

— Sur la caisse, me dit Madame-la-Reine.

Je déposai ma pièce sur la caisse.

Décidément pelait des pommes de terre.

— *Monsieur* Mozart, dit Madame-la-Reine, c'était un petit garçon.

— Mais, c'est *Monsieur* Mozart, dit Décidément.

— Oui, approuva Madame-la-Reine.

— *Monsieur* Haydn, dit-il après, c'était un vieux monsieur. Il mangeait des faisans et il buvait du vin à bulles dans un grand verre long comme ça. On lui prêtait des châteaux, des étangs, des arbres et des forêts complètes de lilas blancs. Seulement, il savait oublier.

— Oui, dit Décidément, il ne se laissait pas influencer par sa digestion.

— Et puis, dit Madame-la-Reine, il avait une main très souple.

Et il fit avec sa main craquante le geste en aile de pigeon qui disait : « Au revoir, au revoir ! »

— Seulement, dit Décidément, il savait ce que c'est, l'amitié.

— Ça va, les patates, demanda Madame-la-Reine ; tu veux que je t'aide ?

— Ça va, dit Décidément.

Je touchai le bras de Madame-la-Reine :

— L'autre jour vous avez joué, c'était joli...

— Quoi ? demanda Madame-la-Reine.

— Je ne sais pas.

— Quand ? demanda Décidément.

— Je n'étais pas encore venu ici.

— Où étais-tu ?

— À notre grenier.

— On jouait tous les deux ?

— Oui.

— Qu'est-ce que tu faisais au grenier ?

Je dis qu'il y avait là une dame verte et rouge sur le mur. Et soudain, parce qu'il m'en venait devant l'esprit, de sa beauté, de son humanité, de son grand royaume qu'elle avait dedans mon cœur, tout fut appelé.

— C'est ça que vous jouiez.

Je me mis à siffler l'air de flûte tristement allègre, j'étais comme un qui parle non pas par sa voix et par sa tête mais qui n'est plus que l'instrument de toutes les forces cachées. Le corps même de ma dame passait entre mes lèvres, et les lambeaux de mon cœur déchiré et heureux, et les magnifiques promesses perdues que m'avaient faites les grands yeux de moisissure.

Madame-la-Reine se dressa.

— Bach, dit-il, Jean Sébastien !

Décidément ne pelait plus les pommes de terre.

— Comment veux-tu, dit Madame-la-Reine au bout d'un moment, comment veux-tu que je devine ? Il a dit que c'était joli.

Il me regarda :

— Ça n'est pas joli, monsieur, c'est beau.

— Suite en *mi* mineur, Polonaise, annonça Décidément.

Il posa son couteau, il prit son violon, il le fit luire avec la manche de sa veste. Il regarda son archet. Il tâta doucement les cordes. Madame-la-Reine essuya sa flûte à pleine main, il manipula les clefs à vide. Il fit jouer ses doigts en l'air, ses doigts qui déjà, à l'annonce de la musique, étaient devenus plus muets que de la fumée. Il approcha ses lèvres de la flûte et doucement il dit :

— Allons !

Ah ! chanta la flûte, il était dit que pour nous la vie serait une vieille femme.

Une vieille femme avec des roupies, des yeux collés, une bouche comme du mal.

Et qu'elle ne pourrait pas s'arrêter de nous aimer avec son grillage d'os et de forcer notre bouche avec sa langue qui pue comme une vieille peau de lapin.

— C'est comme ça, dit le violon, c'est comme ça, mon vieux, qu'est-ce que tu veux !

C'est comme ça que ça a été écrit par Dieu. Et alors, on ne peut guère faire autre chose que caresser notre amoureuse en se bouchant le nez et les yeux.

— Elle n'aura que notre peau et notre sang, dit la flûte. Ce qui pue, je le prends par le nez mais je le ressouffle par ma bouche, ça ne reste pas. Elle est à moi dans ma tête, la bien-aimée pure et sombre.

Et là-dessus, pendant que le violon grondait à voix basse :

Bon, tu as raison, marchons, allons, en avant, doucement, en avant.

la flûte s'élança, et, comme un serpent qui, debout dans l'herbe, construit avec la joie ou la colère de sa chair les fugitives figures de son désir, elle dessina le corps de ce bonheur dédaigneux qui habite la tête libre des parias.

Certes, ni le violon ni la flûte ne dirent pour moi tout ce que je viens d'écrire, cette deuxième fois où j'entendis la Polonaise. J'étais un petit garçon plein de la dame en vert. Mais, depuis, je me suis sifflé mille et mille fois cet air-là, et chaque fois, j'ai revu les visages dégoûtés et hautains de Décidément et de Madame-la-Reine.

— Bach, dit Décidément.

— La petite voix de Bach, ajouta Madame-la-Reine en secouant sa flûte.

— Jules, appela Décidément en posant sa main sur l'épaule du flûtiste, Jules, souviens-toi de cette montée de la Toccata, et puis quand tu es en haut tu mets le pied en plein désespoir.

— Oui, soupira Madame-la-Reine, le tout est d'être assez fort ensuite pour faire des sauts périlleux avec sa propre force, sans s'appuyer à rien et sans avoir peur pour sa tête. Tout est là.

— Tu sais que les salauds lui ont donné trois cents francs. Tu le vois, lui, là-haut, avec sa bouche d'homme qui tète, ce large nez des hommes qui ont eu des nourrices aux seins durs. Tu le vois là-haut aux orgues de la porte. Il joue ça. Dessous, Madame la bouchère salue Madame la Préfète, Madame la Préfète salue Madame l'électeur influent, et le curé compte la quête. « Ça dure beaucoup ce truc-là, il dit, tout le monde est sorti. Hé, Monsieur Bach, à la soupe ! »

— Je crois qu'on a oublié le petit monsieur, soupira Madame-la-Reine de sa voix triste et polie.

Ils s'accroupirent tous les deux sur le tapis à côté de moi.

— Bach, dit Madame-la-Reine en me regardant, c'était un gros monsieur. Il mangeait beaucoup de soupe. C'est pour ça qu'il a eu deux femmes et vingt et un enfants. Voilà.

— Ça donne l'explication à plus que ce qu'on croit, ajouta Décidément.

— Mais, dit Madame-la-Reine, il me semble que tout à l'heure le petit monsieur a sifflé des mesures complètes. Il a compris le fil de l'histoire.

— C'est ça qu'on lui apprendra, dit Décidément.

À partir de ce jour-là, Madame-la-Reine m'accueillit chaque fois en frottant ses mains électriques et en disant :

— On va travailler.

Ils jouaient devant moi Bach, *Monsieur* Haydn, *Monsieur* Mozart. Je faisais ensuite le récit de ce que j'avais vu.

Ils m'écoutaient. Ils approuvaient ou corrigeaient.

— Non, à ce moment-là le cygne noir baisse trois fois la tête sous l'eau et il la relève, et chaque fois les petites gouttes d'eau glissent dessus ses plumes : tralala, tralalalala ; chaque fois toujours pareil. Mais on continue à entendre tout le bruit de l'étang qui se balance dans l'herbe, et puis voilà que le cygne relève la tête et qu'il crie. Alors le cerf...

— Le basson, ajoutait Décidément en levant l'index.

— Alors, le cerf, je continuais, sort de la forêt. Il a des feuilles dans ses cornes et il rit comme... comme Monsieur Décidément.

— Voilà, approuvait Madame-la-Reine. Demain tu nous siffleras ça.

Un jour que Décidément était un peu malade, je retournai tout de suite à l'atelier de mon père. Il n'était pas assis à son tabouret. Il avait ouvert le grand placard, et, l'oreille contre le mur, il écoutait.

— Tu es là ? dit-il. J'attendais que vous commenciez. Et il ferma le placard.

— Tu attraperas des poux avec ces hommes, dit Antonine.

— Dieu ! Si c'était vrai ! cria presque ma mère.

— Je le dis pour rire, fit Antonine.

Pendant qu'elles se reposaient, en attendant que les fers soient chauds, Antonine me tira entre ses cuisses :

— Donne, que je regarde.

Elle se mit à fouiller mes cheveux.

— Un, dit-elle, en faisant claquer ses ongles.

Ma mère se précipita en frémissant de la narine.

— Non, c'est pour rire, dit Antonine. Vous semblez en poudre. D'abord, quand on n'en a pas c'est qu'on n'est pas sain.

— Fais voir, dit ma mère.

Et elle se mit à me jardiner la tête de long en large.

— Parce que moi, la musique, tu comprends... c'est bien beau... Mais, non, il n'en a pas.

Depuis l'arrivée de Décidément et de Madame-la-Reine, la cour aux moutons avait changé de figure.

Derrière la quatrième fenêtre demeurait une grasse femme sans âge et sans couleur. Elle était dans l'angle des murs, juste dans l'endroit où le soleil ne pouvait pas aller. Le bord de la fenêtre était tout mangé de mousse. Son évier pissait par un canon de plomb, barbu de cette sorte de scolopendre qui pousse aux parois des puits. En s'allongeant, la plante se rebiffait contre l'eau sale et elle lançait de longues tiges grêles et blêmes vers la coulée étincelante du soleil. La femme n'ouvrait jamais la fenêtre. Derrière les vitres, l'ombre avait la couleur de l'eau au fond des rivières. À des moments seulement du plein été quand même la cour aux moutons sentait la poussière sèche et le feu de colline, le visage blême de la femme venait taper du nez contre les vitres. Dans l'ombre glauque de la chambre nageait d'abord une forme blanche. C'était comme un poisson triste. Elle venait renifler aux joints des vitres l'odeur écrasante de l'été. On avait juste le temps de voir deux gros yeux sans sourcils et le balancement monotone d'une tête aux joues pendantes, puis elle s'en allait d'un souple mouvement qui la faisait disparaître tout à coup tout entière. Elle était venue habiter là en sortant de prison. Avant, elle tenait une auberge de roulage au nœud de la route de Reillanne et de la route de Grambois. C'était seulement un passage de charretiers lourds. On disait qu'une nuit elle s'était battue et qu'elle avait tué un homme. Sa maison avait pris feu.

À côté d'elle logeait un artisan tanneur. Il tannait chez lui de petites peaux d'animaux : des peaux de blaireaux, de fouines, de renards, de belettes. Il les pendait pour les faire sécher aux volets de sa fenêtre. Elles étaient alors étendues sur des croix de canne et, au moindre vent, elles se mettaient à bourdonner et à essayer de s'envoler comme des cerfs-volants. J'aimais beaucoup regarder les peaux pendues et les écouter. Une fois, par un de ces grands vents d'automne qui faisaient frémir la ville entière et gronder les maisons creuses, deux peaux, une de fouine, une de martre, s'envolèrent tout à fait. Elles dépassèrent la crête des toits et on ne les vit plus. Le tanneur s'en alla à leur recherche. On l'entendait marcher sur les tuiles. Tous les habitants de la cour aux moutons s'étaient mis aux fenêtres, sauf la grasse femme blême qui ne vint même pas jusqu'à ses vitres. On lui criait :

— Tu vas te casser la figure.

— Cherche-les vers le grenier de la Choise, le vent portait de là.

— Tu casses les tuiles avec tes pieds et après il pleuvra dans les maisons.

Il s'en alla dans la houle des toitures, tout petit entre les vagues.

On disait de fenêtre en fenêtre :

— Il a le pied solide.

— Ça coûte cher, surtout celle de martre.

— Ça lui apprendra à nous faire puer ça contre notre bouche.

Il revint. Il n'avait trouvé que la peau de fouine. La petite fille de l'acrobate prenait aussi grand plaisir à écouter les peaux, ce bourdon sourd et on aurait dit presque animal, avec comme la plainte de la bête morte. Beaucoup de plaisir à les regarder, avec ces soubresauts et ces élans, comme si la bête dépouillée était là-bas, nue et à vif dans la colline, debout dans les sarriettes à attendre le retour de sa peau. La petite fille était toujours vêtue de rouge. Elle aplatissait ses épaules et ses bras pliés sur le rebord de la fenêtre, et sa tête noire et jaune avait l'air de flotter dans du sang.

Dans les autres chambres il y avait un terrassier nommé Tonino ; puis un homme et une femme revenus du Mexique ; l'homme était d'ici, la femme de là-bas. On l'entendait chanter des plaintes fausses et terribles à supporter parce que si près des larmes qu'elle vous les tirait des yeux comme la poix tire une écharde du fond des chairs meurtries. Elle s'accompagnait en pianotant de ses doigts durs sur un fond de casserole.

Il y avait encore, aux fenêtres basses, un ménage d'Espagnols, vendeurs de légumes, avec cinq enfants. Sous leur logis, une petite écurie abritait leur cheval. C'était un cheval arabe à longue crinière, à beau poil de queue, mais si maigre qu'il semblait être fait de deux boules : la tête et la croupe unies par un crayon. Quand on le tenait à l'écurie, il mangeait sa porte. On l'entendait arracher les éclats de bois et puis les mâcher avec un petit gémissement qui tremblait et cliquetait comme du vent dans des palmes.

Des deux autres chambres, l'une gardait un homme sournois et noir qui avait été frère des écoles chrétiennes, et l'autre une jeune fille chez laquelle il y avait toutes les nuits de la lumière et des disputes. Tous les matins, la jeune fille ouvrait sa fenêtre, prenait une serviette qui séchait à l'extérieur, et, à pleins seaux d'eau, elle se faisait une longue toilette. Elle était presque toujours toute nue. On la voyait jusqu'aux genoux.

Oui, le visage de cette cour se transforma. Au fond de son malheur naquit un bel enthousiasme, et, malgré ses mauvaises dents et sa laide bouche, elle porta à travers les jours un sourire extasié et un air de bonheur. C'était comme un amour caché qu'elle avait, et elle s'en contentait en elle-même.

Un après-midi, la fenêtre de l'acrobate s'ouvrit. Depuis quelque temps on ne voyait plus la petite fille. Décidément et Madame-la-Reine devaient être dehors pour quelques leçons de musique.

— Hé, les hommes ! cria l'acrobate, musique s'il vous plaît !

Je m'approchai de la fenêtre et, sans me faire voir, je regardai.

Il avait gardé son tricot à tours de force sous la veste. Il était maigre et bleu de toute une vieille barbe. Ses yeux mangeaient ses joues.

— Musique, je vous dis ! cria-t-il encore ; c'est pour la petite fille.

Là-haut on entendait la Mexicaine qui tambourinait sourdement.

— Musique, nom de Dieu ! cria l'acrobate.

L'homme noir ouvrit sa fenêtre. La fille d'à côté aussi. Ils écoutaient. Des moutons s'étaient mis à tousser.

— Musique ! Musique !

Alors, je me mis à siffler doucement. Mon père me dit :

— Approche-toi bien de la fenêtre.

Je sifflai d'abord cette Polonaise de Bach qui me venait toute seule aux lèvres, rien qu'à voir dans le jour de ma tête le regard et la bouche de ma dame, puis je sifflai un menuet de Haydn et un menuet de Mozart.

— Encore, encore ! commandait l'homme là-bas quand je m'arrêtais pour lécher mes lèvres.

Je sifflai le commencement d'une Passacaille et les douces ondulations d'un Scarlatti qui ne finissait plus mais renaissait de ses tronçons coupés.

— Assez ! dit l'homme.

Et il ferma sa fenêtre.

J'entendis que la fille disait à voix basse à l'homme noir :

— Non, c'est le petit du cordonnier.

Le soir, on nous dit que la petite de l'acrobate était morte et on l'enterra le lendemain.

— Il faut aller à l'enterrement, dit mon père.

Il m'habilla lui-même de mes habits de dimanche. Il mit, lui, sa chemise empesée et Louisa première lui noua sa cravate noire.

Je portais un bouquet de fleurs.

Mes camarades se moquèrent de moi ; mais, la jeune fille de notre cour me regarda désormais quand elle me rencontra dans la rue.

Un samedi soir Madame-la-Reine me dit :

— Demain, que le petit monsieur se fasse beau ; on le mènera chez le Grand d'Espagne.

Sitôt arrivé dans l'atelier de ma mère j'en parlai à toutes les ouvrières.

— Qu'est-ce que c'est ? dit ma mère.

— Le dimanche, dit Antonine, ils vont chez Mme Burle ; je les ai entendus.

— Ah ! c'est ça, dit ma mère.

Elle avait l'air assez flattée.

— Et qu'est-ce que tu feras, toi ? dit-elle.

— J'écouterai.

— Si tu avais appris un instrument, tu jouerais. Tu vois, avec ta tête... Et son père, l'idée qu'il a...

— Demain, tu verras l'idiot, me dit Antonine.

On me fit une belle toilette, et vers les trois heures de vêpres je m'en allai avec les deux hommes.

C'était un dimanche blanchâtre de plein hiver, avec un gros vent solitaire. La rue était déserte. Un chien hurlait à la mort après le son triste des cloches. Arrivés à la place de l'Hôtel-de-Ville, on prit à droite. On arriva devant une grande maison corsetée de grilles de fer. Ils sonnèrent. On entra. Ils ne parlaient pas et moi j'entendais ma grosse cravate mordorée qui chantait « che che » sous mon menton.

Le couloir était comme un gouffre et tout noir. On l'entendait sonner sous nos pas, sous l'écho de nos pas, et l'écho de l'écho. Il se perdait de tous les côtés dans l'ombre.

Madame-la-Reine prit ma main. Il avait la main solide et juste. Elle me fit trouver le premier escalier et la rampe.

Décidément frappa à une porte.

— Entrez ! dit par là-bas une voix dure.

C'était une grande pièce où pleuraient deux candélabres de trois bougies très éloignés l'un de l'autre et placés sous des trumeaux de plâtre représentant des amours enlacés de lauriers. Le centre de la chambre, sombre, était exploré par les élancements d'un petit feu d'âtre bigle, bégayant et à moitié étouffé de cendres. C'est cependant cet âtre qui me fit voir au milieu de l'ombre une femme grasse et lourde, assise à plein fauteuil et parfaitement immobile. Les commandements arrivèrent d'elle.

— Entrez ! Fermez la porte ! Piquez le feu !

Madame-la-Reine ferma la porte, alla à pas lents jusqu'à la cheminée, se baissa lentement, piqua le feu.

— Qu'est-ce que c'est, ce petit ?

— C'est le fils du cordonnier.

— Qu'est-ce qu'il fait ici ?

— Nous l'avons mené pour qu'il entende la belle musique. Il a beaucoup de mémoire.

— C'est un bon métier, le cordonnier.

Je ne bougeais pas. Je respirais à peine. Les jambes me pesaient comme si j'avais été pendu par le cou.

— Le programme, demanda la femme.

Madame-la-Reine se redressa lentement.

D'une voix que je ne lui connaissais pas et qui était comme prisonnière il dit :

— Mon camarade va chanter :

Nous n'avons pas le droit de faire mourir quelqu'un.
Fonds-toi mon cœur en un flot de larmes.

» Et :

Au secours, Christ, fils de Dieu !

» Ces chants sont extraits de *la Passion selon saint Jean* de Bach. Le premier et le dernier sont des chorals. Mon camarade chantera l'air du soprano seulement.

— Et, à l'ancienne, dit la dame. Je ne vous paye pas pour que vous m'en donniez une interprétation moderne.

— Bien, Madame, dit Madame-la-Reine.

Il s'avança pour se mettre à notre alignement et il tira sa flûte de la profonde poche de ses basques.

Au moment où la voix du chanteur m'effleura de ses ailes de fer, j'aperçus, dans l'ombre du gros fauteuil, une chaise plus basse. Elle était aussi habitée par une forme qui, peu à peu, s'éclaira. C'était un homme ou très vieux ou très jeune. Dans l'éclairage tremblotant de l'âtre il rajeunissait ou vieillissait d'ailleurs minute par minute sans arriver à se fixer à un âge. Tantôt il avait des cheveux tout blancs, puis ils paraissaient être seulement blonds, du blond des premiers cheveux. Il avait une tête de nouveau-né, grasse, blanche, molle, morte comme ces têtes d'animaux aux devantures des boucheries, mais dans la rondeur même de cette tête s'inscrivaient les égratignures profondes et crasseuses d'une sorte de vieillesse. L'œil ne se voyait pas, ou plutôt se voyait par éclairs dans le balancement de cette effroyable tête grosse comme une courge. Car cela balançait la tête sans arrêt, cela avait l'air de chercher de la narine une odeur, une trace, une piste à partir de laquelle la vie pourrait commencer. Enfin, cela se mit à gronder de la gorge comme un petit taureau.

— Tais-toi, Georges, dit la dame.

Au même moment ou presque, une porte s'ouvrit au fond noir de la chambre. Une odeur de lard frit et de sarments rôtis entra. Une femme demanda :

— Saignantes, les cailles ?

— La graisse juste dorée, répondit la dame sans tourner la tête.

La porte se referma.

Décidément chantait la grande phrase :

Seigneur, est-ce moi qui dois expier la faute des hommes ?

Ce n'était plus la voix prisonnière de Madame-la-Reine. C'était la pleine voix libre et pure qui montait sans travail et sans peine du centre même de la douleur. Il n'y avait plus de politesse, plus de retenue, une liberté ; et la grâce, et la force du chant étaient faites de cette liberté dans le gémissement. La flûte même s'en allait goguenarde et douloureuse. Derrière nous trois qui affrontions avec notre faiblesse de chair et de costume la grande dame vêtue de soie, aux lèvres graissées de graisse de caille, tous les habitants de notre pauvre cour des moutons gémissaient : l'homme noir qui avait perdu son dieu, la fille nue, la Mexicaine qui pleurait ses cactus, le petit cheval nourri de vieux bois, la femme à la glauque prison, mon père, la barbe des scolopendres qui pendait au canon de l'évier, les peaux de bêtes, le tanneur qui couchait sur un lit de sel. J'entendais au fond de la musique la voix sauvage de l'anarchiste parti vers la Suisse.

Les malheureux pousseront autour de nous comme des plantes.

J'étais sur le front de bataille.

Quand le chant fut fini, je ne reconnus plus Madame-la-Reine. Il fit deux pas hors de l'alignement.

— N'est-ce pas, Madame, un clavecin là-bas ?

— Si, dit-elle.

— Voulez-vous nous permettre de jouer, mon camarade étant violon, un petit concerto de Chrétien Bach ?

Il ajouta au bout d'un petit silence :

— Je crois que ça vous fera plaisir.

— Vous savez jouer du clavecin ? dit la dame.

— Un peu, dit-il.

— Où avez-vous appris ?

Il se borna à faire un signe auquel Décidément obéit en silence. Madame-la-Reine baissa la vis du tabouret et s'assit.

Ce qui suivit, en sa magistrale habileté, me parut être d'une insolence telle que je fis un pas en arrière pour me cacher dans l'ombre.

Puis, Madame-la-Reine ferma doucement le couvercle du clavecin.

— Et voilà, dit-il, l'allegro, pas plus.

Je ne sais plus comment nous nous retrouvâmes dans la rue.

D'une petite voix mesurée, polie, exacte comme le jeu de ses doigts sur le clavier, Madame-la-Reine soupira :

— L'important, c'est qu'on l'emmerde.

— Et qu'elle le sache, ajouta Décidément.

CHAPITRE V

L'épileptique. — Le maquignon.

Mon père aimait les plaies et les malades. Des vieilles gens venaient lui faire soigner des eczémas. Il les pansait avec de l'eau sédative. Tout l'atelier sentait le camphre.

Il avait enfin loué une petite terre pour vingt-cinq francs par an : dix mètres de terrasse dans les remparts de la ville. C'était engraissé de détritus et d'eau sale. Un lavoir public suintait le long des murs. Il cultivait là des rosiers et des hysopes. Des fois, il prenait une rose entre ses deux doigts du milieu, il l'isolait de la branche sans l'arracher, il la tenait dessus sa main, il la sentait, il la touchait, il la regardait.

— Job, il me disait, Job ! Il avait de grandes plaies comme ça dans les mains, dans les pieds, partout. Et maigre comme un clou.

Il aimait les épileptiques. Je veux dire, il leur donnait de l'amour. Il y en avait un grand et roux qui me faisait peur. Il ne se rasait jamais mais coupait seulement sa barbe au ciseau. Il était gras. Il mangeait des gousses d'ail cru tout le jour comme des bonbons. C'était déjà un homme fait et il avait une grande tendresse pour sa mère, une petite souris ratatinée, basse de jambes, avec un grand cou de poule tout déformé par une formidable pomme d'Adam qui montait et descendait dans son cou comme une bête vivante avalée et qui aurait ramoné son gosier.

Il avait un nom de famille magnifique : Goliath. Il s'appelait de son prénom : Voltaire. De ses deux frères un s'appelait Tallien et l'autre Fabius. Le père avait un crâne écrasé et tout le bas de la figure gonflé par une énorme bouche saignante comme une blessure.

Voltaire avait honte de son mal. Peut-être pas précisément de la honte ; il en était plutôt hanté. Il essayait de s'en débarrasser l'esprit par des travaux d'homme solide. Il était solide. Cela faisait l'effet d'un homme qui porterait un grand malheur et essaierait de s'en délivrer en marchant sur un fil de fer ou en jonglant avec des torches. Alors, il tombait au hasard de l'heure et des champs. Le poids de ce dieu qu'il portait dans la tête le couchait près de la haie qu'il venait d'incendier ou le long du ruisseau où il pêchait l'écrevisse. C'est comme ça qu'il est mort noyé.

À vingt ans il ne se présenta pas au conseil de révision. Exprès. Il fut envoyé aux chasseurs d'Afrique. On le trouva plusieurs fois couché sous les pieds des chevaux à l'écurie.

— Ne dites rien, il disait.

Il payait à boire. On ne disait rien.

Ça n'était pas par patriotisme. Il détestait l'armée. Il y était heureux parce que là il était avec tous les bien-portants, les sains, ceux qui n'avaient pas des cervelles frémissantes et énervées comme des panthères en cage. Un beau jour, il tomba de cheval pendant une revue, au moment où son escadron défilait au galop devant le général.

— Ça devait être, lui dit mon père, la fatigue, tous ces chants de clairons, le soleil...

— Non, dit Voltaire, c'était l'odeur de mon cheval.

J'ai dit que l'atelier de mon père prenait jour dans une petite cour qui appartenait à un berger. De temps en temps on parquait en bas des moutons. À la fin, le berger loua sa cour à un porcatier qui y établit une soue. Il engraissait tant ses cochons avec des déchets de lait et de légumes que les bêtes ne bougeaient plus, couchées dans des creux de fumier où le purin s'amassait. Ce n'était qu'après le massacre qu'on changeait la paille. L'odeur du récurage faisait tomber Voltaire.

J'ai dit que j'avais peur de cet homme. Plus exactement sa première attaque m'avait donné envie de vomir. Le bouleversement de tout mon corps avait été si violent devant l'atroce spectacle que j'en étais resté désossé et écœuré, sans os et sans cœur.

— Va chercher mon oreiller, dit mon père.

Quand je revins, il essuyait l'écume de Voltaire avec son mouchoir à carreaux. La tête de l'homme sautait dans les mains de mon père comme une bête. Des fois, elle lui échappait et elle frappait le plancher.

— Mets l'oreiller sous sa tête.

Il me regarda.

— Ça n'est plus que de la pauvre mécanique, dit-il. Sa cervelle se révolte. Va chercher Jules.

Jules était le garçon boucher. Je descendais au deuxième étage dans notre cour à nous. J'appelais :

— Jules !

Il y avait une lucarne dans le mur d'en face.

— Viens, mon père te demande.

Je restais là à attendre. La porte du couloir battait. Le pas feutré de Jules qui avait quitté ses sabots montait.

— Ça lui est encore arrivé, disait mon père.

Jules regardait l'homme étendu. À force de faire tourner le marteau à assommer les bœufs, Jules avait gonflé ses épaules et ses bras de beaux muscles rouges et gras. On voyait toujours sa poitrine nue sous sa chemise sans boutons : une poitrine sans un poil, comme de la chair de femme. Quand mon père se changeait de chemise, je voyais son torse entoisonné d'un poil de bélier depuis le cou jusqu'au ventre, des ruisseaux de poils noirs qui sautaient de ses épaules et coulaient jusqu'à ses hanches. La nudité de Jules m'effrayait joyeusement. Je l'avais vu une fois, le torse tout nu, à l'abattoir. Il s'était campé des deux pieds devant un bœuf. Il avait pris la distance en touchant le front du bœuf de sa main gauche à bout de bras et il avait fait tourner le marteau.

— Aide-moi, disait mon père.

Jules prenait toujours Voltaire par les pieds. Même si en arrivant il se trouvait près de la tête du malade. Il faisait un ou deux petits pas sournois et il allait le prendre par les pieds. Mon père passait ses mains sous les aisselles du perdu. Il le relevait.

— Ouvre la porte, Jean.

Puis, j'ouvrais la porte de la chambre.

— Il ne bouge plus, disait mon père, il se fait mou. Il est entré dans son pays.

Jules ne parlait pas. Il soufflait plus que pour porter les grosses moitiés de bœuf.

Je me disais :

— Père est plus fort que lui.

Ils déposaient Voltaire sur la descente de lit en poils de chèvre. (J'ai encore cette descente de lit. Ce matin, avant de venir ici écrire ces pages, j'ai encore posé mes pieds nus sur ces poils gris qui ont été doux aux malades.) Mon père enlevait l'édredon bleu, ouvrait ses draps.

— Allez, disait-il en se penchant.

— Avec les souliers ? demandait Jules.

— Oui, laisse-les-lui. On n'a pas le temps. Il lui faut tout de suite de la douceur.

Ils couchaient l'homme dans le lit. Mon père calait la pauvre tête en arrondissant autour d'elle le traversin.

— Voilà !

C'était le calme. On entendait battre notre pendule.

— Rien à boire ? demandait Jules.

— Si, de l'eau des Carmes.

Jules prenait la longue fiole dans ses gros doigts et il buvait un long coup. Ses rougeurs revenaient.

— Ça va mieux, disait-il.

Une heure après, revenus de l'atelier, mon père disait : « chut ! »

La porte de notre chambre gémissait doucement. Un pas traversait le palier, cherchait l'escalier.

— C'est passé, il s'en va.

Voltaire s'en allait. Avant de descendre à la soupe, nous allions refaire le lit.

— N'en parle pas à ta mère, disait mon père, elle aurait peur.

Il arrondissait l'édredon du plat de la main ; j'entendais sa peau qui râpait la vieille soie bleue.

Il ajoutait :

— Ça la dégoûterait.

Parfois il me disait :

— Va sur le palier écouter si elles chantent.

C'était la nuit. Le fond de la cour était roux parce que l'atelier de ma mère y donnait par une fenêtre. J'écoutais :

— Oui, elles chantent.

— Prends la bouteille d'eau sédative.

Lui, il fouillait dans l'armoire. Il tirait des serviettes de toilette.

— Tu crois que ça sert, ça ?

— Oh ! oui.

C'étaient des serviettes presque neuves. Il en cherchait de celles dont l'éponge était râpée.

— Viens, ne fais pas de bruit.

Nous descendions. Je portais les serviettes, lui la bouteille.

En bas, dans le couloir, il me disait :

— Chut !

Nous passions sur la pointe des pieds. Ma mère chantait doucement *la Chanson des blés d'or.*

Il s'arrangeait pour que la porte de la rue ne fasse pas de bruit.

On allait dix mètres au-dessus de chez nous. On entrait sous un porche charretier tout noir.

— Suis le mur avec la main, disait-il.

Le mur était tout gluant et comme vivant.

On montait un petit étage puis on suivait un couloir. Au fond, il n'y avait qu'à pousser une porte avec le genou.

Une épaisse odeur d'urine me salait le nez et la gorge.

Une voix grasse parlait comme en chantant dans l'ombre.

— Le cheval rouge ! Le cheval rouge !

Ça sentait l'écurie, la vieille paille, le purin, le salpêtre et le bois pourri.

— Le cheval rouge !

On n'entendait pas de bruit de mouvement ; seulement la voix.

Mon père cherchait les allumettes dans sa poche. C'était chaque fois comme si de l'ombre le cheval rouge allait sortir au claquement du feu, dans le petit éclair du phosphore ; le cheval rouge nu, tout crevassé de grosses roses, les dents sanglantes éclatant dans le rire de ses babines retroussées.

Quelque chose trottait dans la paille ; un rat allumait ses deux yeux.

La bougie commençait à vivre. On voyait une ombre couchée sur une paillasse.

— Viens, disait mon père, et parfois il me prenait par la main.

On entrait dans l'odeur comme dans un rideau de laine ; c'était chaud et ça se plaquait sur la figure à étouffer. J'en avais des ronds de bras pour l'écarter.

— Les rats sont encore venus.

Mon père seul parlait de sa voix calme là-dedans. C'était la même voix qui disait à table : « Donne-moi le pain, fiston. »

— Les rats sont encore venus.

Autour de l'homme couché, mon père avait mis des ratières : de celles à trappe et de celles à cage.

Il y en avait un d'assommé ; il y en avait deux dans une cage et un troisième dans une autre cage. Ces trois vivants ne bougeaient pas ; tapis dans leurs prisons ils regardaient, l'œil fixe, au bout de leurs museaux pointus, serrant de temps en temps leurs petites bouches ils faisaient trembler leurs moustaches luisantes.

— Ils en ont encore mangé, les salauds.

L'homme était couvert d'un gros matras de cheval et, dessous, d'un drap.

Il fallait d'abord enlever le matras.

Le drap était tout taché de grosses plaques humides. Mon père tirait le drap doucement. Sous chaque tache une plaie claquait des lèvres et se décollait.

Ces plaies vivaient. Elles se nourrissaient de l'homme paralysé, comme les rats. Celle du ventre était grasse. Elle soufflait à pleine bouche une haleine de mangeuse de viande. Il avait deux autres plaies aux cuisses.

— La serviette.

Je la donnais.

Mon père faisait couler l'eau sédative.

— Le cheval rouge, chantait l'homme, le cheval rouge.

Il ne sentait même plus la morsure de l'alcool.

— Attention, se disait mon père à haute voix. Ça doit lui faire mal, ça.

Il affermissait ses lunettes.

— Voyons, on dirait que ça sèche un peu.

La plaie du ventre était comme un gros bol plein de lait. Le pus bavait en petits filets entre les corolles de chair.

Avant de partir, mon père regarda l'épaule de l'homme.

— Ils ont commencé à manger là, dit-il.

Il posa la ratière à trappe juste contre la chair rongée. Il descendit les autres ratières.

En bas dans l'ombre, j'entendis que mon père passait la main dans la nasse de grillage.

Les rats se mirent à crier.

— Un, dit sourdement mon père dans sa barbe.

Le rat alla s'écraser contre le mur.

— Deux !

» Trois !

Puis il les piétina silencieusement.

Au début de chaque après-dîner, mon père prenait une chaise, la chargeait sur son épaule et s'en allait à son jardin du bord de ville. Il s'asseyait entre ses deux rosiers. Les pigeons du couvent venaient se poser sur son épaule.

CHAPITRE VI

La bague en feuille de salade.
— Les annonciateurs. — La fille au musc.
— Le marché aux bestiaux. — Père Massot.
— Corbières. — Madame Massot. — Anne.
— Le jeu du bateau perdu. — Printemps.
— Costelet. — Le feu neuf. — La fête.
— Germaine. — Le serpent. — L'ange parti.
— Histoire de l'homme noir.
— Au bon endroit.

Un soir, comme je revenais de l'école, c'était novembre, il me sembla soudain que le boulevard sentait la violette. Je m'arrêtai pour respirer. La violette, mais une violette terrible, charnue, avec des chairs pantelantes et roussâtres comme la nuit qui descendait sur les ormes nus. La gorge me faisait mal. Les livres pesaient sous mon bras. Un boggey passa à toute vitesse à côté de moi. Mon œil garda le mouvement des grandes jambes blanches du cheval ; cela ne pouvait plus s'effacer et, comme je me frottais les yeux pour faire partir cette image et retrouver la nuit, je m'aperçus que j'imitais avec ma bouche le clapeclape du trot. Je me tus, je serrai mes lèvres. Je me dis : il faut te tenir droit sur tes jambes et marcher. La gorge me faisait mal. Un bruit me suivait comme l'approche et l'envol d'une grosse mouche. Ça s'approchait, ça emplissait ma tête d'un bleu de fer au fond duquel restait à peine, comme un tison qui va s'éteindre, l'œil rond d'un réverbère à pétrole ; puis, ça s'en allait avec un petit bruit cassant ; ma tête s'emplissait d'un jaune doux, sirupeux, qui lentement apportait le silence, et c'était alors de nouveau la nuit de novembre sur le boulevard et l'odeur de la violette. Je me dirigeai vers la rue des marchands éclairée par des boutiques. Il me sembla que cette rue était chaude comme un four, qu'il m'était possible ce soir de faire comme les chiens et de retrouver dans cette chaleur les odeurs diverses de tous ceux qui habitaient là. Je serrais mes livres sous mon bras. Ma gorge me faisait très mal. Un boulanger passa avec une manne pleine de pains chauds sur la tête. Je compris qu'il tournait la tête pour me regarder et que toute la manne avait tourné avec sa tête, et que, peut-être, il avait dispersé tous ses pains autour de lui comme une roue mouillée qui jette des gouttes d'eau. J'entendais les pains entrer dans les maisons, à travers les vitres, et faire le tour des chambres comme des oiseaux roux puis se poser sur les armoires à côté du globe de la pendule. La fontaine des « quatre coins » faisait l'insolente à côté du bureau de tabac. J'avais soif et je me mis à boire au canon. L'eau me coulait dans le cou. Dans le bassin de la fontaine, le reflet du réverbère faisait nager une longue main d'or, fuselée et étroite. Elle avait une bague verte. Je pensais qu'il ne fallait pas laisser cette bague là ou bien la femme du fossoyeur qui habitait dans le quartier allait venir avec sa cruche ; elle verrait la bague, elle la prendrait et elle la mettrait à son doigt à elle. Je retroussai la manche de ma blouse et je cherchai la bague dans le bassin. Il me fut facile de l'attraper. C'était une petite feuille de salade. J'ouvris un de mes livres avec mes mains mouillées et j'étalai la feuille soigneusement entre les pages. Maintenant, il fallait descendre la manche de blouse, bien serrer les livres sous le bras et aller à la maison. La gorge me faisait mal et je n'avais pas pu faire descendre ce mal en buvant. Les gens marchaient penchés en avant ou par côté et plusieurs fois je m'arrêtai parce qu'ils allaient faire encore deux ou trois pas et puis tomber. Non, ils ne tombaient pas. Ils s'en allaient comme ça, sans le savoir. Près de l'église Notre-Dame le laitier s'était arrêté. Il avait haussé son genou gauche, posé son bidon sur le genou et il versait du lait dans le bol que lui tendait Mlle Hortense. J'entendis qu'elle disait : « Bonsoir » et tout aussitôt il n'y eut plus ni violette, ni rien, il ne resta dans ma tête que le bruit du lait, le bruit de cette voix de femme, l'odeur et la couleur du lait, un blanc de rien. Et il me prit une envie féroce de ma mère, un désir d'être avec ma mère, un besoin de ma maman, et de ses bras, et de sa main, et de sa caresse sur mes yeux. Et ça montait tout rouge et tout chaud en moi comme si on avait fait chauffer mon cœur dans une forge.

Quand j'ouvris notre porte, l'odeur du repassage était bonne. J'eus juste le temps de regarder le bol où l'on faisait tremper la pattemouille.

— Qu'est-ce qu'il a ce petit ? dit ma mère. Regardez-le, il est malade.

Dès qu'on connaît les pertuis intérieurs de l'air, on peut s'éloigner à son gré de son temps et de ses soucis. Il ne reste plus qu'à choisir les sons, les couleurs, les odeurs qui aident au départ ; les sons, les couleurs, les odeurs qui donnent à l'air le perméable, la transparence nécessaires qui font dilater les pores du temps et on entre dans le temps comme une huile. Pour moi, il ne me faut qu'un feu de figeons secs dans la cheminée, une saison blanchâtre avec des nuages sans figure, un peu de ce vent particulier qui saute en boule comme une perdrix, une pipe de gros tabac gris et je retrouve la grande rosace brillante, éperdue et pleine de cris que devint devant mes yeux malades l'atelier-femme de ma mère ce soir-là.

J'avais dû m'affaisser contre la table en essayant de me raccrocher au tablier de Louisa première.

J'entendais :

— Mon petit !

— Du vinaigre !

— Portez-le !

— Appelle son père !

— Mon petit !

On m'avait pris dessous les bras. On me relevait. Antonine ouvrait le placard et bousculait les burettes. Dans la cour on appelait :

— Père Jean ! Père Jean !

Puis, j'entendis qu'il descendait. Ma mère me frottait les tempes en gémissant :

— Mon Dieu, mon Dieu !

Mon père ouvrit la porte.

— Le petit ! dit ma mère.

Pas plus et il se pencha sur moi pendant qu'autour de son bon visage bouleversé tournaient, comme un vol d'oiseaux, les visages gémissants d'Antonine, des Louisa et de ma mère. Mon grand souci était cette bague verte pêchée au bassin de la fontaine. Le mal de la gorge, je savais qu'il allait partir. Mon père était là avec sa bouteille d'eau sédative. Mais la bague ! Le livre avait dû s'ouvrir. Elle était peut-être dans la sciure maintenant et on allait marcher dessus et écraser la belle pierre grosse comme un pois et casser les petites griffes d'or qui la tenaient. Alors, je compris que tout était perdu sans espoir.

— Portez des pierres chaudes dans son lit, je le monte.

Père me prit dans ses bras. Il était peut-être bon, somme toute, que la bague verte aille fleurir les doigts charrués de lessive de la femme du fossoyeur. Je ne luttai plus et le monde éclata comme un soleil.

Notre chambre donnait dans la cour aux moutons. Elle est maintenant toute morte et bien froide. Il y a quelques mois, je suis allé la revoir avec des amis. Il ne reste presque plus rien du papier à chimères qui la tapissait.

C'était toujours le soir. Une cloche parlait doucement et disait les heures. Il y avait, dans la cour, le monotone tambour de la Mexicaine et son chant qui s'exaltait comme un appel d'oiseau. Sa voix montait en fausset et partait à travers le ciel comme un couteau tout blanc et bien aiguisé et ça grinçait en coupant des tranches de ciel lourd. J'étais revenu à la surface de la vie et j'y flottais entre deux draps ; mon visage n'émergeait qu'au creux de certaines vagues mais l'eau du mystère n'était plus sur mes yeux qu'une petite peau d'eau, transparente, et je pouvais voir le monde, boursouflé et gourd, mais le monde. Cependant, c'était toujours le soir. On me délitait la gorge avec une cuiller étoupée de coton. Je serrais les dents. On me pinçait le nez. J'ouvrais la bouche et on allait vite là-bas au fond avec le manche de la cuiller et on raclait. Je vomissais alors du pus, des peaux et du sang. Et une fois je rendis par le nez deux longues chandelles de membranes grisâtres, pantelantes et douées de vie comme de mauvais petits poissons. À partir de ce jour, on me laissa tranquille, sauf pour me donner des tisanes d'herbes, toutes fleuries et qui descendaient en moi, chaudes, parfumées au goût de terre et de soleil qu'ont les eaux d'arrosage, l'été dans les prés.

De petits couloirs dorés s'ouvrirent dans les murs de la chambre. Tout le long du jour la cloche parlait son heure. Elle n'en perdait pas le compte mais elle était toute seule à mettre encore de l'importance dans la mesure du temps. Les chimères de la tapisserie effaçaient leurs ventres d'un lent mouvement, toutes ensemble, et les petits couloirs s'ouvraient. Ils s'en allaient au fond du monde. À ce juste moment, tous devaient être prévenus par là-bas derrière, et tout aussitôt ils arrivaient. Il y en avait un qui jouait d'une sorte de flûte molle, longue comme un serpent. Il se l'enroulait tout autour du corps. Et là-dedans, il soufflait toute sa musique. Mais la flûte restait muette. Elle se gonflait seulement. Tout à fait comme un serpent qui a mangé un oiseau. La musique faisait une grosse boule dans la flûte. Alors, l'homme souriait puis il pinçait la hernie de musique et toute la chanson sortait avec ses largos et ses trilles, toute la chanson sortait et secouait ses plumes et se lavait de toute la rosée, claquait du bec et s'envolait, vivante. Un moment, je l'entendais taper de la tête contre le plafond, puis elle devait le percer et elle n'était plus là. La Mexicaine chantait son « tapamé tapaméta pamé ». Venait aussi une bête pleine de mamelles. Ça lui pendait de partout, ça fliquait et ça floquait tout autour d'elle, et ça pissait du lait par jets ou par gouttes tant que je mettais à la fin ma tête sous les draps. Cette bête-là aimait la descente de lit. Elle s'installait là-dessus et elle se mettait à brouter les longs poils. De temps en temps ça devait l'étouffer et elle toussait en ouvrant sa grande gueule rouge et en tordant sa langue.

Je voyais aussi sortir de la tapisserie les sombres annonciateurs. Je ne les connaissais pas encore et je disais doucement au ras de mon drap :

— Bonjour, monsieur, oh ! la belle cloche !

Mais eux me regardaient sans ciller avec des yeux ronds et froids puis ils frappaient sur leurs cloches avec l'os de leur poing. J'écoutais gentiment la culbute du son le long des longs couloirs dorés. Alors, ces gens tournaient leurs têtes par saccades comme des poules et leurs yeux avaient un battement, un seul, comme pour dire :

— Pas possible, il ne comprend pas. Essuyons-nous les yeux, ça n'est pas possible, notre cloche ! Notre poing !

Ils redevenaient fixes et durs comme des montagnes et ils frappaient encore une fois sur la cloche avec leurs poings de fer.

Avant d'aller faire garnir sa lampe, mon père venait me voir. Nous étions sur le même palier mais avant d'entrer dans notre chambre il fallait traverser ce qu'on appelait la « grand'chambre ». Il s'approchait de mon lit.

— Tu dors ?

— Non.

— Ça te fait mal ?

— Non.

— Comment tu te sens ?

— Mieux.

Il m'embrassait ; il s'en allait, laissant un peu de lumière à la veilleuse.

Dès qu'il me fut permis de me lever et de descendre, je devins le dorloté de tout l'atelier des femmes. On me parfumait mon mouchoir, on me donnait des berlingots, on refaisait cinquante fois le jour le nœud de ma cravate, une cravate cette fois à six tours qui montait jusqu'aux oreilles et qui était sournoisement ouatée de coton en son dedans. Ma mère avait dit :

— Et, quand je m'en vais, celle qui ne fait pas attention au petit, je la tue.

Il y eut de belles journées d'hiver, tièdes et sucrées, avec un avant-goût de lilas ; le crépuscule durait tout l'après-midi ; il faisait lentement la roue sur les collines comme un gros oiseau d'or aux plumes bleues.

Je dis à Antonine :

— Je sors un peu dans la rue.

— Oui, mon beau, dit-elle, sors un peu. On dirait que tu es en sucre.

— Mais, défais-moi un peu cette cravate.

Et déjà je commençais.

— Non, dit Antonine. Déjà, de la peur que nous avons eue, j'en ai encore mal au ventre.

Elle me serra la cravate et elle dit :

— Je te fais le nœud secret.

Et elle me fit le nœud secret, en effet, et ça ressemblait à un gros escargot, et c'était dur et fait comme en soie mouillée. Ça ne pouvait plus se défaire.

Ainsi engoncé, je montai la rue jusqu'à la croisée de la petite rue des Payans par où l'on allait chez Décidément et Madame-la-Reine.

La maison des errants sentait toujours la fouine et la paille. Les murs suintaient une petite graisse noire, écœurante comme la sueur des moutons. La porte était ouverte. J'écoutai dans l'escalier. On n'entendait pas de musique. Décidément et Madame-la-Reine étaient sortis. On ouvrit une porte là-haut. J'entendis une voix grave qui disait :

— Ne reste pas trop longtemps. Regarde seulement s'il y a du monde au café. Et ne bois pas surtout, je t'en prie, ne bois pas. Reviens vite, ma chérie. On n'a pas tant besoin que ça. J'ai peur seul.

— Tu as peur ? demanda la petite voix de la fille qui se lavait nue devant la fenêtre.

— Oui, j'ai peur, reprit l'homme, quand tu n'es pas là.

Ils parlèrent encore à voix basse puis il y eut un moment de silence. On ne les entendait plus ni parler ni bouger.

Enfin, elle se mit à descendre. La voix grave et lente descendit derrière elle.

— Ne reste pas longtemps, chérie.

Elle s'arrêta sur le palier.

— Juste le temps, dit-elle, si quelqu'un veut. Sinon, je reviens tout de suite.

Il ferma sa porte là-haut et elle descendit cette fois en sautillant d'un pied sur l'autre avec ses bottines à talons de bois.

Elle me trouva au coin de la porte.

— Qu'est-ce que tu fais là ? dit-elle.

Je ne répondis pas ; je la regardais. Elle était poudrée à blanc et ses lèvres étaient comme de la chair crue. Elle sentait le musc.

Elle s'assit sur la marche du seuil. Son visage était à ma hauteur.

— Siffle-moi ton air de musique, dit-elle.

On voyait qu'elle en avait vraiment bien envie. Elle suça ses lèvres du bout de sa langue et ses yeux eurent le petit battement comme un oiseau qui s'envole.

— Siffle.

Mais, je ne pouvais pas siffler et je lui dis que j'avais été malade.

— C'est ça, dit-elle, qu'on ne te voyait plus. Et qui t'arrange ta cravate ? Ça te fait mal, ça, c'est trop serré.

Elle mit sa main sur le nœud secret et, avant que j'aie pu la prévenir que c'était un nœud secret, il était défait. Elle avait des mains savantes.

— Attends...

Et elle enroula doucement la soie autour de mon cou. Elle faisait attention que ça fasse bien de beaux plis, je sentais ça.

— Attends...

Elle déroula tout un tour pour mieux le rouler, enfin elle attacha les deux petits bouts en un nœud simple et solide qui s'épanouit sous une pichenette de ses doigts en deux ailes de papillon.

— Voilà !

Puis elle m'embrassa. Cela faisait plusieurs fois que je la rencontrais depuis l'enterrement de la petite acrobate. D'abord elle m'avait dit :

— Bonjour petit.

Puis, elle avait touché ma joue du bout de son doigt, puis elle m'avait embrassé.

Elle avait une caresse douce et chaude, bonne.

Quand je l'avais entendue descendre, tout à l'heure, j'avais attendu ça.

Elle se dressa. Elle s'en alla.

Elle s'arrêta devant le petit café « Au tonneau », elle regarda à travers les vitres. J'entendis qu'on l'appelait là-bas dedans. Elle mit la main sur la poignée de la porte, elle me fit un petit sourire fatigué et tout sucré et elle entra.

Je revins à l'atelier. Ma mère n'était pas encore rentrée.

— Tu as touché ta cravate, monstre, me dit Antonine.

Et comme elle refaisait le nœud, elle ajouta :

— C'est un démon, ce petit. Il sent le musc. Il s'est encore fait embrasser par la pute.

Le samedi, c'était le jour du marché aux bestiaux et on vendait des bêtes dans la ville. Sur le boulevard de l'est, on parquait les cochons et, sur le boulevard de l'ouest où restait le frais du matin, où les remparts faisaient dormir une ombre matinale et filetée de rosée piquante, on faisait courir les chevaux. Ça scintillait de ruades et de hennissements et tous les échos des murs tremblaient comme dans une tempête. Il n'y avait pas un pas de porte qui ne fût tout claquant du bruit des fouets et des galops. Les maquignons buvaient debout, adossés aux ormes ou bien assis sur les grosses racines qui sortaient de terre. Les moutons dormaient sur les places du dedans de la ville, au beau froid et au beau calme. Le soleil ne venait jamais là l'hiver, sur ces petites places à puits. Il y avait toujours dans un angle un petit café pour le berger. L'odeur des moutons coulait par les rues en pente. Elle descendait doucement comme un mortier, elle s'arrêtait chez le menuisier, elle tapait du nez contre l'odeur des sapins morts, elle coulait un peu plus bas jusque chez le boulanger, reconnaître le goût de fascine et de son qui palpitait avec les reflets de la flamme devant la gueule du four, elle touchait le sel sauvage qui montrait les dents au seuil des tanneries. Elle s'en allait toute seule, puis elle rencontrait l'odeur des porcs, puis elle rencontrait l'odeur des crinières et des queues floquées de paille rouge, l'odeur des juments suantes et le terrible parfum que les chevaux entiers jetaient à pleines ruades en gémissant vers les femelles prisonnières. Alors, tout ça ensemble fumait en grosse fumée et montait du grillage des rues jusque dans le ciel, et tous les oiseaux d'hiver étaient épouvantés, et ils s'en allaient dans les collines en appelant tristement comme pour la fin du monde.

Le berger Massot venait « manger le midi » à la maison, un gros midi de pain et de viande et bien arrosé de vin. Il mâchait longtemps et lentement pour tout goûter : le pain seul, la viande seule, la viande et le pain mélangés et il buvait toujours avant d'avoir fini sa bouchée pour ajouter au goût.

Ces jours-là, les auberges faisaient bouillir de grosses chaudronnées de bœuf en daube, et, quand il faisait de ces sèches journées d'hiver à ciel libre, dures et rondes sous le soleil comme des galets de granit, on servait cette daube dehors, sur de longues tables à tréteaux. Tous les vendeurs de bêtes s'alignaient là, par clans et par villages, et ils se mettaient à pomper la sauce à pleine mie. Ils se dressaient du banc, ils prenaient la louche et ils se versaient des louchées de daube dans l'assiette creuse. Car on leur donnait des assiettes à soupe, larges et profondes comme des nids de corbeaux. Aussi, dès le premier coup d'après-midi, quand ils se mettaient tous à digérer, tous ensemble, à pouffer dans leurs moustaches et à souffler vers le soleil, une odeur plus terrible que celle des bêtes prisonnières s'en allait épouvanter les derniers oiseaux et, cette fois, le ciel se taisait comme un mort.

Cette fois-là, le père Massot n'avait pas sa blouse.

— Je me suis mis en bourgeois, il avait dit en arrivant, et puis, j'ai amené la « jardinière ».

Il n'avait pas fait son marché. Il n'avait pas porté son gros bâton historié de dessins au couteau, de clous de cuivre et de lanières de cuir, et ça rendait ses mains innocentes, et elles avaient l'air embêté d'être sans emploi. Il avait passé sa matinée avec mon père.

À midi, je compris que l'affaire me concernait.

Le père Massot me regarda.

— Il a bon biais, dit-il.

Ma mère m'expliqua.

— Tu as besoin de la campagne. Ça te fera revenir la santé. Ici, tu ne manges guère, et puis, il fait trop chaud et trop froid. Mme Massot te soignera bien. Et si tu languis, on te retournera. Le père Massot te mènera avec lui tous les samedis.

Ce que me dit mon père était un peu différent, et je ne compris pas bien, sauf qu'il était très ému et, au fond de lui, tout éclairé d'une sorte de bonheur inquiet et tremblant comme un feu qui ne demande plus qu'un souffle d'air pour flamber.

Il me parla des moutons et de la campagne, de l'herbe et des arbres.

— Des chênes, dit-il.

Je me souviens, en disant ça il avait gonflé sa poitrine, et sa barbe s'était mise à flotter doucement.

— Tu n'iras jamais au ruisseau. Il y a un trou très profond et des petits s'y sont noyés. Tu verras, les aires c'est comme un avant de bateau. Tu verras, la colline est toute escaladée de gros genévriers qui sont comme des moines. Il te faut regarder tout ça et te faire ton idée par toi-même. Comme j'ai fait. Comme on doit faire. Il te faut vivre aussi avec des petits amis. C'est l'école pour plus tard. Mange bien la soupe de Mme Massot. C'est une grosse soupe, mais c'est justement parce qu'elle est grosse qu'elle t'habituera à voir le gros des choses. Et, donne-toi des muscles. Ça sert, les grosses épaules, dans la vie, même quand il ne faut que tirer une épine d'une main.

Et tant et tant qu'à la fin le feu s'était tout allumé en lui et que j'en étais devenu humain comme un gros pain rond.

Il parla encore un peu puis il regarda le berger Massot et il lui dit :

— Je te le laisse.

Le berger resta un moment à calculer puis il mit sa main sur mon bras.

— Je te le prends, dit-il.

Ils savaient bien, tous les deux, de quoi ils étaient responsables et ils acceptaient.

Le berger Massot habitait Corbières. Il fallait deux heures de « jardinière » pour y aller, et le cheval trottait tout le long. On dépassait Sainte-Tulle, on tournait deux collines, et voilà qu'on avait soudain d'aplomb sur la tête un haut mur de terre et de roches. Les aires. Elles dominaient toute la vallée comme un grand nid. Derrière, le village s'adossait à la colline. Il était comme ça abrité du vent et il avait réservé au vent un grand terrain plat où on l'entendait taper sourdement du pied avant de repartir. Grâce à ce vent, Corbières avait le grain le plus propre de toute la vallée, et, quand on vannait sur l'aire, il fallait fermer les fenêtres, là-bas, de l'autre côté de la vallée, dans le petit village de Vinon qui était alors tout assailli par de monstrueux essaims de balles de blé. Les hirondelles s'appelaient de ville en ville ; les chardonnerets quittaient les bois ; les cardelines dévastaient les buissons en les traversant comme des enragées, et tout ça venait flotter, et crier dans l'envol des poussières de blé. Parfois, les autours et les pies-grièches dévalaient doucement d'un pli des nuages et plongeaient pour étriller les moineaux. Les huppes montaient des marais et la bataille du ciel éclatait avec tant de force qu'elle couvrait le bruit des tarares. On ramassait dans les chemins des moineaux assommés et, la nuit, les corbeaux ne s'endormaient plus dans le clocher. Ils s'assemblaient dans l'orbite de la haute cloche et ils passaient toute la nuit en grande danse, sortant comme ivres des trous, chassant les chouettes jusque dans les saules du ruisseau, piétinant les pierres de l'église avec tant de fureur qu'on entendait crier leurs ongles.

Vanner aux aires de Corbières, c'était ça.

On y arriva un soir paisible. L'hiver rouge était encore sur la colline. Le boulanger nettoyait son four et on dut crier : « Holà » au cheval et s'arrêter car, chaque fois que le boulanger retirait sa longue perche, il lui faisait traverser toute la rue. Il nous laissa enfin passage. Il vint au seuil. Il avait une poitrine de taureau, une moustache qui remontait dans son nez et deux yeux en globes mal attachés.

— Tu l'as mené, le petit ? il demanda.

J'étais là, plié dans mon caban, et tout extasié. On brûlait des genêts morts, sur la place, et le village sortait tout vivant de la fumée. Des maisons où on allumait les lampes clignaient de l'œil. Le clocher haussa le bras ; il avait de la dentelle au poignet et sa main fuselée voulait me faire regarder la haute nuit. Oui, là-haut dessus, c'était seulement la nuit qui venait, la nuit précoce d'hiver encore saignante de froid, mais elle était plus vivante que cette nuit que je regardais par la fenêtre de l'atelier de mon père. Celle-là avait doucement posé son ventre vert sur le ruissellement immobile des collines, ses ongles égratignaient encore le couchant dans son énervement de gros oiseau et elle éployait ses ailes dans tout le ciel, le couvrant tout, l'endormant du lent éventement de ses plumes. Ses ailes couvraient le monde jusqu'aux lointaines montagnes et, pour la première fois, petit montagnard regardant s'endormir devant moi la marée immobile des terres hautes, je me mis à frissonner en imaginant la nuit sur la mer.

Le scellement était bien brisé, on avait déchiré le sceau et ouvert les grandes portes, et déjà il n'y avait plus de portes, le seuil était dépassé, j'étais dans la vaste patrie des vents.

Mme Massot m'accueillit en joignant les mains. Ce n'est qu'après avoir bien soupiré, bien admiré, bien soupesé de l'œil et fait claquer à l'avance à lèvres vides tous les baisers qu'elle voulait me faire qu'elle se décida à se pencher vers moi. Elle m'en froissa le nez, les joues et la bouche et elle m'appela :

— Mon perdreau !

C'était une agréable dame des champs, très laide ; avec tant de bonté dans son œil crevé, tant de bonté dans son œil vivant, tant de bonté dans sa moustache, dans son nez priseur, dans ses joues décollées, dans sa bouche aux lèvres noires qu'elle en était effroyablement laide. C'était une laideur faite de tout ce sacrifice, de tout ce martyre qui est la vraie bonté. Sur la photographie que je vis à la chambre et où elle tenait à pleine main l'index du berger Massot habillé de noce, elle était belle et fraîche et comme gonflée d'une vénusté naïve. Il avait fallu peu à peu briser, brûler, tordre, pétrir ces chairs, se faire crever l'œil, se déhancher, se cuire au four de la bonté comme la brique ou le pot, ne plus penser qu'à ce petit fruit rouge du cœur.

Elle avait pleinement réussi en tout ça.

Il y eut des beignets, de la confiture d'airelles, du lait de chèvre chaud, avec des poils, une rôtie de pain frottée d'ail, un petit moment devant le crépitement de l'âtre, puis un lit tout chauffé à la pierre rôtie et qui était dur, torride et lavandé comme un lit de ruisseau en été.

Le sommeil arriva en trois sauts souples pendant que je murmurais :

— Pourquoi lui a-t-on crevé l'œil, pourquoi ?

Il y avait un pré et, dans ce pré, un figuier. Je montais dans les branches jusqu'à un berceau. J'appelais doucement :

— Anne !

Elle était presque toujours assise dans les roseaux. J'appelais une fois, deux le plus ; son visage émergeait du monde. Elle était maigre, pâle, brune, avec d'immenses yeux noirs, et ses lèvres que je touchais à tout moment du bout de mon doigt brûlaient comme des morceaux de braise. Elle venait s'asseoir avec moi :

— Dans le serpent, disait-elle.

Mais c'est moi qui le lui avais appris. C'est moi qui lui avais dit :

— Les branches du figuier sont comme un grand serpent en colère, et pourtant il fait la corbeille pour les petits enfants.

Et puis, je lui avais appris à jouer au bateau perdu. Il suffisait d'avoir un ruisseau et un morceau de bois. Le ruisseau, nous l'avions : c'était le petit rio des prés ; il était là tout seul avec sa pauvre eau sans écailles. Il se tordait entre les pierres et il fallait beaucoup cligner de l'œil pour voir, à la place du ruisselet, un grand fleuve du delà des mers.

Anne savait cligner de l'œil exactement comme moi et elle voyait le fleuve.

On prenait un morceau de bois bien flottable, une écorce de chêne-liège ou un lambeau de canne.

— Ils sont cinq là-dessus, je disais.

— Cinq ? demandait Anne en levant vers moi ses larges yeux de lait et de charbon.

— Oui, cinq : un gros avec la barbe, c'est le chef. Un petit avec des bottes, c'est celui qui a le revolver. Un maigre qui porte la guitare en bandoulière, le fidèle Mastalou, et la prisonnière.

— Qui est prisonnière ?

— Une petite fille.

— Comment elle est ?

— Vive.

Je voulais dire qu'elle était toute vivante et ligotée dans des lianes pleines de feuilles et que les hommes l'emportaient.

Et l'on donnait le bois aux eaux du ruisseau, et la barque s'en allait dans le fleuve avec la guitare, le revolver, la barbe, le rire du nègre et le gémissement de la petite fille qui était trop serrée dans les lianes.

Nous suivions pas à pas l'aventure.

Des fois, toute la compagnie filait dans l'huile penchée d'un rapide ; d'autres fois, la barque plongeait dans une chute, ou bien elle s'enlisait à quelque plage de boue et elle restait là à trembler sans vigueur et sans allant.

Il était défendu de la toucher. On devait la regarder seulement et laisser faire le destin.

— Rien qu'une fois, disait Anne.

— Non.

— Ils vont mourir.

— Tant pis.

— Rien que du bout du doigt.

— Non.

Et je tirais Anne à toute vitesse vers le figuier. Nous restions là, sans rien dire, à regarder l'herbe courte d'hiver, tout transpercés par la vallée tortueuse d'un grand fleuve mystérieux.

— Qui sait où ils sont maintenant ? disait Anne.

— Tant pis pour eux.

Le destin a son travail tout tracé. Il s'est levé avant nous. Il a dit : je ferai ça, ça et ça. Et il le fait.

Le printemps arriva sur nous en deux ou trois coups de vent glacés. Le dessous de mon nez gelait et se mouillait, gelait et se mouillait, et moi aussi je fis comme les petits garçons des champs : je passais ma langue chaude sur le dessus de ma lèvre. Mes mains étaient bleues de froid. Puis, le temps se mit à ronronner et il joua avec la terre à demi-griffe, comme un chat avec une pelote de laine. Des fois on sentait la griffe, d'autres fois la douceur tiède d'un beau poil profond, parfumé de sueurs de bêtes. Enfin, il griffa le dessus des arbres et les fleurs sortirent ; il égratigna les prés et on entendit les rainettes ; il creva les collines ; les rossignols s'envolèrent et ce fut le printemps.

Un soir, vers cinq heures, comme il restait encore un peu de jour, on ramena le fils du charron. Quatre hommes le portaient. On l'avait couché sur une échelle. Les quatre hommes marchaient sans parler et ils tendaient tous l'autre bras vers le vide, moins pour le poids que pour faire s'écarter la nuit.

— Mille ! ils appelèrent.

Et ils posèrent le corps par terre. À ce moment, juste la nuit se fit. Et le charron sortit de la forge, et il n'y voyait pas d'avoir empli ses yeux de feu tout le jour, et il demanda doucement :

— Quoi ? Qu'est-ce qu'il y a ?

Le fils avait la colonne vertébrale cassée. Il s'était endormi sur la charrette. C'était hasard qu'on l'ait trouvé sur cette route déserte vers Mirabeau.

Il resta vivant cette nuit-là, puis, le jour d'après, sa mère le gardait sans rien dire. Mme Massot restait là dans la chambre pour attendre le moment, et moi, de l'ombre où j'étais, je voyais le fils couché, immobile sous son drap et, de l'autre côté de la porte, dans la chambre de son père, sur le lit de son père, les vêtements de dimanche préparés et qui attendaient aussi.

Le père était descendu à l'atelier. Il y resta tout le jour à faire des fers pour les chevaux.

On lui disait :

— Laisse, on n'a pas besoin.

— Moi, j'ai besoin, il répondait. Et il continuait à forger, pour lui.

Vers l'heure du soir, le fils demanda :

— Quelle heure ?

— Six heures, dit Mme Massot.

— Servez-vous, dit le garçon.

Les deux femmes se regardèrent.

— Qu'est-ce qu'il veut dire ? Qu'est-ce que tu veux dire, Charles ?

Il était mort pendant qu'elles se regardaient.

Il y eut deux jours de répit. Trois : c'était un jeudi soir qu'on enterra le garçon et c'est le dimanche à la suite, après le bal, que le jeune Costelet se tira un coup de fusil dans la ganache.

Jeudi, le vent bouscula le convoi sur la route du cimetière ; il prenait des pierres par terre et il les jetait sur la caisse. Le curé se retourna deux ou trois fois pour voir ce que c'était. Vendredi, un vent comme de l'eau, un vent qui se touchait tout ; pas le temps de respirer. De tout le jour, je crois que la rue du village ne fut traversée que par Mélanie. Juste Mélanie ; elle ouvrit la porte, elle traversa jusque chez Hortense. Pour parler. Samedi, alors, le vent en plein ; le corps du vent. Jusque-là on avait eu le bout des cheveux, le bout des doigts, les bras du vent qui plongeait. Maintenant, il arrivait sur le village à pleine épaule et, là-haut dans les collines, on voyait que son ventre avait touché la terre et qu'il charruait les campas. Ce jour-là, personne dehors, et tout le jour ce long hulu dans les oreilles. Massot était près de l'âtre, la tête dans ses mains. De temps en temps, il s'enfournait le petit doigt dans le tuyau de l'oreille et il secouait. Et le dimanche, après toute une nuit où tout sonnait : les murs, le clocher, les cloches, l'église, le toit de tôle du lavoir, les arbres, les sifflantes pierres du rempart, et le dimanche arriva, tout simplement, avec son soleil, son grand ciel en robe de Sainte-Vierge, et une paix, et un silence à entendre le pas des fourmis.

Après le bal.

La bonne amie de Costelet, on la connaissait : c'était Germaine. Elle dansa cinq figures avec lui. Elle dansa une figure avec Vernet de Plombières. Costelet s'occupa de Marguerite du Bachas. On les entendait rire. Germaine essaya de regarder dans l'ombre. On ne voyait pas ce qu'ils faisaient. Ils ne faisaient rien, nous les avions vus, Raphaël et moi. Pendant le bal, nous jouions à cachette et je m'étais caché derrière le banc. Non. Costelet était assis et il regardait là-bas sa Germaine ; de temps en temps il disait un mot sans bouger, et Marguerite riait parce qu'il faut rire quand on est avec un garçon dans l'ombre. Et elle riait juste du rire, des petits coups de rire du fond de la gorge, tout en nerfs.

Germaine s'avança :

— Tu viens ?

— Non, va avec ton Vernet.

Elle dansa encore une fois puis elle se mit dans un coin toute seule.

Costelet traversa le bal sans la regarder. Il sortit et, de là, chez lui, il passa par-derrière l'église. Il prit le fusil, il s'en alla sur les aires, au gerbier de paille où ils allaient, le soir, Germaine et lui, où il y avait encore l'empreinte dans la paille et il se tira un coup de fusil dans la tête.

Après le bal, Germaine le trouva.

Cette fois-là, il n'y eut guère de tranquillité. Les gendarmes arrivèrent. Ils allèrent regarder le gerbier.

— Qu'est-ce que c'est, ça ?

Le gros gendarme avait trouvé un petit ruban.

— Rien.

— Et pourtant ! dit le gendarme.

Et il tenait la coque de ruban au plat de sa grande main.

Oui, il avait raison, tout était là.

La Julie Costelet se mit à crier sitôt le corps dans la caisse. On l'avait cloué à l'avance parce que le temps était mou.

— Je n'ai rien dit, disait le menuisier à Mme Massot, et il ne faut rien dire, mais sa tête sentait déjà le pourri et il avait un ver dans l'œil.

La Julie Costelet se mit à crier. Ça resta comme le vent, jour et nuit, tout d'affilée. Le cri venait me trouver dans mon lit. Il faisait trembler le globe de la pendule. Je me levai doucement. Je mis un papier plié sous le globe pour qu'il ne tremble plus. Je me recouchai. Le bruit était toujours là, à côté du cri. Il me fallut longtemps pour savoir que c'était le verre d'une photographie qui grelottait doucement entre l'image et le cadre. Je mis la photographie à plat sur le marbre et le cri resta seul. C'était comme un ahanement long et sans arrêt. Je me blottissais dans mes draps. Cela n'avait pas de rapport mais là, dans mon lit, assiégé par ce long gémissement lourd, je voyais, tout clair dans l'ombre devant moi, le visage de la fille au musc, de la fille qui m'embrassait dans la rue. Je voyais surtout son regard, une chose simple et franche, toute blessée. Je me souvenais aussi de tous les monstres de ma fièvre pendant la maladie. Un temps je regardais fleurir dans la nuit les gros oiseaux de couleur aux larges yeux luisants comme des buis mouillés, les lourds pachydermes mamelus, violets, pleins d'ongles et de cornes. De ce temps, je n'entendais plus le gémissement de la Costelet, puis, d'un coup, il entrait dans tout ça comme une pierre dans un reflet de l'eau, et il déchirait, et cassait, et effaçait tout pour rester seul, lui, le gémissement, dans sa simplicité, tout nu comme un couteau. Il restait seul, puis, au fond de lui, s'allumait le visage de la fille au musc. Ça avait peut-être un rapport.

On dit à la Costelet :

— Taisez-vous ! À quoi ça vous avance ?

Elle resta un moment muette.

— À rien, dit-elle, rien ne m'avance, j'y suis.

Et, le mercredi matin, huit jours après la mort de Charles du charron, Justin qui s'en allait sur le coup de l'aube avec sa charrette trouva le gros boulanger pendu au premier tilleul de la route.

Il revint appeler au village et j'entendis sa voix. Je m'approchai de la fenêtre. Il était en bas, dans le blanc de l'aube, et il appelait :

— Clodomir, monsieur Tastu, Fine, Olivier, Massot !

Chaque fois qu'il criait Massot, il tournait vers notre maison une figure où il n'y avait plus qu'une bouche ouverte et du poil.

J'allai tirer la main de Mme Massot. Elle pendait hors de la couverte.

— J'entends, dit le berger.

Puis, Massotte s'éveilla.

— Quoi ? dit-elle.

— Ça doit continuer, dit le berger.

— Costes s'est pendu, cria Justin.

— Costes, dit Massot, je le savais. Il était marqué.

Le curé fit un sermon exprès. M. Tastu prit sa canne et s'en alla dans le village. Il tapait aux portes avec la pomme de sa canne. On ouvrait.

— Bonjour, monsieur Tastu.

— Bonjour Fine, ou bien Clorinde, ou Chabassut, bonjour, alors comment ça va ?

On regardait le printemps sans rien répondre.

— Voilà, disait M. Tastu, c'est une maladie, ça se soigne. On fera une fête dimanche.

— On n'a pas de cœur.

— Il faut, disait M. Tastu, on se force ; la médecine passe après, c'est dedans et ça fait du bien. Laissez-vous faire.

— Comme vous voudrez.

Dans le courant de la semaine, Blanche Lamballe se pendit à un olivier avec sa ceinture. Elle n'avait pas de raison. On la trouva aussi le matin. Le vent de la nuit avait joué avec elle et lui avait enlevé son jupon. Elle n'avait plus que son corsage et sa chemise de toile. Ça ne couvrait même pas ses cuisses.

Nous allions nous amuser, Raphaël, Louis, Anne, Mariette, Pierre, Turc et moi, dans le pâtis de Pierrisnard. Un jardin abandonné au bord des maisons. Il n'y avait que des orties et des ronces, et, si on s'amusait à creuser le sable du talus, il fallait gratter doucement parce que les salamandres dormaient dans ce sable leur sommeil d'hiver.

— Tu veux qu'on te pende ? disait Raphaël.

— Oui.

Il passait sa ceinture de cuir au cou de Mariette. On haussait la petite fille jusqu'à la branche. On la pendait. Elle tombait dans les orties, elle toussait, elle vomissait, elle nous regardait avec de grands yeux troubles.

— J'ai vu le bleu, disait-elle.

— Comment ça fait ?

— Tu fermes les yeux et toute ta tête se remplit de bleu.

Anne ne voulait jamais rentrer avec nous mais elle restait toute seule dans le chemin puis elle s'en allait vers le gouffre du ruisseau.

Un soir, il fallut courir derrière elle et crier :

— Anne ! Anne !

On la trouva blottie et tremblante derrière les roseaux.

Le vendredi matin, le curé passa de maison en maison.

— Éteignez les feux, disait-il.

On se mit à éteindre les âtres et on jeta les allumettes dans le bassin de la fontaine.

Le curé ouvrit la grande porte de l'église à deux battants ; pour ouvrir le vantail de gauche, il fallait la force de trois hommes.

Il dit sa messe là-bas au fond, tout seul.

De ce temps, on préparait dans les cheminées de petits fagots de lavande et de thym sec.

Vers les dix heures, le curé revint. Il portait un cierge allumé.

Il ralluma de son cierge tous les feux des âtres.

— On a du feu neuf, dit Mme Massot, c'est toujours ça.

Et elle saupoudra les flammes avec du gros sel qui se mit à crépiter et à éclater comme une petite foudre.

Après midi, le curé sella son cheval et il s'en alla à la ville acheter des allumettes pour tous.

Et le dimanche, on fit la fête. Les rues étaient parées de buis et de rameaux d'amandiers fleuris. Le tambour fit sa tournée doucement de bonne heure. Et l'on ouvrit les armoires. Il fallait s'habiller de son plus beau dimanche. À l'heure de la messe, le curé s'avança encore sous le soleil, mais il était comme un soleil lui aussi : la chape d'or avec, devant, la broderie de l'agneau qui tient sa croix entre ses pattes. On avait gardé les cendres froides des vieux feux. Le curé marcha devant tout le monde jusqu'aux remparts des aires. Le vent, ce jour-là, était fort mais sans caprice et il avait pris son flux et creusé son lit en direction de la mer. On s'avança du rempart et on secoua les sacs de cendres dans ce vent.

La Germaine de Costelet cria :

— Mon soleil ! Mon soleil !

Et elle se battait la tête contre les pierres. On l'emporta. Elle hennissait comme une jument.

On dansa devant l'église. Le charron et sa femme étaient assis sur des chaises et ils regardaient danser. La Germaine vint avec son visage dévoré par ses yeux et elle dansa. Elle changeait d'homme à toutes les danses ; elle ne parlait pas. Elle n'essayait pas de retrouver son aplomb en tournant la tête de temps en temps à l'inverse de la danse comme font les filles, non, elle virait comme une toupie à se laisser. Et, chaque fois que la musique finissait, son cavalier devait la tenir et la pousser jusqu'au banc. Dès que la musique recommençait, dès que le piston tapait du pied, la Germaine se dressait et elle s'en allait vers un homme, les bras en avant, pour qu'il n'ait plus qu'à la prendre par la taille et l'emporter.

Ça s'arrêta vers les minuit. On aida le cafetier à rentrer ses bancs et ses tréteaux. Il ne resta plus bientôt, sous le lampion, que M. Tastu, le curé et Massot. On chantait du côté des aires, un chœur de filles et de garçons.

— À moitié bien, faut s'y tenir, dit Massot.

Une fois, j'avais regardé un serpent de très près. Je n'avais jamais eu peur des serpents. Je les aime comme j'aime les belettes, les fouines, les perdreaux, les hases, les petits lapins, tout ce qui n'a pas la hantise de la mort et l'hypocrisie de l'amour. Les serpents sont d'admirables bêtes paisibles et sensuelles, nées au plus creux du monde, dans l'endroit où doit se trouver l'essence des granits, des basaltes et des porphyres ; ils sont vraiment d'une beauté et d'une grâce extraordinaires.

Il s'était levé presque de dessous mon pas. Il avait eu un élan de poisson et il fuyait. Il n'y avait que des roches brisées sur la colline : pas d'herbes, pas de touffes de thym ; il ne pouvait pas se cacher. Il n'allait pas vite. Les vagues de son corps ne mordaient pas dans la terre et il s'épuisait à se tordre sans beaucoup avancer. Il était gros comme mon bras. Il entendit que je marchais derrière lui sans me presser ; alors, il se dressa sur la faucille de sa queue. Il balança doucement sa tête ; il avait de grands muscles verts qui montaient le long de lui. Il ronfla de la gorge comme un petit chat en faisant trembler sa langue. Il me regarda. Ses yeux étaient ronds, pleins et froids comme ceux d'un oiseau. Je voyais monter derrière sa peau sa colère, sa peur, sa curiosité, et peut-être un peu de cette tendresse que — je l'ai su plus tard — tous les serpents ont pour les hommes. J'étais un bien petit homme. Je voyais surtout sa peur et sa colère. C'étaient comme des fumées d'herbes qui montaient en lui ; sa colère était verte et un peu luisante comme de l'écume ; en montant elle faisait cliqueter ses écailles. Sa peur était une sinuosité bleue qui coulait dans la colère. Il y avait de petits éclats de rouge le long de son corps. Ça s'allumait, ça s'éteignait comme de petites braises. C'était dessous ses écailles. Il avait du jaune éclatant comme du soleil et du jaune pauvre d'argile éteinte, et du jaune immobile de métal, et toutes ces couleurs fusaient le long de lui et autour de lui.

Il s'arrêta de siffler. Il regardait le monde avec une chose froide et morte. Ses yeux n'étaient qu'une mécanique. Toute sa sensibilité était dans sa peau et dans sa chair.

Je rêvais souvent à des choses aussi belles que la peau du serpent ; le froid de ses yeux, le mort de ses yeux je ne l'avais jamais vu que dans les yeux de Costelet quand il était allé chercher son fusil et dans le regard de la fille au musc.

Je ne l'avais vu que là.

Mais, le serpent, comme une eau dont on ferme le jet, se coucha et il s'en alla doucement dans les pierres, rassuré.

Et maintenant, en retournant au village, en entrant dans les rues, je rencontrais ces regards morts presque sur tout le monde.

Anne avait vu la blessure de Costelet. Elle avait relevé le torchon pendant que le mort était encore couché dans la paille et presque chaud. Puis, elle s'était reculée d'un pas, doucement, et elle était partie, un doigt sur les lèvres, comme pour faire faire silence.

Elle me dit :

— L'ange qui était dans sa tête a ouvert ses ailes pour s'en aller et la tête a éclaté.

Je pensais à cet ange dans la resserre aux légumes. J'allais me cacher souvent, là, tout seul, perdu. J'entendais Mme Massot appeler :

— Jean ! Jean !

Où est-il passé ?

Elle parlait seule :

— C'est l'heure du goûter. Cette confiture d'airelles !

Elle fermait le pot, elle replaçait le pot dans le placard. Et je ne répondais pas. J'entendais que la confiture d'airelles s'éloignait de moi. J'en avais bien envie. Je ne répondais pas. Je restais petitement caché entre deux sacs de pommes de terre.

L'ange !

J'avais treize ans. Je sentais que j'avais un ange, moi aussi, comme tous, comme le serpent, car, chaque fois que je pensais à l'ange, je revoyais la montée enflammée de la colère et de la peur dans la chair du serpent. Je sentais que cet ange était à ce moment-là assis dans ma tête, entre mes deux oreilles, qu'il était là, vivant, et que toutes mes joies venaient de ces deux seules choses : qu'il était là et vivant. Je sentais qu'il était fait comme celui du serpent, de ce pouvoir d'avoir peur, du pouvoir de la colère, de la curiosité, du pouvoir de la joie, du pouvoir des larmes, de la possibilité d'être dans le monde, et traversé par le souffle du monde, comme une goutte d'eau suspendue en un rais de soleil flambe d'être traversée.

L'ange !

Il est l'enfant de notre chair. Il est fait des mains de Dieu ; oui, des nôtres. Toutes ces petites mains aiguës de nos yeux et de nos oreilles, toutes ces petites mains à peau fine avec lesquelles notre sang touche le monde comme un enfant touche une orange, ces petites mains embrasées de nos lèvres, la main noire de notre rate, la main violette de notre foie, la large main de nos poumons, la main musicienne de notre cœur, la gâcheuse de mortier qui travaille dans notre ventre et la faiseuse d'ailes qui bat doucement comme un poisson entre nos cuisses ou y palpite comme une petite grenouille chaude : les voilà les mains.

Et l'ange est là, doucement assis au sommet de notre cou, entre nos deux oreilles.

Il a ouvert ses ailes pour partir et sa tête a éclaté. Des fois, la tête est trop dure.

Un samedi, Massot attela la jardinière.

— Allons voir le papa.

Mon père était courbé sur un vieux soulier. Il le tenait serré contre lui et il coupait les bords de la semelle au tranchet.

Il chantonnait dans sa barbe.

— Content ? dit Massot.

— Non, dit mon père.

Il me regarda avec plaisir. Ses yeux n'étaient pas morts, la vie était seulement fatiguée.

— Il ne faut pas perdre ton temps, dit-il, et tu ne l'as pas perdu. Je suis content de tes épaules. Fais voir tes bras ; ça va. Porte ces bigornes là-bas dans le coin.

Il me regarda saisir et porter les deux masses de fer.

— Ça va, dit-il, maintenant, regarde-moi. Bon, ça va. Tu n'as pas perdu ton temps non plus, de ce côté. Seulement, il faut pousser encore un peu dans cette direction. Massot, il faut encore me garder le petit tout ce printemps, tout cet été, mais, ramène-le tous les samedis et laisse-le tout le jour. Il retournera à l'école en octobre. Toi, fiston, ouvre la malle, là-bas. Il y a un paquet de livres. On me les a donnés pour toi. L'homme a dit que tu commences à lire le premier. Samedi prochain il sera là, tu lui diras ce que tu n'as pas compris, il t'expliquera, lui. Comme ça. Et maintenant, va boire ton café au lait.

Sitôt dans l'escalier, je dénouai la ficelle, j'ouvris le paquet. Il y avait l'*Odyssée,* Hésiode, un petit Virgile en deux volumes et une Bible toute noire.

En bas, les ouvrières étaient arrivées. Mon bol de café au lait était servi sur la table du repassage.

— Ta bonne amie est morte, me dit Antonine.

La gorgée de café au lait resta dure comme une pierre dans ma bouche.

— Elle t'embrassait, elle te donnait son parfum.

Je remontai chez mon père. Sur les marches de grès, mes lourds souliers des champs grinçaient. Je me souvins du petit pas léger de la fille au musc quand elle descendait son escalier, la glissade de sa main sur la rampe de bois, et le bruit d'une grosse bague d'argent qui tapait aussi sur la rampe quand elle la reprenait après le palier, le fousse-fou de sa jupe et l'arrivée d'aplomb de ses deux pieds sur la dalle du bas.

— Qu'est-ce que tu fais là ?

Poudrée à blanc, crue de lèvres, nue des bras, le corsage ouvert jusqu'à l'ombre.

L'homme là-haut avait dit avant de la laisser descendre :

— Ne reste pas longtemps ; j'ai peur quand tu n'es pas là.

J'ouvris la porte. Mon père travaillait sans rien dire. Massot lisait une lettre. J'allai regarder par la fenêtre. Là-bas, où elle se lavait tous les matins, c'était fermé. Les serviettes ne séchaient plus sur la corde.

Massot plia la lettre.

— Oui, dit-il, vous pourrez aussi l'envoyer, celui-là. Je crois que c'est bien, père Jean.

Et il rendit la lettre.

— Je sais que c'est bien, dit mon père.

Il plaça la lettre dans son tiroir.

Cette lettre, la voilà. Je l'ai là, devant moi, avec bien d'autres. Je la recopie.

« *Monsieur,*

« *Je vous remercie de tout ce que vous avez fait pour Marie-Louise. Elle m'a dit de ne pas oublier. Elle me l'a dit encore deux heures avant de mourir. Vous avez donné, et au-delà, tout ce qu'un être vivant peut donner à un autre être vivant. Vous lui avez apporté la tranquillité et la paix. Il faut que je vous remercie du soin que vous avez eu de la faire enterrer dignement. Je ne pourrai pas vous rendre les quarante francs que vous m'avez prêtés. Je vous donne ces livres pour votre fils. Ils ne valent pas quarante francs et je n'oserais pas les offrir à un autre que vous. Pour ce qui est du projet dont vous m'avez parlé : donner des leçons à votre fils tous les samedis, je ne veux pas y souscrire avant de vous avoir parlé de moi. Vous ne me connaissez pas. Je suis honnête et, avant d'accepter, je dois vous dire qui je suis. J'aurais dû aller vous voir et vous parler de tout cela. Vous m'excuserez si j'aime mieux vous l'écrire. Je suis ainsi dégagé de cette bonté qui sort de vous et dont j'ai tant faim qu'elle me forcerait peut-être à mentir. Je sais, d'autre part, que je vous dois quarante francs et je serais peut-être tenté de m'acquitter envers vous en donnant des leçons à votre fils. Il ne serait pas honnête de le faire avant de vous donner sur moi tous les renseignements. Excusez-moi de vous écrire cela.*

« *Je ne pourrai pas vous raconter mon histoire, monsieur, je vais vous raconter celle d'un camarade. Nous étions au séminaire ensemble et nous avions le même âge. Il fut d'abord servant d'un hameau de la montagne puis il eut une cure dans un village des marais. Je suis allé le voir souvent. Au printemps, l'eau montait jusque dans les rues, puis elle se retirait et les poils blancs des roseaux volaient dans l'air comme de la poussière. L'hiver, il se chauffait avec du saule moisi. Vous devez savoir ce que c'est que de se chauffer avec du saule moisi. L'odeur vous fait vieux.*

« Il avait un oncle à Lyon, riche et malade et qui mourut en le faisant héritier. Un petit héritage : six mille francs ; le reste allait aux ordres. Les derniers temps de sa vie, l'oncle avait été soigné par une jeune infirmière. Mon ami alla à Lyon. Il le fallait. D'abord, pour remercier la mémoire de cet oncle qui ne lui devait rien et lui laissait six mille francs, puis pour toucher cet argent. Mon ami avait envie d'un cheval. Il pourrait ainsi passer le gué à son gré et aller se promener dans les collines le long de l'après-midi. L'oncle était déjà enterré et il trouva la jeune infirmière malade, phtisique et couchée. La maison allait aux dominicains. La jeune fille devait partir de là au plus vite. On ne l'avait laissée quelques jours de plus que par charité du prieur. Elle en était à cette époque où, se lever et marcher, pas un chien n'aurait eu le courage de l'y obliger. Mon ami prit son argent, paya une voiture, puis le voyage et emmena la jeune fille chez lui. Il avait vingt-cinq ans, lui. Il lui avait fait une chambre à côté de la cuisine. Elle profitait du chaud du poêle. Il laissait la porte ouverte et il pouvait lui parler tout en travaillant à la table, sous la lampe ou en préparant son repas. Il fallait des remèdes. Mais, mon ami ne s'était pas acheté le cheval et, avec six mille francs, on peut acheter des remèdes. Il essaya un peu tout. La jeune fille était très jolie. Douce, beaucoup de tendresse et de reconnaissance. Elle l'appelait « Monsieur le Curé », doucement. Il ne se cachait pas. Des femmes du village venaient voir la malade. Dans les maisons, on disait : « Je suis allé voir la femme du curé. » Je vous assure qu'on le disait sans méchanceté, sans médisance, comme vous pourriez le dire vous-même, monsieur.

« Cela dura deux ans. Et elle mourut. Les derniers temps, il passait souvent les après-midi à côté d'elle. Il s'asseyait à contre-jour. Il prenait la main de la jeune fille dans les siennes et ils restaient là, tous les deux. Ils ne se parlaient pas. Ils ne bougeaient pas. Rien qu'un peu les doigts, et encore, jusqu'à une certaine position des mains. Après ça, monsieur, ils ne bougeaient plus. Elle mourut sans lui, toute seule, en rendant son sang sur les draps. Quand il revint, elle était froide depuis longtemps. Il l'enterra au village. Il dit la messe des morts. Le cimetière était plein d'eau.

« En revenant du cimetière, mon ami ouvrit sa malle. Il y avait une veste et un pantalon de chasse. Il enleva sa soutane ; il s'habilla en homme ; il ferma l'église à clef et il s'en alla.

« Il y a quinze ans que c'est arrivé à mon ami. Depuis, il a passé par bien des endroits.

« Vous m'avez dit de demander pourquoi on n'avait pas voulu de Marie-Louise à l'hôpital de la ville. Vous m'excuserez de ne pas vous l'avoir dit avant. Vous m'excuserez surtout d'avoir pensé que cela aurait pu vous empêcher d'apporter ce que vous avez apporté. Je ne me pardonne pas cette pensée maintenant que je sais qui vous êtes. Quand je suis allé voir le maire, il m'a dit que l'hôpital était tenu par des bonnes sœurs, que Marie-Louise était tatouée partout et que ce n'était pas un spectacle pour les bonnes sœurs. Il m'a dit que Marie-Louise avait un serpent tatoué sur la jambe, qu'il s'enroulait à sa cuisse et qu'il plongeait sa tête plus haut, au bon endroit. Excusez-moi, c'est ainsi qu'il a dit, et c'était vrai.

« Merci encore une fois, monsieur, je me souviendrai toujours de ce que vous avez fait pour elle, du son de votre voix quand vous lui parliez, et que vous l'avez embrassée deux fois, une fois vivante et une fois morte. »

CHAPITRE VII

Arrivée de l'homme noir. — L'été.
— L'Iliade *et la moisson. — L'odeur*
des femmes. — La sensualité. — Enlèvement
d'Hélène. — Le boulanger, le berger, Aurélie.
— Maillefer-patience. — César et le berger.
— Les cavaliers au bal. — Brasiers.
— Monsieur d'Arboise. — Rachel.
— La couleur des lèvres.

Depuis la fin du printemps, nous avions un nouvel hôte. Il était arrivé chez Massot, un soir. Il avait salué doucement du seuil.

— C'est ici la maison de M. Massot ?

— Oui.

— Je viens de la part de M. Jean.

— Entrez.

Il entra.

Il faisait très peu de bruit. On entendait à travers le bruit de sa vie le gros bourdon des taons et des guêpes dans le chèvrefeuille fleuri.

C'était l'homme noir.

Dehors, le grand chaud avait déjà mangé tout le dessus de la terre sur un bon travers de main d'épaisseur et le vent était tout habillé de grandes poussières laineuses, lourdes, et qui passaient dans les arbres avec le bruit du feu.

L'homme avait l'air de sortir d'une longue pluie. Son chapeau se pliait comme mouillé sur sa tête et, quand il le retira, ses petits cheveux sans force coulèrent sur son front. Il avait peur de gêner.

— Je vous gêne, disait-il, en faisant mine de se dresser de sa chaise.

— Restez, disait Mme Massot.

Et puis, Massot s'arrêta d'amincir au couteau un manche de hache.

— Vous ne gênez pas, dit-il. Ça n'est jamais qu'une habitude de dire ça et ça fait mauvais effet. Ici, il y a de la place pour tous. S'il n'y a pas de place, je dis : « Asseyez-vous dehors. » Vous, je vous ai dit : « Entrez. » C'est pour que vous soyez à votre aise dedans. Vous allez voir. Enlevez votre veste, retroussez-vous les manches de chemise et venez avec moi, je veux changer la huche de place, et, puisque vous êtes là...

Ils se mirent chacun d'un côté du pétrin.

— Attention, dit Massot, c'est lourd. J'attendais d'avoir un homme ici, vous y êtes ?

Il y était. Il donnait tout ce qu'il pouvait. Ses bras tremblaient comme des cordes.

— Encore un peu, dit Massot.

Puis :

— Un peu plus à droite.

Puis :

— Bien contre le mur. Serrez. Relevez encore un peu. Là.

Il se frotta les mains.

— Vous voyez, ça va mieux, là. Il y a longtemps que j'avais envie de bouger ça. Mais, il me fallait un homme.

— Oui, dit l'homme.

Et, doucement, il se frotta les mains, puis il s'enfourcha les cheveux à pleins doigts.

Il avait fait les quinze kilomètres à pied pour venir ici et il était blanc de poussière jusqu'au ventre. On lui avait dressé un lit là-haut au grenier, entre deux murs de foin ; mais un vrai lit avec sommier, matelas, de ces draps de l'armoire qui pesaient le bon poids, et puis la couverture bleue à campanules.

Massotte lui montra l'aître.

— Attention, là c'est l'échelle.

— Merci.

Elle releva la trappe.

— Il faut la pousser fort, le foin fait élastique.

— Merci.

Ils marchèrent là-haut dans le grenier et j'entendis que l'homme disait :

— Vous n'auriez pas dû tant vous déranger.

Massot fumait sa pipe. Massotte descendit.

— Il est poli, celui-là, dit-elle.

— Je vous écoutais, dit Massot. En fait de politesse ça en est, mais ça ne donne pas d'inquiétude. Le reste, ça sentait plus le pourri.

— Quel reste ? dit Massotte.

— C'est vrai, dit Massot, que tu n'as qu'un œil.

Du bout de sa pipe il montra la lourde huche changée de place.

— Ça, dit-il.

La huche était maintenant trop près du placard ; on ne pouvait plus ouvrir les portes en plein.

— Quand on sert à quelque chose, on s'ennuie pas, dit Massot. Quand on sert à rien, on gêne.

— C'est pas commode à cette place-là, maintenant, dit Massotte.

— Non, mais c'est ma politesse. Un autre jour je dirai que j'ai changé d'idée et on la mettra en place. Ça servira deux fois.

D'habitude, je m'endormais comme une pierre dans l'eau. Ce soir-là, il y avait tant de grillons neufs dans les cendres... une guêpe folle tournait encore dans le chèvrefeuille malgré la nuit. Il me semblait qu'il y avait toute une comédie entre mon père et Massot au sujet de cet homme noir. Je ne l'avais vu que deux samedis à la ville et puis, mon père avait dit au berger :

— Tu entreras et tu le diras.

Et à onze heures, Massot était entré et il avait dit :

— Alors, ça va, la leçon ?

— Ça en a l'air, avait dit mon père.

L'homme noir avait encore le livre à la main, et les mots de « brebis magnifiques » étaient encore dans sa bouche.

(Toute cette grande danse du cyclope et d'Ulysse, il la lisait avec une voix juteuse et ronde qui s'approfondissait en échos moussus sur le mot de « caverne » qui glissait et giclait dans le lait et le vin et coulait comme du vent et de l'écume sur les voilures, sur les rames, sur la mer.)

— L'embêtant, dit Massot, c'est que je ne vais plus pouvoir vous le ramener le samedi. J'ai des brebis au sel. J'en ai de délivrées. J'en ai de grosses. Ça fait trois lots. Je voudrais que le petit me garde celles aux agneaux. Elles sont calmées, ça a encore le derrière tout dolent. Ça ne pense qu'à se faire téter, qu'à se coucher, qu'à soupirer, comme de l'herbe. Et c'est facile à gouverner. Je voudrais lui donner ça en travail.

— Ah ! dit mon père.

— Oui, dit Massot.

Et l'homme noir était arrivé dans cette bonne maison des champs. On entendait toute la colline qui faisait le chat, qui se frottait contre le village avec ses renards, ses buses, ses huants, ses chouettes, ses blaireaux, ses sangliers et ses rats qui chassaient les rainettes sous les buissons. La lune tremblait dans la nuit comme un reflet de fontaine.

On s'approchait de plus en plus du soleil.

Les jours recevaient de grands coups de feu qui éclaboussaient de la poussière jusqu'aux hauteurs du ciel. On trouvait sous l'ombre grise des thyms des alouettes exténuées, paupières closes, haletantes, ébouriffées et qui revenaient des hauts parages de l'air. Tout le long du jour, sous les coups du soleil, elles jaillissaient comme des étincelles, elles fusaient en sifflant jusqu'aux assises de ciel bleu où ruisselait encore un mince fil de frais. Leur scintillement s'éteignait et elles retombaient, grises et lasses. Les pies et les corbeaux restaient à l'affût, près des puits. Dès qu'ils entendaient grincer la chaîne, ils arrivaient. Ils appelaient vers la femme qui puisait l'eau. Ils venaient becqueter les flaques d'eau et, tout d'un coup, ils s'envolaient ; un renard débouchait du buisson, s'élançait, tête baissée, vers le seau, voyait la femme, sautait en arrière et repartait vers les collines. Il aboyait vers le soleil. Les nuits étaient illuminées du reflet bleuâtre de la terre. De chaque bord restait le jour. Il n'y avait de nuit qu'au milieu du ciel, une nuit grise, craquante, toute craquelée de longs éclairs silencieux. On approchait de plus en plus du soleil.

Les femmes parlaient un peu, le matin, entre elles. Il n'y avait déjà plus d'hommes au village. Elles préparaient les cruches, elles allaient au puits. Après, c'était le silence et on entendait ronfler le four du boulanger et la pelle de bois qui tapait sur les pierres. Il fallait enjamber les chiens endormis. Le lundi matin, on nettoyait l'église. On ouvrait les grandes portes et deux femmes se mettaient à frotter le parquet avec des peaux de bêtes. Dès que l'église était ouverte, les vieux venaient se mettre au frais dans l'ombre pleine de bruit. Ils restaient là ; ils fumaient leurs pipes, ils crachaient entre leurs pieds.

L'horloge du clocher vivait toute seule, juste pour dire :

— On s'approche, on s'approche, midi, midi.

On le savait. On le connaissait au silence.

C'était difficile de manger. Les guêpes dormaient, ailes étendues, emportées par les remous boueux de la chaleur comme des peaux de graines.

Vers les quatre heures, les hommes revenaient des champs. Il fallait un moment pour les reconnaître. Ils entraient tout de suite au bureau de tabac. Ils posaient la bêche près de la porte ou bien ils criaient : « Hari ! » au cheval ; ils freinaient le rouleau à pleine rue et ils entraient chercher du tabac frais. Il ne fallait pas porter du tabac dans les poches. Il devenait comme du marc de café.

Le goûter était toujours préparé au coin de la table. L'homme arrivait et buvait. Après, il prenait une moitié de fromage, une tranche de pain et il se mettait à mâcher, coudes aux cuisses, le dos rond, l'œil bas, reprenant un peu de vie dans l'ombre.

— On approche, disait le clocher. Sept heures. Le jour ne veut pas partir. Demain on sera encore plus près.

L'homme ne disait rien. Il mâchait seulement en regardant ses pieds et ses mains.

Le soleil descendait dessous la colline. Alors, dans le silence, on entendait le bruit de la terre qui roulait à toute vitesse vers le feu.

Le curé passa si vite qu'on eut juste le temps de voir un coin de sa soutane et sa sandale pliée à pleins orteils.

— Où il va ?

La grosse Berthe courait. Une porte se mit à battre. Des hommes marchaient au pas. Ils avaient couché Bernard sur une échelle et ils le portaient, à quatre. La tête de Bernard avait passé entre deux barreaux de l'échelle et elle pendait, toute ballante, violette ; elle tirait un pan de langue et elle bavait.

— Il ne faut plus sortir à midi !

— On approche, dit le clocher.

On prépara les granges. On était allé, à la nuit, cueillir des bruyères pour faire des balais et on se mit à balayer le sol des greniers.

Jérôme Barrière damait sa grange avec une grande pierre plate emmanchée d'un tronc de petit chêne. Il tassait la terre. Il ne voulait ni creux ni fissure avant de vider le grain. Massot aiguisa ses faux au marteau. Martial passa ses faucilles à la pierre. César lima les dents de sa faucheuse. Turcan faisait tourner sa meule ; comme elle était un peu camuse d'un côté, la roue de grès tapait elle aussi au fond de l'écurie. D'un côté il y avait tous ces coups et ces grincements, et ces battements sourds de tout le village qui se préparait, et de l'autre côté, dehors, le long feulement de la terre emportée vers le soleil.

— Qu'est-ce que ça sent ? dit Massot.

Il renifla. Il y avait, dans cette boue de chaleur, une odeur terrible, sucrée et amère.

— Quelque chose pourrit, dit l'homme noir.

Ils sortirent. Il n'y avait personne dehors.

— Ça a l'air de venir de l'étable.

Ils suivirent l'ombre le long des murs. Massot ouvrit la porte de la bergerie. C'était là.

Toutes les brebis étaient entassées dans un coin. Elles étaient si serrées les unes contre les autres, que toute l'étable semblait déserte, et là, au beau milieu, une brebis morte pourrissait. À côté d'elle, son petit agneau essayait quand même de téter le ventre violet.

Vers le début juillet, il y eut comme un ordre qui s'en alla de maison en maison.

Le clocher chantait toujours :

— On approche, on approche.

— C'est demain qu'on attaque ? disaient les hommes dans les maisons. Vous êtes prêtes ?

Les femmes répondaient :

— Oui, nous sommes prêtes.

— Alors, c'est demain ?

Non, le lendemain un orage monta de la mer. Il était déjà là, dès l'aube, ayant dépassé le plateau. Tout le côté de l'est et du sud soufflait du sombre et de l'humide comme une cave ; seule, une petite lucarne bleue éclairait la terre du côté du nord et, par là-bas, s'enfuyait toute une famille de faucons. L'orage s'avança. Il montait, il noircissait, il ne faisait pas de bruit ; au contraire, il étouffait tous les bruits, il faisait taire tout le monde.

César s'avança jusqu'au milieu de la place. Il regarda de droite et de gauche et il goûta l'air. Il était en bras de chemise, les manches retroussées ; on voyait ses gros bras cuits et, dessus, le poil tout frisé par le soleil. Il dressa son poing vers le ciel.

— Feignant, dit-il, en allongeant ses grosses lèvres dégoûtées.

— Rentre, César, cria sa femme.

Il revint lentement jusqu'à sa maison. Du seuil, il regarda encore une fois le ciel. Il parlait en lui-même des mots silencieux qui bougeaient dans ses lèvres comme des bulles. Il ferma sa porte.

Un vol de mésanges vint s'abriter dans le clocher. Sous les génoises des toits, les engoulevents venaient s'abriter. Ils plantaient leurs onglons dans le crépi du mur et ils laissaient pendre leurs ailes comme des feuilles d'iris. La chèvre de Marie Turcan rentra toute seule. Elle avait arraché son piquet. Elle poussa la porte de l'étable avec sa tête et elle entra. Les chiens s'étaient couchés sous le manteau des âtres, le museau dans les cendres. Des rossignols entrèrent sous le toit du lavoir. Ils restèrent un moment tranquilles. C'étaient des rossignols des hautes collines et ils avaient encore tout un arriéré d'amour. Ils s'apparièrent de mâle à femelle sous les poutres et, doucement, ils se mirent à chanter de leur voix sonore, profonde et sombre comme une forêt. De temps en temps ils s'arrêtaient pour écouter. Mais, c'était toujours le silence épais.

— On approche, cria le clocher. Midi !

Massotte alluma la chandelle ; on ne voyait plus le pain sur la table.

— Je vais me coucher, dit Massot en faisant claquer son couteau.

L'homme noir lava la vaisselle. Il s'approchait de la fenêtre en essuyant les assiettes et il essayait à travers le chèvrefeuille de regarder le ciel.

— Ne sors pas, me dit Massotte, couche-toi aussi, si tu veux.

— Lis, dit l'homme noir.

Il me donna l'*Iliade.*

J'allai m'asseoir sur la pierre du seuil.

Les rossignols du lavoir chantaient encore. L'orage maintenant tenait tout le rond du ciel.

Tout le jour se passa en silence ; toute la nuit. Le lendemain, le ciel était libre et clair. Les hommes et les femmes sortirent pour attaquer.

Je lus l'*Iliade* au milieu des blés mûrs. On fauchait sur tout le territoire. Les champs lourds se froissaient comme des cuirasses. Les chemins étaient pleins d'hommes portant des faux. Des hurlements montaient des terres où l'on appelait les femmes. Les femmes couraient dans les éteules. Elles se penchaient sur les gerbes ; elles les relevaient à pleins bras — et on les entendait gémir ou chanter. Elles chargeaient les chars. Les jeunes hommes plantaient les fourches de fer, relevaient les gerbes et les lançaient. Les chars s'en allaient dans les chemins creux. Les chevaux secouaient les colliers, hennissaient, tapaient du pied. Les chars vides revenaient au galop, conduits par un homme debout qui fouettait les bêtes et serrait rudement dans son poing droit toutes les rênes de l'attelage. Dans l'ombre des buissons on trouvait des hommes étendus, bras dénoués, aplatis contre la terre, les yeux fermés ; et, à côté d'eux, les faucilles abandonnées luisaient dans l'herbe.

Nous allions garder le troupeau. La colline aimée des bêtes était juste au-dessus des moissons. L'homme noir se couchait dans l'ombre chaude des genévriers ; je m'allongeais à côté de lui. Nous restions un moment à souffler et à battre des paupières. Le chemin de la colline, avec ses pierres rondes, restait longtemps à se tordre, tout étincelant dans le noir de mes yeux.

— Et le livre ?

— Il est là.

Il fouillait dans la musette. *L'Iliade* était là, collée contre le morceau de fromage blanc.

Cette bataille, ce corps à corps danseur qui faisait balancer les gros poings comme des floquets de fouets, ces épieux, ces piques, ces flèches, ces sabres, ces hurlements, ces fuites et ces retours, et les robes de femmes qui flottaient vers les gerbes étendues : j'étais dans l'Iliade rousse.

L'homme m'expliquait d'une voix qui entrait profondément en moi. Depuis ce printemps, je portais une étrange chose nouvelle. Ç'avait été d'abord au fond de moi comme une petite goutte de fraîcheur verte et aigre. La jeune amande d'avril. Ça avait grossi et durci. C'était tout à fait comme une amande maintenant, blanc et de chair dure, toujours froid et c'était au milieu de ma chair chaude, et chaque fois que ma chair touchait avec sa chaleur cette amande froide, j'avais de longs frissons liquides dans tout mon corps.

Je sentais l'odeur des femmes. C'était une odeur très précise. Massotte ne sentait pas. Aurélie la boulangère sentait. Anne ne sentait pas, ou, parfois seulement, quand elle ne me regardait pas de ses yeux laiteux et profonds. Alors, elle sentait comme les autres. Et, c'est à ces moments-là que j'avançais le doigt pour lui toucher les lèvres. Elle me regardait et c'était fini, plus d'odeur. Je demandais :

— Je ne t'ai pas fait mal ?

— En faisant quoi ?

Je n'osais pas dire.

Marguerite sentait. C'était elle qui sentait le plus. Elle était plus grosse que moi, les bras nus. Elle suait en courant. Puis, on se cachait dans la paille. Il y avait bien trois odeurs séparées : la paille, la sueur et puis l'odeur. Je les sentais toutes les trois et j'avais envie de dire :

— Couchons-nous.

Nous nous couchions. Marguerite se serrait contre moi. Nous mêlions nos jambes et nous restions comme ça à souffrir d'une brûlure sourde sur laquelle nous ne savions pas mettre d'huile. La voix de l'homme noir avait pour moi la même qualité que l'odeur des femmes. Elle entrait dans moi jusqu'à l'amande. Il avait, en lisant, une science du texte — je sais, à présent, ce que c'est ; il entrait sensuellement dans le texte — une telle intelligence de la forme, de la couleur, du poids des mots, que sa voix m'impressionnait non pas comme un son, mais comme une vie mystérieuse créée devant mes yeux. Je pouvais fermer mes paupières, la voix entrait en moi. C'est en moi qu'Antiloque lançait l'épieu. C'est en moi qu'Achille damait le sol de sa tente, dans la colère de ses lourds pieds. C'est en moi que Patrocle saignait. C'est en moi que le vent de la mer se fendait sur les proues.

Je sais que je suis un sensuel.

Si j'ai tant d'amour pour la mémoire de mon père, si je ne peux me séparer de son image, si le temps ne peut pas trancher, c'est qu'aux expériences de chaque jour je comprends tout ce qu'il a fait pour moi. Il a connu le premier ma sensualité. Il a vu, lui, le premier, avec ses yeux gris, cette sensualité qui me faisait toucher un mur et imaginer le grain de pore d'une peau. Cette sensualité qui m'empêchait d'apprendre la musique, donnant un plus haut prix à l'ivresse d'entendre qu'à la joie de se sentir habile, cette sensualité qui faisait de moi une goutte d'eau traversée de soleil, traversée des formes et des couleurs du monde, portant, en vérité, comme la goutte d'eau, la forme, la couleur, le son, le sens marqué dans ma chair.

Lui, il s'était appris à lire et à écrire tout seul. Il n'était pas obligé de savoir tout ce que la sensualité a de pur. Il avait autour de lui, il voyait autour de moi cette boue de crachats, de pus et de glaires sanglantes qu'on a l'habitude d'appeler sensualité. Il n'était pas obligé de faire le juste départ. Et, s'il ne l'avait pas fait, il ne faudrait pas lui en donner reproche. Ç'aurait été naturel.

Il n'a rien cassé, rien déchiré en moi, rien étouffé, rien effacé de son doigt mouillé de salive. Avec une prescience d'insecte il a donné à la petite larve que j'étais les remèdes : un jour ça, un autre jour ça ; il m'a chargé de plantes, d'arbres, de terre, d'hommes, de collines, de femmes, de douleur, de bonté, d'orgueil, tout ça en remèdes, tout ça en provisions, tout ça en prévision de ce qui aurait pu être une plaie. Il a donné le bon pansement à l'avance pour ce qui aurait pu être une plaie, pour ce qui, grâce à lui, est devenu dans moi un immense soleil.

Si l'on a l'humilité de faire appel à l'instinct, à l'élémentaire, il y a dans la sensualité une sorte d'allégresse cosmique.

Ma nature primitive m'a empêché de connaître la femme de bonne heure. Je savais par intuition que ses gestes étaient beaux et naturels et que rien, dans ces gestes, n'était défendu, que toute la rondeur du monde, depuis mes pieds jusqu'aux étoiles, et dans l'au-delà des étoiles, tout le monde, tous ces fruits de lunes et de soleils étaient portés dans les rameaux des bras noués, des bouches jointes et des ventres assemblés. Je comprenais toute la beauté simple de ça, et que c'était juste, et que c'était bon. Tout dans tout ça. Tout dès qu'il s'agissait de ça. Mais je savais aussi que les gestes pour moi si naturels et si simples étaient pour les autres laids, hypocrites, lourds d'une espèce de boue noire.

Il me suffisait d'être touché par le regard opaque d'Anne-la-douce pour ne plus sentir son odeur de femme.

« Elle croira que c'est laid. »

Anne perdue, Marguerite qui me brûlait, et la femme du boulanger avec son odeur...

Le monde existe.

L'homme noir était couché dans les herbes. À l'heure du soir, l'été, quand toutes les feuilles gorgées et saoules de soleil rendaient odeur, il était là avec les livres. Il parlait d'abord de la voix et de la main pour me montrer autour de moi les formes, la vie. Il faisait passer en moi la conviction que tout ça n'était pas seulement une image perçue par nos sens, mais une existence, une pâture de nos sens, une chose solide et forte qui n'avait pas besoin de nous pour exister, qui existait avant nous, qui existerait après nous. Une fontaine. Une fontaine au bord de notre route. Celui qui ne boira pas aura soif pour l'éternité. Celui qui boira aura accompli son œuvre.

La moisson était autour de nous. Au soir, elle était plus active. Elle allait plus vite. César voulait finir. Il entrait dans son blé ; ses hanches étaient comme un moyeu ; la faux tournait autour de lui presque en plein. Massot, avec son grand chapeau et sa chemise rousse, on le voyait de loin. Il avait chargé son char. Massotte tenait le cheval au museau et l'éventait avec une feuille de chou.

Les brebis dormaient dans le thym. Parfois, sans ouvrir les yeux, elles retroussaient la babine, elles happaient une touffe de fleurs et elles se mettaient à mâcher de droite et de gauche en salivant une petite écume violette. Les agneaux se dressaient, tremblaient sur leurs longues pattes.

— Ho ! ruisseau ! Ceux du ruisseau ! criaient les femmes en bas. Elles allongeaient leur voix pour la lancer loin, par-delà les éteules et les champs pleins.

— Ho ! on rentre ! répondaient les hommes.

Les femmes chargeaient sur leurs têtes de gros paquets d'herbe et elles s'en retournaient au blanc du chemin, droites, tendues de tout leur corps entre le poids d'herbe et la terre.

Ils s'appelaient tous de champ à champ.

César le têtu tournait toujours dans son blé. Il restait tout seul, là-bas. Il n'y avait plus que son geste et le petit éclair de sa faux dans le soir. Les chars gémissaient dans les chemins. Je pouvais les reconnaître : celui de César, celui de Massot, rien qu'au bruit. Des filles commençaient à chanter. Les premières fumées montaient du village. La nuit frappait doucement dans les feuilles et faisait lever les chouettes.

Tout avait son poids de sang, de sucs, de goût, d'odeur, de son.

Les âtres brûlaient des bruyères sèches, parce que ça s'enflamme avec plus de colère que le bois lent. L'odeur qui venait jusqu'à notre colline était pleine des gestes des femmes près de la marmite, du bruit que fait la soupe quand elle hésite à bouillir et qu'elle tremble dans les coups d'une grande flamme toute jeune. Les volets battaient contre les murs. On donnait du frais aux chambres ; on écoutait la pendule. Elle marche toujours. On la remontera demain matin. Loin dans le bois, des buis criaient sous le trot des renards. Les pierres du vieux mur bougeaient doucement. Le gros serpent devait se retourner dans sa cachette, frotter son cou contre l'angle d'une pierre pour faire tomber les vieilles écailles. Une grosse motte de fourmis, luisante et grondante comme un chat arrondi, coulait lentement vers sa ville de dessous terre. Les racines des arbres se reposaient. Il n'y avait plus de vent. Le calme du soir. Elles lâchaient un peu la roche. On sentait que toute la colline se tassait et que les arbres étaient un peu plus des choses de l'air. On sentait qu'ils étaient un peu plus sans défense, comme des bêtes qui boivent. La résine coulait sur le tronc des pins. La petite goutte blonde, quand elle sortait de la blessure de l'écorce, avait le sifflement léger de la goutte d'eau qui touche le fer chaud. Ce qui la poussait dehors, c'était la grande force du soir, une force qui allait donner de l'émotion jusqu'au plus profond des granits ; de petits vers minces comme des cheveux étaient prévenus dans la profondeur des pierres et ils commençaient leur chemin vers la lune, à travers l'éponge de ce qui paraissait être de grain serré. Les sèves partaient du bout des racines et fusaient à force à travers les arbres jusqu'aux plus hautes pointes des feuilles. Elles passaient entre les onglons des oiseaux perchés. L'écorce de l'arbre, l'écaille de la patte, il n'y avait que ça entre les deux sangs de l'oiseau et de l'arbre. Il n'y avait que ces barrières de peau entre les sangs. Nous étions tous comme des vessies de sang les unes contre les autres. Nous sommes le monde. J'étais contre la terre de tout mon ventre, de toute la paume de mes mains. Le ciel pesait sur mon dos, touchait les oiseaux qui touchaient les arbres ; les sèves venaient des rochers, le grand serpent, là-bas dans le mur, se frottait contre les pierres. Les renards touchaient la terre ; le ciel pesait sur leurs poils. Le vent, les oiseaux, les fourmilières mouvantes de l'air, les fourmilières du fond de la terre, les villages, les familles d'arbres, les forêts, les troupeaux, nous étions tous serrés grain à grain comme dans une grosse grenade, lourde de notre jus.

La femme du boulanger s'en alla avec le berger des Conches. Ce boulanger était venu d'une ville de la plaine pour remplacer le pendu. C'était un petit homme grêle et roux. Il avait trop longtemps gardé le feu du four devant lui à hauteur de poitrine et il s'était tordu comme du bois vert. Il mettait toujours des maillots de marin, blancs à raies bleues. On ne devait jamais en trouver d'assez petits. Ils étaient tous faits pour des hommes, avec un bombu à la place de la poitrine. Lui, justement, il avait un creux là et son maillot pendait comme une peau flasque sous son cou. Ça lui avait donné l'habitude de tirer sur le bas de son tricot et il s'allongeait devant lui jusqu'au-dessous de son ventre.

— Tu es pitoyable, lui disait sa femme.

Elle, elle était lisse et toujours bien frottée ; avec des cheveux si noirs qu'ils faisaient un trou dans le ciel derrière sa tête. Elle les lissait serrés à l'huile et au plat de la main et elle les attachait sur sa nuque en un chignon sans aiguilles. Elle avait beau secouer la tête, ça ne se défaisait pas. Quand le soleil le touchait, le chignon avait des reflets violets comme une prune. Le matin, elle trempait ses doigts dans la farine et elle se frottait les joues. Elle se parfumait avec de la violette ou bien avec de la lavande. Assise devant la porte de la boutique elle baissait la tête sur son travail de dentelle et tout le temps elle se mordait les lèvres. Dès qu'elle entendait le pas d'un homme elle mouillait ses lèvres avec sa langue, elle les laissait un peu en repos pour qu'elles soient bien gonflées, rouges, luisantes et, dès que l'homme passait devant elle, elle levait les yeux.

C'était vite fait. Des yeux comme ça, on ne pouvait pas les laisser longtemps libres.

— Salut, César.

— Salut, Aurélie.

Sa voix touchait les hommes partout, depuis les cheveux jusqu'aux pieds.

Le berger, c'était un homme clair comme le jour. Plus enfant que tout. Je le connaissais bien. Il savait faire des sifflets avec les noyaux de tous les fruits. Une fois, il avait fait un cerf-volant avec un journal, de la glu et deux cannes. Il était venu à notre petit campement.

— Montez avec moi, il avait dit, on va le lancer.

Lui, il avait ses moutons sur le devers nord, où l'herbe était noire.

— Quand le vent portera, je le lâcherai.

Il était resté longtemps, debout sur la crête d'un mur, le bras en l'air, et il tenait entre ses deux doigts l'oiseau imité. Le vent venait.

— Lâche-le, dit l'homme noir.

Le berger clignait de l'œil.

— Je le connais, moi, le vent.

Il lâcha le cerf-volant à un moment où tout semblait dormir ; rien ne bougeait, même pas la plus fine pointe des feuilles.

Le cerf-volant quitta ses doigts et il se mit à glisser sur l'air plat, sans monter, sans descendre, tout droit devant lui.

Il s'en alla planer sur les aires ; les poules se hérissaient sur leurs poussins et les coqs criaient au faucon. Il tomba là-bas derrière dans les peupliers.

— Tu vois, le vent, dit le berger.

Il se toucha le front avec les doigts et il se mit à rire.

Tous les dimanches matin il venait chercher le pain de la ferme. Il attachait son cheval à la porte de l'église. Il passait les guides dans la poignée de la porte et, d'un seul tour de main, il faisait un nœud qu'on ne pouvait plus défaire.

Il regardait sa selle. Il tapait sur le derrière du cheval.

— S'il vous gêne, poussez-le, disait-il aux femmes qui voulaient entrer à l'église.

Il se remontait les pantalons et il venait à la boulangerie.

Le pain, pour les Conches, c'était un sac de quarante kilos. Au début, il était toujours préparé d'avance, prêt à être chargé sur le cheval. Mais, Aurélie avait du temps toute la semaine pour calculer, se mordre les lèvres, s'aiguiser l'envie. Maintenant, quand le berger arrivait, il fallait emplir le sac.

— Tenez d'un côté, disait-elle.

Il soutenait les bords du sac d'un côté. Aurélie tenait de l'autre côté d'une main, et de l'autre main elle plaçait les pains dans le sac. Elle ne les lançait pas ; elle les posait au fond du sac ; elle se baissait et elle se relevait à chaque pain, et comme ça, plus de cent fois elle passait avec son visage offert près du visage du berger, et lui il était là, tout ébloui de tout ça et de l'amère odeur de femme qui se balançait devant lui dans la pleine lumière du matin de dimanche.

— Je vais t'aider.

Elle lui disait « tu » brusquement, après ça.

— Je me le charge seul.

C'était à lui, alors, de se faire voir. Pour venir à cheval, il mettait toujours un mince pantalon de coutil blanc bien serré au ventre par sa ceinture de cuir ; il avait une chemise de toile blanche un peu raide, en si gros fil qu'elle était comme empesée, autour de lui. Il ne la boutonnait pas, ni du bas, ni du col, elle était ouverte comme une coque d'amande mûre et, dans elle, on voyait tout le torse du berger, mince de taille, large d'épaules, bombu, roux comme un pain et tout herbeux d'un beau poil noir frisé comme du plantain vierge.

Il se baissait vers le sac, de face. Il le saisissait de ses bonnes mains bien solides ; ses bras durcissaient. D'un coup, il enlevait le poids, sans se presser, avec la sûreté de ses épaules ; il tournait doucement tout son buste d'huile, et voilà, le sac était chargé.

Pas plus pour lui. Ça disait :

— Ce que je fais, je le fais lentement et bien.

Puis, il allait à son cheval. Il serrait le sac par son milieu, avec ses deux mains pour lui faire comme une taille, il le plaçait en besace sur le garrot de sa bête, il défaisait son nœud de guides et, pendant que le cheval tournait, sans étrier, d'un petit saut toujours précis, il se mettait en selle.

Et voilà !

— Elle n'a rien porté, dit le boulanger, ni pour se couvrir ni rien.

C'était un grand malheur. On entrait dans la boulangerie toute ouverte. Il faisait tout voir. On allait jusque dans la chambre, là-bas, derrière le four. L'armoire n'était pas défaite ; la commode était bien fermée. Elle avait laissé sur le marbre son petit trousseau de clefs, propre, tout luisant, comme en argent.

— Tenez...

Il ouvrait les tiroirs.

— Elle n'a pas pris de linge ; ni ses chemises en tricot.

Il fouillait dans le tiroir de sa femme avec ses mains pleines de son.

Il chercha même dans le linge sale. Il sortit un de ses tricots qui sentait comme une peau de putois.

— Qu'est-ce que vous voulez, disaient les femmes, ça se sentait venir.

— À quoi ? dit-il.

Et il les regarda avec ses petits yeux gris aux paupières rouges.

On sut bien vite qu'Aurélie et le berger étaient partis pour les marécages.

Il n'y avait qu'une route pour les collines, et nous gardions les moutons en plein au milieu, l'homme noir et moi.

On monta nous demander :

— Vous n'avez pas vu passer Aurélie ?

— Non.

— Ni de jour ni de nuit ?

— Ni de jour ni de nuit. De jour, nous ne bougeons pas de là. De nuit, nous allons justement nous coucher dans le sentier parce que c'est plus chaud, et, précisément cette nuit, nous avons lu à la lanterne jusqu'au liséré du jour.

Ce devait être cette lumière qui avait fait rebrousser chemin aux amoureux.

Ils avaient dû monter tout de suite vers les collines et attendre que la lumière s'éteignît. On trouva même une sorte de bauge dans les lavandes et d'où on pouvait nous guetter.

Le berger savait bien qu'on ne pouvait passer que là. D'un côté c'était l'à-pic de Crouilles, de l'autre côté les pentes traîtres vers Pierrevert.

Dans l'après-midi, quatre garçons montèrent à cheval. Un s'en alla sans grand espoir aux Conches pour qu'on regarde dans les greniers. L'autre alla à la gare voir si on n'avait pas délivré de billets. Les deux autres galopèrent l'un au nord, l'autre au sud, le long de la voie jusqu'aux deux gares de côté. On n'avait donné de billet à personne dans les trois gares. Celui qui était parti pour les Conches rentra tard et saoul comme un soleil.

Il avait raconté ça à M. d'Arboise, le maître des Conches, puis aux dames. On avait fouillé les granges en bandes. On avait ri. M. d'Arboise avait raconté des histoires du temps qu'il était capitaine aux dragons. Ça avait fait boire des bouteilles.

D'avoir galopé ainsi après une femme, de s'être frotté contre les dames des Conches tout l'après-midi, le garçon en était plus rouge encore que de vin.

Il tapait sur l'épaule du boulanger.

— Je te la trouvais, dit-il, je te la ramenais, mais je te la baisais en route.

Le boulanger était là, sous la lampe à pétrole. On ne voyait bien que son visage parce qu'il était plus petit que tout le monde et que le visage des autres était dans l'ombre. Lui, il était là avec ses joues de terre et ses yeux rouges et il regardait au-delà de tout, et il tapotait du plat des doigts le froid du comptoir à pain.

— Oui, oui, disait-il.

— Avec tout ça, dit César en sortant, vous verrez qu'on va encore perdre le boulanger. C'est beau, oui, l'amour, mais il faut penser qu'on mange. Et alors ? Il va falloir encore patrouiller à Sainte-Tulle pour aller chercher du pain. Je ne dis pas, mais, si elle avait eu un peu de tête, elle aurait dû penser à ça.

— Bonsoir, merci, disait le boulanger de dessus sa porte.

Le lendemain, César et Massot s'en allèrent dans le marais. Ils y restèrent tout le jour à patauger à la muette et à fouiller comme des rats. Vers le soir seulement, ils montèrent sur la digue et ils appelèrent de tous les côtés :

— Aurélie ! Aurélie !

Un vol de canards monta vers l'est puis il tourna du côté du soleil couchant et il s'en alla dans la lumière.

Le souci de César, c'était le pain. Un village sans pain, qu'est-ce que c'est ? Perdre son temps, fatiguer les bêtes pour aller chercher du pain à l'autre village. Il y avait plus que ça encore. On allait avoir la farine de cette moisson et chez qui porter la farine, chez qui avoir son compte de pain, sa taille de bois où l'on payait les kilos d'un simple cran au couteau ? Si le boulanger ne prenait pas le dessus de son chagrin, il faudrait vendre la farine au courtier, et puis, aller chercher son pain, les sous à la main.

— Quand on a le cul un peu turbulent, tu vois ce que ça peut faire ; où ça nous mène ?

De trois jours, le boulanger ne démarra pas du four. Les fournées se mûrissaient comme d'habitude. César avait prêté sa femme pour servir. Elle était au comptoir. Et, celle-là, il ne fallait pas lui conter ni berger ni marécages : elle était là, sombre, à mâcher ses grosses moustaches, et, le poids juste, c'était le poids juste. Le quatrième jour, il n'y eut plus l'odeur du pain chaud dans le village.

Massot entrebâilla la porte :

— Alors, ça va la boulange ?

— Ça va, dit le boulanger.

— Il chauffe, ce four ?

— Non.

— À cause ?

— Repos, dit le boulanger. Il reste encore du pain d'hier.

Puis il sortit en savates, en pantalon tordu, en tricot flottant. Il alla au cercle. Il s'assit près de la table de zinc, derrière le fusain de la terrasse. Il tapa à la vitre :

— Une absinthe.

Sans cette odeur de pain chaud, et sous le gros du soleil, le village avait l'air tout mort. Le boulanger se mit à boire, puis il roula une cigarette. Il laissa le paquet de tabac là, à côté de lui, sur la table, près de la bouteille de Pernod.

Le ciel avait un petit mouvement venant du sud. Au-dessus des toits passait de temps en temps cette laine légère que le vent emporte en soufflant dans les roseaux. Le clocher sonna l'heure. Sur la place, des petites filles jouaient à la marelle en chantant :

Onze heures !
Comme en toute heure,
Le petit Jésus est dans mon cœur.
Qu'il y fasse une demeure...

Maillefer arrangeait les montres derrière sa fenêtre. Il avait mis sa pancarte : « Maillefer Horloger » ; il aurait dû mettre aussi « pêcheur ». La grosse patience (et il en faut pour guetter au long-œil la maladie d'une petite roue) s'était entassée dans lui. On l'appelait « Maillefer-patience ». Il attendait une heure, deux, un jour, deux, un mois, deux. Mais, ce qu'il attendait, il l'avait. « J'attends, je l'ai », il disait.

On l'appelait aussi « Jattenjelai » pour le distinguer de son frère.

— Maillefer lequel ?

— Maillefer-patience.

Ils étaient patients l'un et l'autre.

— Le Jattenjelai.

Comme ça on savait.

Il pêchait de nature. Souvent, en traversant les marais, on voyait comme un tronc d'arbre debout. Ça ne bougeait pas. Même si c'était en mars et qu'un coup de grêle se mette à sonner sur les eaux, Maillefer ne bougeait pas. Il arrivait avec de pleins carniers de poissons. Il avait eu une longue lutte une fois contre un brochet. Quand on lui en parlait maintenant il se tapait sur le ventre.

— Il est là, disait-il.

Il avait de grosses lèvres fiévreuses, rouges et gonflées comme des pommes d'amour et une langue toute en sang qui ne perdait jamais son temps à parler. Il ne l'employait que pour manger, mais alors, il la faisait bien travailler, surtout s'il mangeait du poisson, et on la voyait parfois sortir de sa bouche pour lécher la rosée de sauce sur ses moustaches. Il avait des mains lentes, des pieds lents, un regard gluant qui pouvait rester collé contre les vitres, comme une mouche, et une grosse tête, dure, poilue, juste de la couleur du bois de buis.

Un soir, il arriva :

— Je les ai vus, il dit.

— Viens vite, dit César. Et il le tira chez le boulanger.

— Je les ai vus, dit encore Maillefer.

— Où ? Qu'est-ce qu'elle fait ? Comment elle est ? Elle a maigri ? Qu'est-ce qu'elle t'a dit ?

— Patience, dit Maillefer.

Il sortit ; il entra chez lui, il vida son carnier sur la table. Le boulanger, César, Massot, Benoît et le Taulaire, tout ça l'avait suivi. On ne demandait rien, on savait que ce n'était pas la peine.

Il vida son carnier sur la table. Il y avait de l'herbe d'eau et puis quatorze gros poissons. Il les compta, il les vira dessus dessous ; il les regarda. Il chercha dans l'herbe. Il fouilla son carnier. Il tira à la fin un tout petit poisson bleu de fer à mufle jaune et tout rouillé sur le dos.

— Une caprille, dit-il. Tu me la mettras sur le gril et, ne la vide pas, c'est une grive d'eau.

Il se tourna vers tout le monde.

— Alors ? dit-il.

— Alors, à toi, dit César.

Il raconta qu'étant planté dans le marais, à sa coutume, et juste comme il guettait cette caprille — un poisson rare, et ça fait des pertuis à travers les oseraies pour aller dans des biefs perdus, et ça saute sur l'herbe comme des sauterelles, et ça s'en va sur les chemins comme des hommes pour changer d'eau — bref, juste comme il guettait cette caprille, il avait entendu, comme dans l'air, une pincée de petits bruits follets.

— Des canards ? je me dis. Non, pas des canards. Des râles ? je me dis. Ça pointait et ça roulait pas comme des râles. Non, pas des râles. Des poissons-chiens ?...

— Elle chantait ? dit le boulanger.

— Patience, dit Maillefer, tu es bien pressé !

Oui, il avait entendu une chanson. À la longue, on pouvait dire que c'était une chanson. C'était le grand silence partout dans le marécage. Il ne pouvait y avoir dans les marais rien de vivant à cette heure que les poissons, le vent d'été et les petits frémissements de l'eau. Aurélie chantait. Maillefer pêcha la caprille par un coup spécial du poignet : lancer, tourner, tirer. Il fit deux, trois fois le mouvement sous le pauvre œil du boulanger.

Après, ça, Maillefer marcha. L'air frémissait sous la chanson d'Aurélie. Il se mit à guetter ça comme le frisson d'une truite qui sommeille, qui se fait caresser le ventre par les racines du cresson : un pas, deux pas, ça ne clapote pas sous le pas de Maillefer, il a le coup pour tirer la jambe et il sait enfoncer son pied l'orteil premier ; l'eau s'écarte sans bruit comme de la graisse. C'est long, mais c'est sûr.

Il trouva d'abord un nid de pluviers. La mère était sur les œufs. Elle ne se leva pas, elle ne bougea pas même une plume. Elle regarda Maillefer en gloussant doucement. Il trouva après un plonge de saurisson. Les poissons-femmes étaient là au plein noir du trou, avec des ventres blancs, gonflés d'œufs et qui éclairaient l'eau comme des croissants de lune.

Il fit le tour du trou sans réveiller un saurisson.

Il entendait maintenant bien chanter et, de temps en temps, le berger qui disait :

— Rélie !

Et, après ça, il y avait un silence. Maillefer ne bougeait plus, puis, au bout d'un moment, la voix reprenait et Maillefer se remettait à marcher à travers le marais.

— C'est une île, dit-il.

— Une île ? dit César.

— Oui, une île.

— Où ? dit Massot.

— Dans le gras de l'eau, juste en face Vinon. Le berger avait monté une cabane avec des fascines de roseau. Aurélie était couchée au soleil, toute nue sur l'aire d'herbe.

— Toute nue ? dit le boulanger.

Maillefer se gratta la tête. Il regarda ses poissons morts sur la table. Il y avait une femelle de brochet. Elle devait s'être servie de tout son corps pour mourir. Sur l'arête de son ventre, entre son ventre et le golfe de sa queue, son petit trou s'était ouvert et la lumière de la lampe éclairait la petite profondeur rouge.

— Elle faisait sécher sa lessive, dit Maillefer, pour excuser.

Le boulanger voulait partir tout de suite. C'est César, Massot et les autres qui l'empêchèrent. Rien n'y faisait : ni les plonges, ni la nuit, ni les trous de boue.

— Si tu y vas, tu y restes.

— Tant pis.

— À quoi ça servira ?

— Tant pis, j'y vais.

— C'est un miracle si tu t'en sors.

— Tant pis.

— Tu ne sais pas où c'est.

Enfin, César dit :

— Et puis, ça n'est pas ta place.

Ça, c'était une raison. Le boulanger commença à se faire mou dans leurs mains et on arriva à l'arrangement. On enverrait le curé et l'instituteur, tous les deux. Le curé était vieux mais l'instituteur était jeune, et puis, il avait des bottes en toile cirée. Il n'aurait qu'à porter le curé sur ses épaules jusqu'à une petite plaque de terre dure, un peu au-delà de la digue. De là, la voix s'entendait, surtout la voix du curé.

— Il est habitué à parler, lui.

L'instituteur irait jusqu'à la cabane. Ça n'était pas pour brusquer. Il fallait faire entendre à Aurélie que c'était bien beau...

— C'est bien beau l'amour, dit César, mais il faut qu'on mange.

...que c'était bien beau mais qu'ici il y avait un comptoir, du pain à peser, de la farine à mettre en compte, et puis, un homme...

— Somme toute, ajouta César en regardant le boulanger, si l'instituteur ne pouvait pas faire seul, il sifflerait et, de là-bas de sa terre ferme, le curé reprendrait l'histoire. En parlant un peu fort, il pourrait faire l'affaire sans se mouiller les pieds.

Le lendemain, le curé et l'instituteur partaient sur le même cheval.

À la nuit, l'instituteur arriva.

Tout le monde prenait le frais devant les portes.

— Entrez chez vous, dit-il, et fermez tout. D'abord, c'est dix heures et, un peu plus tôt un peu plus tard, vous avez assez pris de frais. Et puis, le curé est en bas près de la croix avec Aurélie. Elle ne veut pas rentrer tant qu'il y a du monde dans la rue. Le curé n'a rien porté pour se couvrir. Il commence à faire froid en bas, d'autant qu'il est mouillé. Moi, je vais me changer. Allez, entrez chez vous et fermez les portes.

Vers les minuit, le boulanger vint frapper chez Mme Massot.

— Tu n'aurais pas un peu de tisane des quatre fleurs ?

— Si, je descends.

Elle lui donna des quatre fleurs. Elle ajouta une poignée de tilleul.

— Mets ça aussi, dit-elle, ça la fera dormir.

Le reste fut préparé à volets fermés dans toutes les maisons.

Catherine vint la première, dès le matin. Elle frottait ses semelles sur la terre parce que ses varices étaient lourdes. Il fallait surtout oublier qu'Aurélie n'en avait pas. De dessus le seuil, Barielle regardait sa femme Catherine ; elle tourna la tête vers lui avant d'entrer à la boulangerie. Il avait ses mains derrière le dos mais, on voyait quand même qu'il tenait solidement au manche de pioche.

— Bonjour Aurélie.

— Bonjour Catherine.

— Donne-m'en six kilos.

Aurélie pesa sans parler.

— Je m'assieds, dit Catherine. Mes varices me font mal. Quelle chance tu as de ne pas en avoir !

Après ça, Massotte :

— Tu as bien dormi ?

— Oui.

— Ça se voit. Tu as l'œil comme du clairet.

Puis, Alphonsine et Mariette :

— Fais voir comment tu fais pour nouer ton chignon ?

— Seulement, il faut avoir des cheveux comme les tiens.

— Pèse, Alphonsine, si c'est lourd.

— Bien sûr, alors, avec des cheveux comme ça, pas besoin d'épingles.

Vers les dix heures, Aurélie n'était pas encore venue sur le pas de sa porte. Elle restait toujours dans l'ombre de la boutique. Alors, César passa devant la boulangerie. Il croyait être prêt, il n'était pas prêt. Il ne s'arrêta pas. Il fit le tour de l'église, le tour du lavoir et il passa encore une fois. Il s'arrêta.

— Oh ! Aurélie !

— Oh ! César !

— Et qu'est-ce que tu fais là-bas dedans ? Viens un peu prendre l'air.

Elle vint au seuil. Ses yeux étaient tout meurtris. Elle avait défait ses cheveux pour les faire soupeser à Alphonsine et Mariette. Les belles lèvres avaient un peu de dégoût, comme si elles avaient trop mangé de confiture.

— Quel beau temps ! dit César.

— Oui.

Ils regardèrent le ciel.

— Une petite pointe de vent marin. Tu devrais venir à la maison, dit César, la femme voudrait te donner un morceau de sanglier.

À midi, le boulanger chargea son four en plein avec des fagots de chêne sec. Il n'y avait pas de vent ; l'air était plat comme une pierre ; la fumée noire retomba sur le village avec toute son odeur de terre, de paix et de victoire.

Le dimanche, il y eut vers les dix heures un coup de soleil si lourd, que la route, les murs, les arbres et le ciel se mirent à crépiter comme de la graisse blanche. Au milieu de ça arriva le berger. Il allait un bel amble allongé. Le cheval qu'il montait était le pie de M. d'Arboise lui-même. Il avait une selle arabe qui jetait des feux par tous ses clous. Lui, il était toujours pieds nus, en pantalons blancs, en chemise de gros fil, mais, justement, dans ce soleil c'était exactement ce qu'il fallait. Il sauta de selle. Il attacha le cheval à la porte de l'église.

César sortit de l'ombre :

— Où vas-tu ?

César s'était fait de dimanche déjà. Un dimanche de paysan avec la ceinture de laine bleue, un bon coup de rasoir sur les joues et un joli crochet à la moustache.

— Au pain.

— Tu diras à ton maître qu'il en envoie un autre.

— Mêle-toi de ce qui te regarde.

Le berger étendit le bras et fit un pas. César empoigna le berger à l'épaule.

Un moment, ils se regardent. Le berger tire son épaule. César serre sa poigne. Le berger recule d'un coup ; sa chemise est un peu sortie des pantalons. Le berger frappe le premier. Son coup de poing glisse sur le menton de César. César dresse sa large main ouverte. Il ne veut pas frapper mais tenir et puis serrer. Le berger frappe en plein sur la joue. César recule et ferme les yeux. Le berger frappe sur le nez. César baisse la tête et saute en avant. Il tape de la tête dans le menton du berger. La tête du berger bat en arrière, ses bras flottent. César frappe un coup de son poing sans élan mais bien serré dans le foie du berger. Le berger s'appuie au mur ; sa tête sonne contre les pierres. César frappe un autre coup dans la ceinture du berger. Le berger ouvre la bouche ; il lance un grand coup de poing qui passe au-dessus de l'épaule de César. César se recule. Le berger fait deux ou trois pas, il tombe à genoux, il baisse la tête, il se couche.

Ils s'étaient battus sans bruit, sans crier, dans le petit enfoncement à côté de l'église. Personne n'avait vu. César sortit seul. Il roula la pointe de ses moustaches sur son index et il alla boire l'absinthe.

Le cheval resta encore un moment tout seul, attaché à la porte de l'église. La chaleur criait dans le ciel d'un beau gémissement sourd et sans arrêt. Puis, le berger sortit, dénoua les guides, monta en selle, toujours du même saut et tourna vers les Conches.

César but son absinthe à l'habitude, fit son bésigue, gagna et alla manger.

L'après-midi, au moment du bal, cinq gars des Conches arrivèrent au galop. Le premier c'était le berger, toujours sur son cheval arabe. Il arriva avant les autres devant le café et il tira d'un coup sec sur la bride. Le cheval se mit à gémir et à danser et il frappait les fusains avec sa longue queue. Les quatre autres arrivèrent tout de suite et, d'un seul coup, on vit les cinq cuisses qui déjambaient la selle. Sans prendre le temps d'attacher les chevaux, les cinq poussèrent la porte. On était en pleine valse et on n'avait rien entendu de la cavalcade. D'un tranchant de bras, le berger sépara l'Antoinette de son cavalier, repoussa l'homme, serra la femme contre lui et entra dans la valse. Quatre autres avaient fait de même avec la Marie, l'Antoinette, la José, Félicie, et la Germaine de Costelet se dressa de son banc, tout extasiée, pour se plaquer contre le cinquième. L'orchestre n'avait rien vu ; il continuait. Il jouait le *Danube bleu*. Sur le moment, Marius n'avait pas compris. Il vit l'Antoinette qui dansait avec le berger. Elle faisait bien un peu de manières mais il la serrait contre lui et, quand elle se reculait, il avançait si bien qu'ils étaient tous les deux ventre à ventre.

— Arrêtez ! cria Marius.

Et Georges, et Ivan, et Médéric, et Clotaire poussaient de tous les côtés pour rattraper leurs danseuses. Les femmes montaient sur les bancs. L'orchestre s'arrêta.

— Qu'est-ce que c'est ? Ceux des Conches !

— Musique ! cria le berger.

Marius essayait d'arriver jusqu'à lui mais tout le monde était serré en botte.

— Musique ! cria le berger.

Il ne lâchait pas l'Antoinette.

— Va te coucher ! cria Marius.

— Avec ta sœur, dit le berger.

— Ma sœur, elle bat le beurre... dit Marius.

Le berger lâcha l'Antoinette.

— Poussez-vous, dit-il.

Il y eut tout de suite du large autour de lui.

— Viens le dire ici.

Marius s'avança.

Le berger avait toujours son air clair d'homme qui connaît le vent ; seulement, il avait aussi un gros dégoût sur les lèvres...

Marius enleva sa veste.

— Qu'est-ce que tu veux ? dit-il.

— Ça, dit le berger.

Et, en même temps il allongea son bras et il mit dans son bras tout le poids de ses épaules et on entendit qu'il soupira un « han » comme pour fendre le bois. Marius reçut le coup en plein dans les ouvertures du nez. Il secoua la tête. Il éclaboussait du sang autour de lui. Il avait de gros yeux innocents blancs et bleus et il regardait dans sa main couverte de sang.

Les filles se mirent à crier.

Le berger le frappa deux fois encore de toutes ses forces, avec tout son temps bien calculé et, la deuxième fois, il le frappa sous le menton. Marius étendit ses bras comme un crucifié et tomba par terre.

Les filles avaient mis un banc contre la fenêtre. Elles montaient là-dessus et elles sautaient dehors. Antoinette tenait à pleines mains sa robe toute tachée de sang et elle pleurait. Elle relevait sa robe. On voyait ses mollets et la dentelle de son pantalon. Marius ne bougeait pas par terre ; le sang faisait des bulles sous son nez.

Les femmes criaient. Une traversa le bal en serrant contre elle son petit garçon. Elle bouscula le berger.

— Pardon, dit-il.

Il restait là, les bras pendants le long de lui. Il n'avait pas desserré ses poings. Il regardait l'homme étendu. Il y eut des remous du côté de l'orchestre. Zani qui jouait du piston était descendu. Les gars des Conches faisaient le rempart devant le berger. Puis, ils se mirent à frapper eux aussi.

Et Zani prit une bouteille de bière par le goulot mais il reçut un coup de pied dans le ventre et il lâcha la bouteille pour se tordre et rouler sous l'estrade. Ivan avait serré le plus jeune des Conches près du comptoir et il le matait à grands moulinets de poings. Le grand des Conches leva une chaise et il la cassa sur la tête d'Ivan. Il ne lui resta que le dossier à la main. Ivan s'appuya au comptoir. Le jeune lui lança un coup de tête dans la poitrine et il tomba comme un sac. Sous l'estrade on entendait Zani qui criait et battait le plancher à grands coups de talons. Les deux autres des Conches avaient étendu Barnabé et Georges. Le berger en avait deux cramponnés à lui comme des chiens. Il en jeta un à terre et il lui écrasa la main avec son pied.

Il tordait le bras à l'autre. Celui de par terre lui mordit le mollet. Il lui lança un coup de pied en pleine figure si fort que la tête s'en alla sonner contre un bord de la table. Il tordit complètement le bras. Il pesait et il pesait de toute sa force. L'autre hurla et tomba. Le berger lui écrasa les mains l'une après l'autre.

Des femmes couraient dans la rue. Georges se releva :

— Le fusil, le fusil ! cria-t-il.

— Haro ! cria le grand des Conches.

Au moment, les cinq furent dehors. Les chevaux attendaient en mangeant le vert du fusain. Le berger fit cabrer son arabe vers les femmes. Elles s'écartèrent. D'un saut, il fut sur la place, devant la boulangerie. Il détacha de sa selle un grand bouquet de fleurs de roseau, il le lança sur le trottoir devant la porte puis, tous les cinq au galop, ils sortirent du village par la route des prés.

Cette nuit de dimanche, Massot devait venir nous remplacer pour nous laisser aller changer de linge. Comme il ne montait pas, nous nous avançâmes dans la colline jusqu'au rebord qui dominait le village. Il y avait tant d'étoiles au ciel que, dessous nous, c'était comme de la poix. On voyait seulement à force la pâleur des maisons. Au bout d'un moment, nous entendîmes un gémissement de femme puis une fenêtre s'éclaira. Le gémissement était régulier comme une chanson. Comme nous étions là à regarder et à écouter nous demandant ce qui pouvait ainsi avoir éteint et blessé le village, on alluma un feu sur la place. Ce devait être un brasier de bruyères sèches car la flamme monta d'un coup jusqu'au-dessus des feuillages. Le gros corps accroupi de l'église se voyait maintenant et puis, là-bas au fond, le mufle plat d'une maison qui, bouche ouverte, soufflait des ombres d'hommes vers le feu. Le gémissement était plus fort car, malgré le crépitement du brasier et le grommelé de grosse voix d'homme, il chantait toujours.

Un autre feu s'alluma sur les aires.

Soudain, sur notre nuque, un air chaud nous toucha la peau. Nous tournâmes la tête. Une grande lueur venait de l'ouest. On voyait sur cette lumière rousse et toute tourillonnée de longues tresses de fumées la ligne de la colline et les dos des genêts. Il nous fallut faire un petit détour pour nous approcher de l'autre bord. C'était, là-bas dans l'autre val, un immense feu qu'on avait allumé devant les Conches. Le grand corps de logis, large et nu, avec toutes ses fenêtres éclairées renvoyait toute la lumière dans le ciel. On entendait hennir des chevaux. Le feu là-bas était si grand et on l'avait si bien construit en beau bois pour le faire durer longtemps qu'il bavait une sorte d'épaisse fumée à ras de sol. On ne voyait pas bien mais on entendait galoper des chevaux, et tirer des coups de fusil, et chanter une chanson :

« Ha ho de fer, ha ho de fer ! »

Un peu de vent coula dans le vallon comme toutes les nuits et la fumée se souleva. Alors, nous pûmes voir que des cavaliers galopaient autour du feu. Ils faisaient flotter de longues ceintures. Parfois, un de ces cavaliers sortait du cercle, prenait du champ et s'élançait, bride abattue dans le feu. À la limite des braises il s'enlevait comme un oiseau et il franchissait les flammes dans le hennissement et le cri de l'homme et de la bête. On devait avoir dressé des tables sous les arbres. On voyait reluire des brocs et des cruches ; sans arrêt, la ronde des cavaliers tournait autour du feu et, jusqu'aux étoiles, le brasillement des étincelles montait dans la nuit. Là-haut, très haut, un peu de vent couchait les braises vers la mer.

Nous retournâmes au-dessus du village. Il était cette fois tout éteint mais il gémissait toujours dans l'ombre.

À la première heure de jour, l'homme noir me demanda :

— Qu'est-ce que c'était cette nuit ?

— Je ne sais pas.

Je pensais à la mort de Patrocle, à Briséis, la fille du marchand de chevaux.

Deux cavaliers venant du val dépassèrent la crête de la colline. Nous appelâmes les brebis qui étaient sur le sentier. Mais, subitement, les deux cavaliers firent flanc et mirent pied à terre.

C'étaient un homme et une femme ; pas des paysans. L'homme avait des bottes souples, vernies et qu'on entendait craquer de loin ; la femme, malgré ses jupes, montait en homme, sans mettre le pied à l'étrier et jambes repliées. Ils approchèrent. C'étaient M. d'Arboise et cette Rachel, qu'avec deux autres filles encore on appelait mesdames d'Arboise.

Le monsieur était de corpulence un peu lourde. Sa culotte moulait ses cuisses. En marchant, il s'appuyait fortement sur ses jambes et il pliait le genou pour faire craquer ses bottes.

— Alors, dit-il.

La femme qui venait derrière lui appela :

— Agénor !

Sa jupe était prise en dix endroits par un roncier qu'elle avait voulu traverser.

— Ma colombe, dit le monsieur. Et il retourna délivrer la femme.

On le sentait lourd et sournois et ce « Ma colombe » n'avait pas le son bien franc.

Ils s'avancèrent enfin tous les deux.

— Vous n'avez pas de fromage ? demanda la dame.

Elle avait une petite tête ronde comme une boule et cependant pas grasse, une large bouche bien sinueuse et des yeux d'ombres. Une demi-voilette s'arrêtait au bout de son nez.

— Non, madame, je dis, on trait juste pour nous.

M. d'Arboise avait une veste de chasse et, dans cette veste, une carrure qui pouvait supporter son petit ventre. Il mâchait une pâquerette. Il avait les lèvres noires comme du charbon et un peu luisantes. Il était bien rasé, avec de petits favoris gris gonflés en gouttes et une belle moustache souple et blonde comme de l'or. Ce qui étonnait, c'était cette bouche toute noire, sa façon de mâcher la pâquerette et, sous les ailes du chapeau melon penché à gauche, son œil gauche fermé et son œil droit ouvert.

Il faisait craquer ses bottes tout le temps.

— Vous avez encore du lait ?

— Oui, madame.

— De brebis ?

— Oui, madame.

— Voulez-vous m'en donner ?

— Oui, dit l'homme noir.

Elle se tourna vers lui.

— Le garçon m'en donnera, dit-elle. Dans ton verre, elle ajouta en me regardant en plein dans moi avec ses yeux violets.

Ils étaient violets. On le voyait quand elle s'approchait.

— Ça t'a excitée, dit M. d'Arboise.

Elle le regarda sans lâcher ma main. Elle avait pris ma main et non le verre.

— Vous n'avez pas eu à vous en plaindre, cette nuit, dit-elle.

Elle lâcha ma main.

— Donne le lait, petit chéri.

Je tendis le verre.

— Fais-moi boire.

Elle se mit à genoux dans l'herbe car elle était plus grande que moi.

Elle sentait beaucoup la femme.

Elle avait, sous sa jaquette, une petite blouse de soie légère, transparente, colorée de ses seins en dessous.

Elle avança sa bouche ouverte.

Je posai le verre au bord de ses lèvres. Elle pompa le lait, puis elle appuya ses lèvres sur le verre pour me faire baisser la main et elle but en lapant avec un petit bout de langue pointu comme une aiguille.

Elle se redressa.

— Adieu chéri, dit-elle.

Elle me tendit sa main. Je regardai cette main.

— Embrasse-la.

Je fis « non » avec la tête.

— Jaloux ? dit-elle. Ça te tiendra compagnie. Venez, baron.

Ils riaient tous les deux en retournant vers les chevaux. Ils se mirent en selle. Elle enjamba le cheval avec ses cuisses nues.

M. d'Arboise voulait descendre au village.

— On va voir s'il est mort.

Et il avançait déjà.

Elle cria :

— Non, je vous dis non maintenant.

Elle galopa vers le val. L'homme tourna bride et la suivit.

Elle avait laissé une grosse tache de couleur rouge au bord de mon verre.

CHAPITRE VIII

Vendanges. — Le vin des hommes. — L'espérance, pour ceux de bonne foi. — « Couvre-moi, couvre-moi. » — Gonzalès. — Antonine, le Mexique et l'odeur de la morue. — « Toi, plus doux que la madone. » — La sœur de Césarie. — La foire au bord du fleuve. — L'hiver. — Le couteau. — La guitare. — Mariage de Gonzalès. — Mort de Décidément.

Le jour arriva où je devais retourner au collège. Mon père avait écrit : « J'irai le chercher samedi. »

On était à la fin des vendanges. Les brebis guéries étaient prêtes à recevoir le bélier ; inquiètes et désireuses elles appelaient tristement vers le village. Massot nous vint dire de les descendre. Les agneaux avaient maintenant de bonnes jambes, ils bondissaient devant nous comme une écume d'eau ; après venaient les brebis.

— Elles sont toutes enfemellées, avait dit Massot. On les mettra à l'étable du figuier ou bien mes béliers vont se crever.

Avec leur grosse laine boueuse elles coulaient de la colline, sans arrêt, sans tendre la lèvre vers le thym ou la grasse flaque des pervenches ; elles bêlaient vers les étables. Et nous, l'homme noir et moi, nous roulions derrière le troupeau comme des arbres arrachés : lui, comme un vieux chêne, moi comme un petit peuplier. C'était devenu notre bonne habitation, la colline.

Le village sentait le tonneau mouillé et le bois écrasé. Il ne sentait pas le vin, il sentait la lie, la boue des cuves. C'était la fin des vendanges. Dans de gros corsets de planches on écrasait les grappes déjà écrasées. On essayait de tirer encore de tout ça des fils de vin. Il y avait une longue barre de bois toute gluante, et, au commandement, huit grosses mains claquaient sur la barre. Alors, Mérope chantait et on voyait les mains qui se desséchaient en serrant le bois, et puis la force des hommes qui remontait dans les bras comme deux grosses boules de fer, et puis les poitrines qui se gonflaient pour avaler ces boules, et puis les reins qui se rejetaient en arrière, les jambes qui tremblaient ; la barre craquait, le pressoir criait son cri d'accouchée, son ventre grésillait d'une écume rouge, et une petite pluie de vin tombait dans la cuve.

Ce vin était là-bas au fond, noir, caillé. Il ne bougeait pas. Il était plat et luisant et le soleil se reflétait dedans. Dans le verre, il restait lourd, moiré de petits arcs-en-ciel et il déchirait la gorge avec son goût de sève et de verdure.

Tous les dix coups, les hommes de la barre buvaient. Ils ne s'essuyaient pas la bouche. Quand leurs mains ne bougeaient pas, elles étaient tout de suite couvertes de mouches comme des mains mortes.

Anne avait un grand chapeau d'osier tressé. Cela faisait ombre sur tout le haut de son visage où il y avait les deux feux de ses yeux et de son front. On ne voyait plus d'elle que son petit menton dur et un peu jaune comme les vieux osselets de mouton. Elle avait trouvé des figuiers cachés pour jouer toute seule à la maison des airs. Je la cherchais dans les vergers, je l'appelais. Elle ne répondait pas et les figuiers étaient trop épais de feuilles ; elle était bien cachée là-dedans. Je guettais. Dès que les arbres bougeaient un peu, je m'approchais, à la renarde, un pas après l'autre. Je passais ma tête sous les branches. Je regardais : c'étaient des pigeons qui mangeaient les figues ou de longues couleuvres vertes qui jouaient à se marier avec les rameaux souples du figuier.

Le soir venait. Le village gémissait de ses trois pressoirs ; selon le vent on entendait la voix de Mérope chantant ses chansons à tirer la barre.

— Anne, j'appelais, Anne !

Un pigeon s'envolait ; un serpent tombait dans l'herbe ; la forêt de figuiers ne bougeait plus. Moi, je me faisais aussi comme de la pierre. C'était une lutte de silence. Mon cœur était trop tendre. La nuit le touchait. Le vent le prenait doucement dans ses deux mains tièdes ; l'odeur des résédas sauvages le caressait. Il était sous tout ça comme un chevreau tremblant. Je me forçais au silence et à rester sans bouger comme ces gros arbres de boue verte qui tenaient coup au vent de la nuit avec leurs grosses feuilles plates. Je guettais le bruit, les rides des feuillages. Je savais qu'Anne montait aux arbres les pieds nus. Je savais que, là-haut sur la branche où elle devait être assise, elle avait retiré son grand chapeau et qu'elle allait se lisser les cheveux avec le plat de sa main. Mais mon cœur était tout tremblant. Je ne pouvais jamais attendre assez longtemps et mentir assez pour me gagner la bonne victoire.

J'appelais :

— Anne !

Elle savait que j'étais là avec mon cœur faible comme un oiseau. Pourquoi mentir, pourquoi lui faire croire que je suis plus fort qu'elle aux jeux que j'ai inventés ?

Anne !

La terre était bien meurtrie par l'été et par les hommes. Le sang du vin marquait la plaine, les collines, le village, les chemins. Les fossés étaient comme des plaies avec la lie des tonneaux. La bataille avait commencé, là-haut à la pointe de l'été, juste après cet orage qui nous avait emplis d'oiseaux, qui avait jeté des poignées d'oiseaux dans nos fenêtres et noyé des rossignols dans le bassin du lavoir. Après, les hommes étaient sortis avec des faux, les femmes avec des liens. On avait traîné l'herbe mûre jusqu'aux cavernes des greniers. On avait fait piétiner la terre par tous les chevaux, on l'avait écrasée sous les chars. On avait tiré des lambeaux de la grosse chair avec le petit bec et les petites griffes des hommes, mais, à la longue, on avait bien arraché, bien raclé, on s'était fait provision de blé, de lentilles, de fourrage, de vin. Il y avait bien eu des orages et de grandes défenses de la terre avec des tonnerres et des foudres, et des massacres d'arbres à grands coups d'éclairs. Il y avait eu de ces vents durs comme des coups de pierres. Qu'est-ce que ça y avait fait ? Ça avait lancé la débandade pour un jour. On avait fouetté les cavales à tours de bras et on s'était mis à l'abri. Le lendemain, on était encore dans la plaine à racler, à gratter, à arracher. Et maintenant, avec ce vin, on comprenait enfin que la terre saignait de partout. Sur des talus où on avait déchargé des faix de grappes, l'herbe restait collée et, dessous, la terre était molle de moût comme une meurtrissure. Au fond de la plaine, la rivière immobile faisait des mouches comme une bête morte. Elles dormaient dans les oseraies, au ras des eaux trop pleines de soleil et qui pourrissaient, immobiles, vertes entre les pierres comme des branchages coupés ; elles habitaient les mousses ; elles charbonnaient les branches sucrées des saules ; elles se laissaient bercer par le vent. Mais, si le vent venait du village au lieu de venir des collines où les forêts vivaient doucement la vie paisible, si le vent venait de ce côté où les hommes avaient frappé la face de la plaine et où la terre saignait du vin, les mouches se dressaient toutes ensemble comme un nuage. Elles gâtaient le pain et la viande ; elles venaient sucer le moût jusque dans la barbe des dormeurs, jusque sur les mains des hommes de barre, jusqu'au coin de la bouche de Mérope. Les femmes les chassaient des cuisines en faisant claquer leurs tabliers.

À l'heure du soir, elles coulaient avec la nuit dans les vergers de figuiers. Elles se posaient sur les pigeons ; elles couvraient les plumes comme une poussière, comme les fleurs de quelque arbre noir tout dévasté par le vent. Elles se posaient sur les longues couleuvres et les serpents faisaient des sauts de reins puis glissaient dans leurs trous avec des bruits d'huile au feu.

— Anne !

Il y avait tant de nuit et de mouches, tant de chaleur sucrée, tant de lueurs blêmes dans le feuillage des vergers, et de silence, que je pensais chaque fois à la mort.

C'était mon besoin humain de ne pas mourir qui me faisait appeler « Anne, Anne ! » dans le bois de figuiers où la nuit était si épaisse. Je commençais donc bien à être un homme puisque j'avais ce souci de vivre. Je n'étais déjà plus dans le monde des enfants mais je pesais mon poids sur la terre et le ciel ne me laissait plus flotter comme un duvet léger du buisson maternel, mais il pesait sur moi déjà de tout son poids pour me forcer au chemin.

Pour la première fois, cette année-là, l'odeur des femmes était venue me toucher. À ce moment-là, le monde s'était arrêté de chanter. Il avait fait une longue pause pour que je sois tout seul avec cette odeur des femmes, cette odeur de cannelle sucrée ou comme l'encens quand on ouvre la porte de l'église après les vêpres. Et j'étais resté tout seul avec cette odeur ; j'avais bien macéré là-dedans. J'étais bien mou, bien souple, je faisais bien le chiffon entre les mains du monde, frottées paume contre paume ; j'étais prêt. Le chant de la terre et des eaux avait alors changé de registre. Chaque mot me disait l'importance du sang. Une bête avait dû être tuée quelque part dans le ciel, derrière moi dans mon ombre, de l'autre côté de l'air, tout près de moi, et tout ce que je reniflais avait le goût fade de la boucherie avec ses moutons aux ventres ouverts. Les nuages étaient blessés, les collines assommées, le dos mort, la tête basse ; la vie n'avait plus son sol de sable ailé tout en ressort et en danse ; il me fallait tirer mes pieds à chaque pas d'une boue lourde, chaude, mais qui me saoulait comme l'odeur des marécages et du printemps.

Les derniers temps de notre séjour à la colline, les brebis aussi avaient eu une odeur pour moi. Je me levais parfois au milieu de la nuit. L'homme noir dormait. Sans lanterne j'allais aux brebis couchées. Je m'agenouillais près d'elles, je les sentais. Je reniflais au ras de la laine comme on renifle une motte de terre pour savoir si, au labour, on a bien mis tout l'engrais, le salé et le pas salé. Dessous la laine, il y avait l'odeur de la bête. Il fallait attendre un moment pour avoir cette odeur de bête toute pure. Entre mes mains, la brebis tremblait doucement comme du mortier bien mouillé, prêt à bâtir. La brebis désirait le bélier en dormant et, tout d'un coup, l'odeur de la bête entrait en moi. Je voyais les femmes du village : Aurélie chargeant le sac du berger, celles qui passaient sur la route, celles qui se penchaient sur le lavoir, celles qui portaient les cruches en tendant le bras gauche, celles qui se frottaient les seins sous le corsage, celles qui se serraient la taille des deux mains, les filles qui revenaient du bal en s'arrangeant les cheveux et en époussetant leurs jupes, Rachel qui laissait un peu de ses lèvres sur les verres où elle buvait le lait ; Anne.

— Anne !

La brebis dormait en tremblant. À côté, il y avait d'autres brebis, puis d'autres encore, dans l'herbe dure, et je les entendais respirer. Puis, il y avait toutes ces femmes et, parfois, le visage de la fille au musc, le bout de ses doigts quand elle arrangeait ma cravate, Antonine qui cachait son odeur de brebis sous un parfum de violettes, les deux Louisa, puis encore des brebis, puis des cavales, des vaches, des truies, des femmes qui passaient sur des charrettes au galop, des filles sur des tas de foin, Anne avec ses lèvres éclairées comme des vers luisants ; des colombes hérissées haletaient sur le rebord des pigeonniers, des laies, des renardes, des chiennes, des juments, de gros morceaux entiers de bals avec la musique, les filles, les mères, les enfants, tout ça mélangé, tout ça pétri comme un mortier de même pâte, tout ça allongé comme un grand serpent, tout ça entortillé comme un grand serpent qui rêve en faisant ses œufs.

Mais, j'entendais craquer les genoux de la brebis et elle s'arrachait de mes mains. Je revenais me plier dans mon caban, près de la lanterne. J'avais de la laine dans les mains.

C'était une grande tristesse.

Cette dernière semaine fut sombre et longue. Tous les matins, le jour frappait sur un grand ciel dur. Je l'entendais sonner et couler en froissant les grands peupliers dorés. Il n'y avait plus de couleur, sauf aux arbres dont les feuilles mouraient. Les matins étaient clairs comme de l'eau et le soleil dormait encore à plein sur nous tout le jour. Les soirs, des nuages faisaient la vendange dans les vallons creusés en cuveau. Dans le village, les coups des pressoirs étaient lourds et sourds.

Je n'avais plus revu Anne. Je la guettais d'un mûrier qui était près de sa maison. Je montais dans l'arbre. Avec Anne tout se passait dans les arbres, au-dessus de la terre, sur le balancement des branches, dans les pays du vent et des nuages. D'entre les feuilles, je guettais sa fenêtre. Je me fatiguais à attendre. Elle ne sortait pas. Elle n'était pas là-bas dedans. J'allais au verger, j'appelais, je cherchais, je me prenais à haleter comme un chien qui court la piste, je regardais l'herbe pour trouver le signe luisant de sa marche sur la luzerne ou le trèfle. Elle était sûrement au verger. Des fois j'entendais comme un mot de cette grande chanson qu'elle chantait toujours en elle-même et qu'aux beaux moments de calme et de bonheur elle laissait échapper en bulles de ses lèvres. J'allais vers le bruit, j'appelais, j'avais grand besoin d'adoucir la tristesse de mon cœur, cette tristesse à goût de soif qui brûlait mon corps pour avoir regardé le grand serpent né de l'odeur des brebis. J'avais grand besoin des yeux de lait, des cheveux noirs, du calme visage immobile d'Anne sans odeur, de la petite fille froide, muette, de la dormeuse aux yeux ouverts, perchée dans les arbres comme un fruit.

— Qu'est-ce qu'il a, ce petit ? disait Mme Massot, regarde-le.

Massot me regardait.

— Il était bien, disait-elle, il avait pris de bonnes joues. Il avait de la couleur et maintenant que son père va venir le chercher, regarde-le, il passe.

— Il grandit, disait Massot.

Elle allait chercher son vin d'écorces amères. Elle m'en versait dans les petites tasses à café. Elle me réveillait l'appétit avec des fougasses à l'anchois, des sauces où elle pilait de l'ail et des échalotes sauvages, elle me frottait la tête à l'alcool. Elle me disait :

— Va au soleil, mon pigeon.

Et elle me regardait partir en soupirant.

La fureur d'exister éternellement qui avait donné odeur aux brebis et faisait battre les béliers me dévorait aussi.

— Anne !

Je ne dormais plus. J'écoutais le temps qui glissait dans la nuit.

Il m'était venu une sorte de visage pointu et lunaire, un masque gris de sable et de plâtre, une peau morte. Mes joues froides avaient fondu, mon nez s'était aminci, il ne restait plus qu'une goutte de chair autour des narines, une goutte de chair toute molle et que je sentais se gonfler et bouger chaque fois que je reniflais. Il n'y avait pas de miroir chez Massot, mais j'avais appris depuis quelques jours à me regarder dans l'envers des vitres aux fenêtres. Je regardais mon visage étranger, extasié et triste. Je passais mes doigts sur mes sourcils gonflés et tout feuillus ; je touchais la peau violette sous mes yeux. Mon regard venait de plus loin que moi. Il avait perdu sa couleur bleue, sa clarté, sa fraîcheur. Il était maintenant comme une herbe épaisse et humide. Ma bouche était toute gonflée et j'avais beau serrer les lèvres, elles se partageaient toujours en deux petites cornes de viande crue.

Le dimanche matin, Rachel et le baron arrivèrent à cheval pour la messe. M. d'Arboise frappa dans ses mains et le cafetier arriva avec un verre, la bouteille d'absinthe et la carafe. Le baron but quatre fois coup sur coup ; il lécha ses moustaches et il descendit de cheval. Il s'assit sur l'escalier de l'église, retira ses bottes, ses chaussettes et il entra à la messe pieds nus. Rachel attacha les chevaux à la barre du lavoir ; elle épousseta sa jupe avec sa cravache ; du dehors elle regarda un moment la messe qui brûlait là-bas dedans puis elle s'en alla du côté des aires en faisant craquer ses petites bottes en cuir de Russie.

Je n'avais pas effacé la trace de ses lèvres sur le verre où elle avait bu le lait.

— Tiens, me dit l'homme noir, lave ton verre.

Il était en train de mettre de l'ordre dans notre musette. Il devait repartir tout seul le soir même avec une troupe d'agneaux que Massot voulait habituer à l'herbe dure.

J'allais à l'évier et je fis semblant.

— Lave-le bien, dit l'homme noir, je te regarde.

Je frottai la tache rouge. Ça me fit mal entre les doigts. Je mis le verre à sa place, sur l'étagère avec les autres. Rachel avait tourné le coin de la rue. Je ne verrais plus Anne, mon père allait arriver.

— Voilà, dit l'homme noir, viens voir : mon couteau, celui qui a le tire-bouchon et l'ouvre-boîte. Du fil et des aiguilles, mon livre, le litre, deux pains, l'oignon, le pot de miel, l'alène et le ligneul, l'arnica, la viande et la saucisse ; mon manteau et le bâton...

Il me regarda.

— C'est tout, dit-il, tu vois, il y en a assez pour vivre.

Mon père arriva sur les deux heures de l'après-midi, au beau milieu du soleil. Il était venu à pied. Il avait quelque chose de changé. Je ne l'avais jamais vu rouge et suant sous sa barbe blanche. Il avait retroussé ses manches de chemise sur ses bras blêmes. Il n'entra pas tout de suite dans le frais de la cuisine mais il resta à se sécher sur le seuil de la porte.

Quand il entra, il était redevenu mon bon père aux yeux jaunes. Il tira son peigne, il se peigna la barbe ;

il passait le dos de la main gauche sous sa barbe et il la débrouillait à petits coups de peigne. Elle moussait comme de l'écume de savon.

Il me regarda sans surprise.

— Il tourne à l'homme, dit-il seulement. Sa mère en fera dommage mais, moi, je suis content que ça se soit fait comme ça.

Il ne fallait plus compter sur Rachel. Je l'avais vue enjamber son cheval et galoper vers les Conches. Il ne fallait plus compter sur Anne ; le jour finissait, elle devait être sur le figuier perdu en train de jouer avec son silence.

Il fallait partir.

Mon père marcha sans parler jusqu'aux collines. Je le suivais. Je me retournais de temps en temps pour regarder Corbières. Le village était en bas dessous comme les cendres ramassées d'un grand feu. C'était blanc et ça fumait encore un peu par-ci, par-là. De longs vols d'hirondelles flottaient comme des brins d'herbe dans le ciel.

En débouchant sur le chemin des Isnards, au moment où tout le pays s'étendit devant nous, depuis les plateaux jusqu'à la rivière, mon père parla :

— Fiston, dit-il, regarde. Si on avait gros de foi comme une moulure de poivre, il ne faudrait dire qu'un mot et puis, toutes ces collines se dresseraient comme des moutons et marcheraient en troupeau devant nous jusqu'à la mer.

» Il y a bien longtemps que j'ai envie de te parler et que je rumine tout seul, là-haut à mon atelier.

» Voilà que, peut-être, tu vas devenir mon compagnon. Qu'est-ce que tu en dis ?

» Je profite de ce que le chemin descend pour te dire d'abord ce qui est l'abord de tout. C'est un peu pressé, hé, fiston ? Mais, je te vois prêt à entendre ça et je crois qu'il faut te parler tout de suite. Si je te disais : « Ouvre le buisson et prends le poisson qui chante sur la branche », tu te dirais : mon père est devenu fou ; les poissons ne font pas des nids dans l'aubépine. Il y a une chose plus extraordinaire que ça. Et cependant ça existe : l'espérance.

» Tu vois, fils, la terre et tout, et tu verras notre rue. Il t'a poussé des yeux neufs. Ne t'inquiète pas si c'est tout un peu autour de toi comme sous de la poussière de charbon. L'extraordinaire, le poisson dans l'aubépine ça existe : l'espérance. Car, tout compte fait, si on se fie à ce qu'on voit, à ce qu'on entend, on n'a pas beaucoup de raison d'espérer. Méfie-toi de la raison. C'est avec ça qu'on en arrive à se passer la corde autour du cou.

» Tu vois, ce que je te disais tout à l'heure, des collines. Si tu t'asseyais dans l'herbe et si tu te mettais à crier : « Collines, collines, venez, moutons-collines et suivez-moi jusqu'à la mer. » Moi, ton père, je te dirais : « Bravo, fiston, patience, ça réussit pas du premier coup, mais continue. Et quand les collines se lèveront, viens me chercher. » Et, un jour, les collines se lèveraient et se mettraient en marche. Avec la raison, on n'arrive pas à grand-chose. On réussirait peut-être à faire une fausse montagne mécanique, avec un bouton secret, et, en appuyant sur le bouton, la montagne se mettrait à marcher. C'est possible avec de la raison. Mais si toi tu venais alors et si tu disais : « Je vais planter des arbres sur cette montagne qui marche », on crierait vers toi : « Ne touchez rien, vous allez détraquer le mécanisme. »

» Avec l'espérance, on arrive à tout. Et les montagnes qu'on fait lever sont de bonnes montagnes en chair et en os et les arbres y sont chez eux, et les sources y dorment dans des lits de granit propres comme des pièces d'or. Et la force qui les fait marcher n'est pas une force de rouage et de ressorts d'acier.

C'est une force de cœur. Ça ne se détraque plus une fois parti.

» Fils, s'il t'est donné de vivre, tu rencontreras sur ta route des hommes qui sont suivis par des troupeaux de montagnes. Des hommes qui arrivent dans des pays, nus et crus. On remarque à peine que leurs mains ouvertes éclairent l'ombre comme des veilleuses. Quand on le remarque. Et voilà que les montagnes se lèvent et marchent à leur suite. Et voilà que tous les mécaniciens de raison tapent du poing sur leurs tables. Voilà qu'ils crient : « Il y a dix ans que je cherche des formules, dix ans que je noircis du papier, dix ans que j'use des arithmétiques. Dix ans que je cherche le bouton secret. Et celui-là est arrivé et il a dit tout simplement : "Montagne" et puis la montagne s'est dressée. Où est la justice ? »

» Elle est là, fiston, la justice.

» L'espérance...

À ce moment-là, il se mit à tousser et il eut juste le temps de s'appuyer à un arbre. Il se laissa glisser jusqu'à l'herbe et il resta un bon moment à haleter comme un chien fatigué. Je n'osais rien dire, ni le toucher. Je compris qu'il était très malade et qu'il gardait ça pour lui, que c'était son affaire personnelle où nous n'avions pas droit, ni ma mère, ni moi. Il me regardait pour voir si je comprenais ça. Je comprenais.

— Je me fais vieux, dit-il.

Mon père n'avait plus de cages d'oiseaux. Le rossignol s'était tué. Il s'était usé l'os du crâne contre les barreaux, puis, quand il n'eut plus qu'une petite pellicule d'os (et dessous on voyait battre la cervelle) il attendit le soir. Il regarda la lampe allumée, il ouvrit ses ailes comme pour un grand vol et il frappa sauvagement de la tête contre son perchoir.

Après ça, mon père ouvrit la cage aux pinsons. Ils s'envolèrent. C'était encore à peu près l'été à ce moment-là. Mais, aux premiers froids de septembre, il vit revenir ce petit pinson rosé qu'il avait appelé « Garibaldi ». Garibaldi se promena sur l'appui de la fenêtre. Il regardait dans l'atelier. Enfin, il vola dedans et vint se percher sur sa cage. Comme mon père se dressait pour le prendre dans ses mains, il s'envola.

Il y eut un gros orage dans la nuit, un orage froid fait avec les premières glaces des montagnes.

Mon père avait enlevé toutes les cages de son atelier. Il n'avait gardé que les deux, celle du rossignol, celle de Garibaldi.

— Tu vois, me dit-il, il s'était posé là.

Il touchait les petits barreaux de fer. Devant celle du rossignol, il passait sans la regarder.

La cour aux moutons avait vieilli. Je crois qu'elle avait perdu toute sa jeunesse en perdant la fille au musc et la petite de l'acrobate. La fille au musc chantait quelquefois, et puis il y avait les serviettes blanches étendues devant la fenêtre. Ce blanc donnait du courage à la cour ; on sentait que là-bas il y avait l'esprit, que ça pouvait passer toutes les nuits avec de la lumière, mais que ça se mettait nu dans le matin pour se laver. Il y avait de l'esprit aussi chez l'acrobate avec cette petite fille qui ne parlait jamais, qui ne riait pas, qui ne pleurait pas, qui regardait seulement la cour grise. Elle avait l'air d'en savoir plus long que tout le monde.

La Mexicaine chantait toujours : « Couvre-moi, couvre-moi que j'ai froid... » Mais, maintenant, on l'entendait parfois parler avec un homme en mexicain.

Ça n'était pas la voix de son mari. Son mari avait une petite voix jaunâtre comme du lait de hareng. C'était sa voix bien à lui. Il était grand et maigre, sec, brûlé jusqu'à l'os. Sa peau était noire de soleil, avec des reflets d'or à mesure qu'il se tournait. Toute sa tête était comme aplatie dans le pli de son grand nez.

La voix d'homme qui donnait la réplique à la Mexicaine roulait, souple et douce, et, au bout de chaque phrase, il y avait un mot qui sonnait sourd comme une bille qui touche le bord du billard. La femme ne répondait pas tout de suite après. On sentait que, pendant ce petit silence, le dernier mot faisait une course muette dans la femme suivant un chemin que l'homme avait calculé.

En les écoutant, j'avais tout de suite pensé au jeu de billard. La voix coulait avec le bruit de la bille d'os roulant sur le feutre. Elle n'avait rien d'âpre, ni d'aigre, ni de pointu. C'était tout rondeur, et feutre, et glissement. Mais, dès qu'elle commençait, on sentait qu'elle partait pour toucher quelque chose, qu'elle s'en allait du côté opposé mais qu'on allait entendre le coup sourd du dernier mot.

Et après !...

La Mexicaine avait la voix d'un petit fauve du sous-bois, une de ces bêtes inquiètes et toujours aplaties et qui, avant de mourir, déchirent la main du chasseur.

Le mari travaillait aux carrières. Il partait tard dans la matinée. Dès que la Mexicaine était seule, elle ouvrait la fenêtre, elle faisait prendre l'air à son matelas. Puis elle rentrait le matelas et on l'entendait faire son lit. C'est au bout d'un moment qu'elle commençait à chanter, d'abord doucement :

« Tapa mé, tapa mé, couvre-moi, couvre-moi » puis, de plus en plus fort, puis en roulant du tambour à pleins pieds nus sur son parquet, puis en tapant de son poing sur la table, puis en criant : « Tapa mé, tapa mé » avec un rugissement roux de sa petite gorge de chatte.

Tout d'un coup elle s'arrêtait. On entendait que quelqu'un venait d'entrer et fermait la porte. Et la voix commençait à parler.

Dans la rue, le petit bar « Au tonneau » avait changé de propriétaire. Du temps où la fille au musc venait regarder à travers les vitres, le « Tonneau » était tenu par une vieille femme : la mère Montagnier. Elle était partie. Pas bien loin. Elle avait loué une chambre dans la maison mais elle avait vendu le café. On disait qu'elle avait fait un héritage. Antonine qui savait tout raconta qu'un soir l'omnibus de la gare s'était arrêté devant le café et il était descendu une dame.

— Elle avait, dit-elle, le corselet serré et des brandebourgs partout, un col blanc tout mousseux qui coulait devant elle et moussait autour de son cou comme si ses seins pissaient du lait à force...

— Tais-toi, dit ma mère, tu lui racontes des histoires.

— Regardez-le, dit Antonine, il rougit.

— C'est toi, dit ma mère, avec tes mots.

Antonine me cligna de l'œil.

— Vous voulez le garder dans une boîte alors ?

Et elle me fit signe qu'elle allait au charbon. Je sortis dans la rue et je rentrai par la porte du couloir. Je trouvai Antonine qui m'attendait en faisant exprès du bruit avec la pelle.

— Oui, dit-elle, une dame et un col tout blanc, je te l'ai dit. Une grande jupe, et, dessous, des petits souliers pointus comme des museaux de rat. Elle a fait descendre un petit garçon. Elle avait une grande ombrelle. C'est depuis que la mère Montagnier a vendu le café. Elle reste en haut sous les toits avec le petit. La dame est repartie. Et alors, tu sais, dit-elle, celui-là qui tient le « Tonneau » maintenant, si tu veux que je te le dise, eh bien, c'est un homme, ah ! oui, c'est un homme. Tu verras !

C'était un homme lent et grand qui ne parlait jamais. Il avait de larges épaules, une taille étroite et il s'ajustait là-dessus de petits vestons bien serrés, ouverts en cœur sur son ventre plat et toujours boutonnés d'un bouton. Il portait des pantalons à sous-pied en damier noir et blanc. Ses souliers étaient cirés jusque sur le bord de la semelle et l'épaisseur du talon luisait comme la tige. Les poignets de ses chemises blanches dépassaient sa veste. Il avait trois bagues à la main gauche. Mais, au-dessus de son col bas et mou cravaté d'un foulard tout noir où courait la longue tige d'or d'une fleur rouge s'élargissait un immense visage de sable nu. Le nez était à peine marqué comme une vieille dune toute usée ; le reste du visage était un désert plat, mort, où, par places, coulait en courbes molles l'étreinte d'un étrange vent. Au lit de la bouche, l'eau n'avait dû passer qu'une fois ou deux. Les paupières étaient toujours baissées.

Il s'appelait Gonzalès. Malgré octobre qui, sous ses nuages bas, traînait de la suie froide à pleine rue, il ouvrait sa porte, il se carrait tout debout dans son seuil et, les mains aux poches, le petit doigt sorti pour faire luire sa grosse bague bleue, il se faisait caresser par l'automne. Il ne regardait pas. Ses paupières couvraient l'œil jusqu'à moitié, et, après, descendaient de longs cils noirs. Il reniflait seulement. On ne pouvait pas savoir s'il goûtait le vent froid de sa propre volonté ou bien si ce mouvement de la narine, ce gonflement des bords du nez, ce léger frisson qui coulait dans ces joues de sable n'étaient que le pas du vent dans le désert.

Au bout d'un moment un autre visage venait regarder le froid. Il apparaissait à côté de Gonzalès, à la hauteur de ses hanches. On ne savait pas si c'était un visage de petite fille ou de femme, mais, chaque fois que je le voyais, l'odeur des brebis, la terrible odeur me coulait dans la bouche comme une soupe au vin. Si je revenais à la maison, Antonine regardait mes yeux.

— Voilà, disait-elle, qu'il n'a plus ses yeux d'innocence, mais qu'il fait ses yeux verts comme des orties.

Ce deuxième visage était vivant comme une grosse bête chaude. De longs yeux minces tirés vers les tempes, pas de joues, deux bons os ronds sous les yeux, une bouche comme une feuille de laurier, une peau d'argile, des cheveux raides, longs et plats ruisselants d'huile.

— La Peau-Rouge, disait Antonine. Il l'a ramenée des Amériques.

Antonine savait beaucoup de choses sur Gonzalès. À ce moment-là, je ne pouvais pas savoir où elle allait chercher toutes ces histoires, ni pourquoi elle était toute humide en me parlant de cet homme, mais j'allais souvent avec elle dans la resserre au charbon.

Il avait tenu une boutique de parfum dans une ville perdue sur les plateaux du Mexique, derrière Guadalajara. Il avait acheté des barres d'argent à trois révolutionnaires à cheval. Ils avaient frappé de la botte à sa porte et il était sorti dans la nuit, et il avait acheté les barres d'argent. Il fallait être quelqu'un pour faire ça. Il avait été fusillé. Il avait trois petits trous dans la poitrine, juste dessous le cœur et, dans le dos, un gros restant de plaie. Son père, un ancien gendarme français, avait été général pendant deux mois, puis on l'avait pendu. Dans sa grosse malle, à sa chambre — et il ne veut jamais laisser regarder dans sa malle, et la clef de la malle il la garde attachée à sa giletière, à côté d'une dent de requin — dans sa grosse malle il gardait des plantes sèches, des pierres de toutes les couleurs et, pliée dans trois vieux journaux bien épais, la tête de son père, pas plus grosse que le poing, avec les cheveux vrais, les moustaches vraies, la peau vraie, les yeux vrais, son air gendarme ; tout ça à ne pas y croire et pas plus gros que le poing.

— Ça sent la morue, dans cette malle, disait Antonine. On ne sait si ça vient des plantes, des pierres, ou de cette tête toute sèche. Ça sent la morue.

Pour moi, plein de mon village des champs, bruissant d'oiseaux, de brebis et d'odyssée je me disais :

— Elle croit que ça sent la morue, mais ça doit sentir la mer.

La mer et le Mexique. Le feu roux dont on avait barbouillé la terre mexicaine dans mon grand atlas. Cette molle épaule d'océan bleu qui frappait dans les Amériques, au plus mince et au plus faible endroit, sur cette terre déchirée par les volcans et par de grands dieux de pierre hérissés de dents et de griffes, comme des blocs de quartz.

Chaque fois que j'ouvrais mon atlas je sentais cette odeur de morue, et la tête racornie du gendarme flottait sur les eaux bleues des mers comme une île ; ses grands cheveux, ses moustaches, sa barbe s'épanouissaient en rayons de méduse autour d'elle.

J'entendais de petites villes espagnoles faire claquer les persiennes, sur le matin des golfes tout enfarinés d'embruns et de pollen de palmiers.

Le pas des lourdes « tzia négresses » tournait autour des fontaines dans les cours où clapotait l'ombre.

De vieilles Mexicaines aux jambes éléphantes portaient des couffes de citrons sur leurs cheveux en coussins.

Des demoiselles au visage d'olive couraient vers le bain de mer avec des poneys, de petits ânes, des chiens-loups, des chats épais, pendant que sonnaient les sourdes sirènes des bateaux partant vers les îles.

Il y avait de grands moments silencieux...

C'étaient les moments de midi. Je montais au grenier. Octobre avait encore, entre deux coups de vent, de grandes journées dorées. Le soleil ne laissait un peu d'ombre que sur le mur de la dame aux yeux verts. Elle souriait du sourire paisible et savant de celles qui sont au bout du chemin et attendent. À mon retour de Corbières, je l'avais trouvée toujours pareille, avec cette lumière étroite à la bouche et à l'œil. Elle avait dû sourire silencieusement, tout le temps qu'elle était restée seule. Elle savait.

Le jour était épais et lourd. Des colombes chantaient sur les toits. Elles avaient une petite voix de sang et de désir. C'était l'heure sauvage où la Mexicaine appelait : « Couvre-moi, couvre-moi » et elle frappait son appel sur le sombre tambour de la table, et toute la maison là-bas tremblait sous ce trépignement régulier. On aurait dit qu'elle foulait une terre à bâtir. Longtemps, longtemps, longtemps. Puis elle se taisait. J'entendais sa porte s'ouvrir, je plaquais mon atlas par terre, dans le soleil ; il s'ouvrait tout seul sur la page d'Asie. Le pays au-delà du Mexique !

C'était une vaste terre chaude et épaisse comme une couverture de malade, toute morte de maladie et de fièvre.

— *Couvre-moi, couvre-moi, que j'ai froid !*

Des fleuves lourds suaient dans les plaines et les arbres. Au milieu, s'étendait un immense pays de montagnes et de plateaux ; des steppes sans herbes, des déserts qui avaient bu le déluge, des fronts terribles, des bouches sans salive et qui n'étaient plus que des traces sèches et muettes, des fleuves morts dans de vastes déserts gris.

Gonzalès !

Gonzalès vêtu de jungles et de marais. Gonzalès plein de tigres sous sa veste bien ajustée. Gonzalès qui gardait dans son visage de steppe morte les vieilles graines des anciens arbres dévorants.

Dans cette image de l'Asie, je voyais le patron du « Tonneau » avec son silence, sa force, et son épouvantable séduction de montagne.

Couvre-moi, couvre-moi, que j'ai froid.
Rien que la couverture de ta mule, si tu veux.
Le caban de ta mule.
Couvre-moi, couvre-moi, que je sente un peu de chaleur.

Là-bas, la voix de feutre faisait doucement son jeu précis. On l'entendait rouler et frapper les bords souples de la femme.

Soudain, ce jour-là, après un moment de silence, la Mexicaine se mit à gémir.

Ce fut un gémissement doux, triste, comme la parole des colombes, mais plus mesuré que le balancement de la mer, et il prit tant d'élan dans sa tristesse et sa douceur, tant d'élan, qu'il monta en cri de bête à sa proie. Il finit dans des hoquets de rire si aigre que, frémissant des narines et étouffé de l'odeur des brebis mûres, je fermai l'atlas.

Frappe-moi les yeux avec ton fouet,
Pousse-moi sur les chemins de la montagne.
Mais couvre-moi, couvre-moi que j'ai froid.
Couvre-moi de toi, plus doux que la madone.

Un soir, j'entendis qu'Antonine pleurait dans la resserre au charbon.

— Tonine !

Et, dans l'ombre, je passai ma main sur le bon visage mou couvert de cheveux mouillés :

— Cette femme, dit-elle, cette femme de son pays !...

Dimanche. Quand il pleuvait, il faisait nuit dès quatre heures. On mettait alors un grand tapis sur la table à repassage et on allumait la lampe. Mon père faisait sa toilette au chaud. Il se passait une chemise bien empesée, il se faisait nouer sa petite cravate de ruban noir, puis il disait :

— Pauline, donne-moi vingt sous.

Et il allait au café.

Nous avions toujours un bouilli de bœuf pour le soir. Ça se cuisait seul, ça donnait de l'aise à ma mère. Elle s'asseyait sous la lampe et elle épelait à voix basse le feuilleton du journal. L'ombre de sa tête la gênait et elle balançait la tête de droite et de gauche pour donner lumière aux petites lignes imprimées serrées. Des fois, elle regardait par-dessus ses lorgnons, vers la porte, vers les murs et elle disait lentement quelques mots à grosse moelle :

— La marquise embrasse son amant... La croix de sa mère !...

La porte du « Tonneau » s'ouvrit. Chaque fois, elle faisait sonner une grappe de grelots. Gonzalès aimait bien être prévenu quand quelqu'un entrait chez lui.

Cette fois, c'était lui qui sortait. C'était bien sa manière. Il n'avait fait sonner que le petit grelot clair. Son café avait l'air, cependant, d'être plein de monde. J'avais entendu la grosse voix du marchand de lunettes. Il chantait là-bas dedans. Gonzalès venait de sortir. Il avait dû mettre la petite Peau-Rouge au comptoir. J'entendis marcher sous la pluie et la pluie tomber sur une veste de cuir.

— Pauline, tu es là ?

Notre porte s'était entrebâillée. C'était Césarie.

— Oui, dit ma mère. Alors, ces vêpres ?

— Il a été long, dit Césarie en entrant. Il n'en finissait plus de son sermon. Il ne savait pas ce qu'il disait.

Elle mit son parapluie au coin de la porte. Elle resta debout. Elle passa sa petite main toute ridée sur son front.

— Assieds-toi, dit ma mère. Et alors, ta sœur ?

— Je suis venue pour l'attendre.

Elle avait dû courir. Ses cheveux blancs coulaient de sa coiffe.

— Il vient de sortir, dit Césarie, maintenant il est avec elle.

Ma mère plia son journal.

— Et tu restes là ? dit-elle.

— Qu'est-ce que tu veux que je fasse ?

Césarie caressait ses genoux.

— Moi, dit ma mère, j'irais les trouver. Je dirais : « Bonsoir. » Je ne le regarderais même pas, lui. Je prendrais Clara par le bras et je lui dirais :« Allez, rentre à la maison. » Et s'il me disait quelque chose, lui, je lui dirais : « Vous n'avez pas honte ? »

— Il n'a pas honte, dit Césarie.

— Enfin, c'est depuis quand ? dit ma mère.

— Trois jours.

— Et alors ? Il pleut, où sont-ils ?

— À l'étable d'Arnaud, dit Césarie. C'est toujours ouvert. Il faut seulement pousser la porte et dedans c'est plein de foin.

J'avais revu Décidément et Madame-la-Reine. Décidément avait grossi et bleui. Il était comme tout alimenté par un ciel intérieur et la peau était colorée d'un sang lourd, orageux, lent comme de la boue. Sa pensée allait bien plus vite que sa vie ; elle partait en avant et elle le laissait immobile, sans regards et sans gestes, abandonné sur la terre avec sa couleur de mauvais nuage. Puis elle revenait :

— Alors ? disait-il.

Il avait l'air de demander :

— Qu'est-ce qu'il s'est passé ici-bas depuis mon départ ?

Je rencontrai Madame-la-Reine au coin de la rue.

— Venez, me dit-il.

Arrivé près de sa porte il écouta dans l'escalier.

— Non, personne, montons.

Il était de plus en plus craquant, mais maintenant il faisait un bruit nouveau. Son genou droit grinçait comme du cuir sec.

Il me fit entrer, il tira le tapis, il s'assit avec moi sur le tapis.

— Écoutez, dit-il.

Il prit sa flûte et il joua lentement dans l'ombre une longue phrase pleine de vents doux. Les nuages couraient à travers les collines comme des chevaux échappés.

— Pas plus, dit-il, il pourrait venir. Et je me suis dépêché de vous le jouer. La fin est écrite encore plus liquide.

Il fit un signe de tête vers la paillasse vide de Décidément.

— C'est lui qui a fait ça. Il ne faut pas qu'il nous trouve ici, dit-il, il saurait que je vous l'ai joué. Où allez-vous maintenant ?

Il était six heures du soir. Je dis que je pouvais aller avec lui pour une heure.

— Venez, alors.

— Où ? demandai-je en descendant l'escalier.

— Au « Tonneau », dit Madame-la-Reine.

Décidément était là. Il appuyait sa tête au plein de ses mains. Il nous regarda approcher. Son regard marchait avec nous. Il avait l'air d'être sur terre.

Madame-la-Reine lui toucha l'épaule.

— Comment ça va, vieux ?

— Bien.

— Tu as bu ton marc ?

— Oui.

— Le ventre ?

— Mieux.

Décidément me regardait de ses yeux laiteux. Malgré tout, il me sembla qu'il voyait vraiment mon visage et son changement : mes épaules élargies mais plus grêles, et le mince de mes poignets, ce désespoir fleuri qui mangeait lentement les branchages de mon sang.

— Tu as grandi, dit-il.

C'est la première fois qu'il me tutoyait. Il lui était venu à lui une voix pleine de surprise. C'était sa voix d'avant mais plus mâle, avec une gravité de caverne, un son montagnard, un ton âpre comme le vent sur les plateaux. Il se tourna vers Madame-la-Reine.

— T'as vu, dit-il en me désignant, il a fait plus d'os que de graisse.

Il y avait beaucoup de bruit dans le café. J'entendais mal ce que disait Décidément. On jouait à la mora et le marchand de lunettes criait son :

— Quatre ! comme une scie à marbre.

Madame-la-Reine se pencha sur la table.

— Tu vas mieux, dit-il, tu vas mieux, dis ?

— Oui, dit Décidément, mais il y a trop de bruit ici, sortons.

Dehors, il tourna le coin de la rue, puis il s'assit sur le trottoir. On voyait qu'il respirait péniblement. Il y avait sûrement une grande séparation entre sa pensée et le travail physique de son corps.

— Va préparer le lit, dit-il à Madame-la-Reine. Je reste ici avec le petit.

Madame-la-Reine le regarda. Il se frottait doucement les mains ; mais, comme les fois où il touchait aux choses délicates, ses mains ne craquaient pas. Il s'en alla sans faire de bruit.

— Ça ne te gêne pas que je te dise « petit », me dit-il.

— Non, Source.

Je l'avais appelé « Source » un soir de l'hiver d'avant où il m'avait joué *L'Horloge* de Haydn, et depuis, c'était le mot des moments tendres, quand j'avais envie de l'aider doucement.

Il resta un moment à souffler.

— Tu vois, dit-il, moi, c'est comme une grande foire autour d'un fleuve.

— Quoi, Source ?

— La vie, petit.

» Tu vois, c'est plein de baraques et de loteries où on vend des poules, et de tirs à l'œuf, et de roues qui font gagner, des pigeons et des feux où on fait frire les beignets. C'est blanc de baraques de chaque côté de moi. D'un côté ça va au bal. Il y a des hommes qui marchent en faisant le petit pas pour s'accorder avec la fille qu'ils ont prise par le bras. On achète des berlingots. On dit : « Attends, tu vas voir. » Elle attend. Toi, tu prends un fusil, tu donnes cinq sous. On te met une petite balle de plomb dans le fusil. Tu tires, tu casses l'œuf. « T'as vu ? » Elle rit, et puis, c'est elle qui met la première sa main sur ton bras. Oh ! C'est pas tout là ! Tu peux pas savoir tout ce qu'il y a dans une foire autour du fleuve.

Il s'arrêta pour souffler. Il releva le col de sa veste.

— Vous avez froid ?

— Non. C'est facile, tu sais, de casser l'œuf. Tu tires pas de loin. Mais, ça fait bien l'œuf qui tombe. Ça montre l'adresse. Un petit peu d'adresse. On est libre de croire sur ça qu'on a beaucoup d'adresse. On essaie jamais que sur des œufs à cinq pas et ça réussit tous les coups. Et on dit : « Celui-là, comme il est fort ! »

Il frissonnait.

— Vous devriez vous dresser, Source, dis-je. Nous irions à la maison.

— Ça va bien plus mal que ça, dit-il. Ça fait longtemps qu'on ne s'est plus vu et les choses ont marché. Je ne peux plus me dresser seul, petit. Il faut attendre la Reine. Il me prendra par le bras.

Il avait l'air de sentir le froid surtout dans son dos. Je mis ma main sur son dos. Je chauffai avec ma main le froid de la veste. Il me regarda longtemps sans rien dire. Quand un endroit était chaud, je changeais ma main de place.

— Et, qu'est-ce que tu veux que je fasse, moi, dit-il sans cesser de me regarder en plein, qu'est-ce que tu veux que je fasse, moi le fleuve, dans cette foire, là sur les bords ? Si je me dresse et si j'y vais avec mes mains d'eau pour tenir le fusil et essayer de casser l'œuf, le marchand va me dire : « Lâche ça, tu vas le faire rouiller. » Et puis, mon doigt d'eau sur la gâchette et mon épaule d'eau sur la crosse. Un fleuve ça sait pas tirer du fusil. J'y vois pas à cinq pas. Tu comprends, petit, moi j'ai visé de loin l'œuf de la mer. L'œuf de la mer qui était par là-bas au fond des montagnes, loin, loin, loin. Je savais qu'il fallait pousser ma tête à travers des épines et des vals de roches. Ça, c'est pas difficile pour le fleuve. Et voilà la foire sur les bords. Tu comprends, petit, viser la mer !

Il se mit à grelotter.

— À cinq pas, dit-il, à cinq pas...

Nous étions seuls dans la rue. J'entendis Madame-la-Reine qui revenait.

— ... viser la mer...

Il lui toucha le front avec cette main muette qu'il avait pour saisir sa flûte.

— Il a la fièvre. Ça lui a repris. Viens, dit-il.

Il le prit par les aisselles. Il le dressa doucement le long de lui. Il faisait plus usage de son cœur que de sa force, et c'est pour cela peut-être qu'il ne craquait plus mais que tout son corps était muet et attentif.

Je voulais l'aider.

— Non, dit Madame-la-Reine, laisse-nous, rentre à ta maison.

La tête de Décidément se posa sur son épaule.

— Viser la mer, tu comprends, petit ?

Ses bras sans force pendaient de chaque côté de lui.

— Viens, frère, dit Madame-la-Reine.

Et il le traîna dans la rue noire.

La pluie a ciré les branches nues des arbres. L'hiver est venu. Les nuits sont mortes. Il n'y a plus d'étoiles, plus de bruit, plus de vent. Rien que le gel. La ville couchée dans la boue a allumé tous ses feux. Elle sue de la fumée par tous ses murs. La fumée suinte entre les tuiles des toits et dort par là-dessus épaisse et lourde. Maintenant, c'est le grand hiver. Il n'y a plus rien que du froid : ni arbres, ni collines, ni chemins, ni ville, ni ciel ; il n'y a plus rien, on ne peut plus penser qu'au froid. Tous les matins, des hommes sortent de la ville et restent là, près de la route à attendre. Ils essaient encore de « gagner ». Des fois, on a besoin d'un coup de main pour relever un cheval, rentrer du bois, porter du charbon, gagner vingt sous. Celui qu'on appelait le marchand de lunettes est mort. Il a parlé toute la nuit. On l'a entendu de l'autre côté de la cloison. Il appelait « les bontés de Dieu », le foie de mouton au four, les sardines farcies, les pommes d'amour, la graisse d'oie.

— La dinde, disait-il, la dinde.

Il est mort avec toute sa faim. Il s'est gelé sur ses tréteaux. Il était tordu. Pour le mettre dans sa caisse, il a fallu forcer sur lui à pleines mains. C'était une caisse de l'hospice, faite d'avance à la commune mesure, et lui, il s'était tordu en mourant faute de mou à sa paillasse et parce qu'il avait de gros muscles pour un mort.

Une fois, on appela mon père du fond de la cour. Il ouvrit la fenêtre :

— Qui est-ce ?

C'était la Mexicaine. Elle voulait faire aiguiser un couteau.

— Sur votre pierre, disait-elle.

— Lancez-le, dit mon père.

Elle lança le couteau vers nous. Elle l'avait entouré d'une serviette blanche.

C'était un gros couteau, large et sensible, un peu courbé dans son bout ; la lame était nerveuse comme une feuille d'iris.

Mon père cracha sur sa pierre puis il se mit à repasser le couteau ; il soigna doucement le fil du bout courbé. Il essaya le pointu sur son pouce.

— Il ne faudrait pas trop appuyer, dit-il.

Il plia le couteau dans la serviette et il le lança à la Mexicaine.

— Méfiez-vous, dit-il, n'appuyez pas, ça entrerait dans un bœuf comme dans de l'eau.

— Le diable est dans mon poing droit, dit-elle.

On travaillait de moins en moins. Il n'y avait plus de travail, ni pour les maçons, ni pour les carriers, ni pour les ferblantiers, ni pour les peintres. Les riches vivaient dans leurs maisons sans sortir. Il y avait eu encore un peu de travail pour les fendeurs de bois. Maintenant, c'était fini. L'hiver grossissait tous les jours.

La mère Montagnier mourut. Elle avait eu le temps, avant de se coucher, d'habiller du dimanche le petit qui vivait avec elle. Il avait une blouse de velours bleu de roi et un grand col de dentelle. Il alla chercher les voisins.

— Venez, dit-il, mamé est malade.

Elle dit doucement, en désignant le petit :

— Monsieur Signières. Puis elle ajouta : ma fille écrira.

Une femme se pencha sur elle :

— Dites le « Notre Père ».

Elle fit « non » avec la tête.

On ne savait pas que la mère Montagnier avait une fille.

— Si, dit ma mère. Elle s'appelait Juliette. Elle est partie, elle avait seize ans. On ne l'avait jamais vue avant. Elle était au couvent à Mane.

On fouilla tout dans la chambre : l'armoire et les tiroirs de la commode. Il n'y avait pas d'adresse. On ne trouva qu'une lettre écrite sur du papier à l'en-tête d'un café de Marseille et qui promettait trente francs par mois pour M. Signières.

Une sœur de l'hospice vint chercher le petit. Il avait dans sa poche une boîte de poudre de riz et une houppette. Il se poudra le visage et il se regarda dans le couvercle de la boîte où il avait une glace.

— Il a bien le geste, disaient les femmes.

Elles faisaient le geste de secouer la houppette avant de se poudrer.

Il s'en alla sur les talons de la sœur, sans regarder personne.

En cherchant l'adresse de la fille, on avait trouvé une guitare dans l'armoire. Il y avait une inscription sur la nacre de la coquille.

« À Juliette pour qu'elle chante. Son Jean S. »

Le maçon prit la guitare et il commença à passer sa main sur les cordes. Il se mit à jouer avec une espèce de fureur concentrée. Les femmes n'osaient plus bouger. Elles étaient touchées au beau milieu d'elles-mêmes, dans le sombre du ventre. Elles sentaient leur faim et leur faiblesse. L'une d'elles s'assit doucement au bord du lit, à côté de la mère Montagnier. Le maçon avait retroussé ses lèvres. On voyait ses dents serrées. Il disait qu'on n'était pas dupe et qu'on connaissait tout l'injuste.

À la fin, les femmes crièrent :

— Va-t'en, maudit. Laisse-nous, il faut qu'on habille la morte.

Et, un dimanche matin, Gonzalès se marie. Il avait payé une dispense. Il voulait se marier le dimanche. Il voulait des cloches. Il voulait de la musique. Il se mariait avec la sœur de Césarie. Césarie qui connaissait bien tout ça était allée trouver la dame des orgues. Gonzalès avait demandé à Madame-la-Reine de venir jouer à sa messe de noce. Décidément était trop malade.

— Vas-y, dit-il, hé, vas-y petit père, je ne suis pas mal.

— Ça fera des sous, dit Madame-la-Reine.

Je demandai comment Gonzalès avait fait pour parler et dire qu'il voulait de la musique de flûte.

— Il ne parle pas, dit Madame-la-Reine, il se fait comprendre.

La nouvelle du mariage de Gonzalès avait fait son train, d'abord dans notre rue, puis dans les petites ruelles de « dessous les cloches » où le « Tonneau » était bien connu. Elle toucha peu à peu toutes les maisons de la ville. Elle avait fait comme les mouches. Elle était entrée par les fenêtres, elle avait mis son petit œuf dans quelque pli du rideau et, tout d'un coup, la nouvelle était là avec ses grandes ailes d'océan, de Mexique et de beaux labours. La sœur de Césarie, la jeune Clara, avait assez de beaux labours dans la plaine et de belles fermes aux coteaux pour intéresser toute la ville. C'était une des plus riches propriétaires de la plaine. En plus de ça, elle avait de la bonne chair dure dans les contours, un visage rond avec de beaux yeux et une prestance si noble que tous les gars de la colline disaient d'elle :

— C'est une jument.

Il faut savoir quel éloge trouble c'était. Dans les fermes des collines les juments ne sont pas grasses et lourdes ; comme on attend d'elles moins gros travail que bonne espérance de poulains, on les laisse galoper dans les hauts campas. Elles galopent, elles jouent tout le jour avec les lanières du soleil. Elles font comme si les rais du soleil étaient des longes de fouet. Elles se reposent à l'ombre, puis, dès que le soleil touche leur peau elles creusent les reins et elles sautent, secouant à pleins naseaux un grand rire plus blanc qu'une mâchée de jonquilles.

Clara était tout à fait cette jument des collines. Elle marchait avec ce mouvement sobre des grandes cuisses pleines de muscles. On voyait tout de suite qu'elle était nue sous ses robes par tous les temps. Elle n'avait pas besoin de corset ; elle n'en mettait pas. Elle n'avait rien à serrer et à soutenir ; c'était serré de naturel, juste ce qu'il fallait, et tout se soutenait de nature. Elle portait dans ses hanches un beau nid d'enfants tout neuf, bien balancé, chaud et propre comme un four de bon boulanger. Mais, elle avait l'œil et le rire des cavales. Elle avait le crâne en coupe-vent comme les juments des collines ; son désir, sa nécessité, sa loi, c'était s'emplir d'un enfant et, comme elle était nue sous la main commandante de la terre, elle galopait dans les campas avec sa bouche affamée. Elle faisait peur aux hommes.

La Mexicaine appela mon père.

— Patron ! Patron cordonnier !

— Qu'est-ce qu'elle veut ? dit mon père.

Il alla ouvrir la fenêtre.

— Qu'est-ce que tu veux ?

— Aiguise mon couteau, patron.

— Tu es encore là avec ton couteau ? Je te l'ai mis fin prêt. Tu veux l'user alors ?

— Non, mais je le veux bien servir.

Elle regardait son couteau blanc. Elle le tenait tout droit devant ses yeux.

— Qu'est-ce que tu veux en faire ? demanda mon père.

— Saigner le cochon.

— Lequel ?

— Le mien.

— Tu as un cochon ?

— Oh ! Vierge de l'air, oui j'en ai un de cochon. Patron cordonnier, dit-elle, toi qui fais le bien, aiguise mon couteau pour que ça entre comme il faut et que je ne fasse pas souffrir le pigeon de mon cœur.

— Allons, donne le couteau, dit mon père.

Elle le plia dans deux serviettes cette fois et elle lança le paquet avec tant d'adresse qu'il entra tout droit dans notre fenêtre.

— Qu'est-ce qu'on peut y faire ? dit mon père en regardant la lame luisante d'huile. Elle l'a graissé comme une baïonnette.

La nouvelle du mariage de Gonzalès avait bien tourné et tournoyé avant de toucher Antonine.

C'était samedi. Elle savait maintenant.

Elle allait chercher son fer avec des jambes lentes ; elle était tout engourdie. Elle restait là devant le poêle à réfléchir, puis elle choisissait un fer et elle revenait à la table de repassage. Elle avait comme un poison dans son sang. Ça l'avait mise d'avance avec les morts où il n'y a plus besoin de bouger. Mais tout son corps luttait encore. Elle essayait de prendre les choses avec sa main. L'œil ne voyait plus les distances du monde. Elle renversait le bol de la pattemouille ou bien elle se brûlait au fer. Elle soupirait de gros soupirs comme les malades qui n'ont plus besoin de se gêner. Le soir, ses joues commencèrent à noircir, cette paralysie du pays des morts descendit au long d'elle. Déjà, elle ne bougeait plus ni ses paupières ni sa bouche ; à peine un peu de souffle aux narines. Les épaules arrêtées, les bras allongés, les jambes dures, elle resta debout, plus raide que du fer.

On lui fit boire du tilleul. Il fallut deux ou trois fois choquer le bord de la tasse contre ses dents. Elle but sans savoir si c'était chaud ou amer ; sa bouche était comme du sable.

— Il faut la mener chez elle, dit ma mère.

Elle nous regarda et elle marcha vers la porte.

Gonzalès avait donné cent francs au sonneur de cloches. Quand il revint de confesse et qu'il entra au « Tonneau » il y avait autour du poêle tous les maçons sans travail et deux ou trois femmes qui auraient étrillé le diable rien que pour la douce joie du feu. Tout ça, sans boire, s'était échauffé à se tripoter toute la sainte journée. On s'était promis de voir la gueule du patron au relâché du curé. Il n'y eut ni rire ni rien. Gonzalès entra, ferma la porte, passa derrière son comptoir, de son pas, de son aise, et il était seul à sourire, d'une grande fente où il n'y avait pas le blanc des dents mais seulement une mauvaise couleur de bouche.

Dès l'angélus de dimanche, le sonneur commença de petites fantaisies. Il fignola son tapé de cloche avec de jolis coups de poignet. Il laissait mollir la corde puis, au milieu du retour, il tirait d'un bon allongé sec jusqu'à terre et alors la cloche faisait trois tours et son gémissement s'en allait en voletant dans le ciel comme un galet plat sur l'eau. À la fin, il coupa deux fois le son en se suspendant à la corde et la grosse cloche — celle qu'on appelait « la Noire » — lâcha deux bulles irisées qui tombèrent lentement dans notre cour en faisant trembler les murs ; puis elles éclatèrent en arrosant la ville d'une petite pluie frémissante et dorée.

C'était le jour.

Il faisait un temps de plein hiver rose et gris, si aigre qu'au plus petit déplié de vent on était griffé à pleine peau. Dès le matin, de longs nuages pointus comme des barques traversèrent le ciel. Rien ne bougeait, sauf cette silencieuse navigation ; elle traînait ses ombres sur la plaine grise ; elle-même à la fin s'arrêta comme au port ; les poupes rousses chassèrent un peu sur le mou de l'air et tout se mit à dormir dans le gel.

Pour annoncer la messe de dix heures, il y eut encore dans la clochade un peu de danses et de rires, et notamment une gambade si folle de la petite cloche que toute l'annonce sourde s'arrêta pour l'écouter.

C'était bien aujourd'hui que Gonzalès allait se marier. Je regardais par la fenêtre. La Mexicaine avait ouvert la sienne malgré le froid. Elle brossait un grand châle. Il était moitié dehors la fenêtre moitié dedans. Ce qui en pendait sur le mur était couvert de gros oiseaux d'or et de fleurs rouges.

Elle chantait « Couvre-moi, couvre-moi que j'ai froid » tout doucement, sans ardeur ; elle grelottait comme une orpheline.

Au fond de la chambre, je vis passer la longue figure jaune et maigre de son mari. Il lui dit deux ou trois mots, elle tira le châle, ferma la fenêtre, et ils commencèrent à se disputer. On la voyait à travers les vitres ;

elle agitait à pleins poings son large châle couvert de fleurs rouges et d'oiseaux.

Pour placer dans sa matinée ce mariage de dimanche, le curé avait un peu tassé la messe de dix heures et reculé celle d'onze heures et demie. Entre les deux, il y avait une petite place, bien le temps de faire jouer les orgues.

En sortant de la première messe, on se dit :

— Mais c'est bien tôt aujourd'hui.

— C'est le mariage de Clara.

— Ah ! mais oui...

Et tout le monde se mit à attendre.

Il y avait toutes les grandes dames avec leurs jaquettes bordées de fourrure, leurs toques et leurs bottes ; les héritières sous les longs cabans de drap marin, le feutre tyrolien perché sur de grosses vagues de cheveux ; les ouvrières des ateliers pimpées de neuf. Enfin, tout ce qui était femme. On restait là, moins pour Gonzalès que pour Clara. Il faisait très froid. On s'arrangea pour entrer chez le tailleur, l'horloger, le marchand de fromage, la modiste ; on se mit par petits paquets dans les boutiques du tour de l'église. Il ne resta sur la place déserte que la petite dame Sophie Meulan, la jeune femme du vieux notaire. Elle était sans chapeau, un beau catogan roux pesait sur sa nuque de lait. Serrée dans un épais manteau de beau renard, elle piétinait doucement dans ses bottes, ondulant des hanches ; son visage, bleu de ses larges yeux cernés, se balançait comme la pointe transparente d'une flamme.

Elle resta un petit peu de temps toute seule, puis on entendit marcher vite dans la rue gelée et la Mexicaine arriva. Elle avait mis sa lourde jupe de drap ; très serrée à la taille et déployée en vingt bouillons autour des chevilles, elle bouillonnait autour de ses pas comme une boue noire des fonds de la mer.

Le museau de ses petits souliers bas riait dessous la jupe. Elle s'était serrée dans son châle d'oiseau. Elle regarda la place vide. Elle vint au bassin de la fontaine ; elle brisa la glace avec son poing. Elle plongea ses mains dans l'eau jusqu'aux poignets. Elle regarda Mme Sophie. Elle vint se mettre à côté d'elle, tout près, à toucher son coude.

— Bonjour madame, dit-elle.

— Bonjour madame, dit Mme Sophie.

— On est ensemble, dit-elle.

— Oui, dit Mme Sophie.

On les regardait de partout. Derrière les vitres des boutiques c'était plein de visages qui regardaient.

Les cloches se mirent à sonner. Cette fois c'était pour Gonzalès tout pur, sans messe et sans rien. Il y avait bien cette messe de mariage mais le sonneur n'y pensait pas. Il pensait à l'homme aux cent francs. Il sonnait pour l'homme aux cent francs, au visage en lune morte, à cette voix feutrée qu'il avait eue pour demander le grand jeu des cloches.

Le carillon finissait, Antonine déboucha doucement de la rue. Elle avait dû rester habillée toute la nuit dans son lit. Elle était devenue maigre comme la mort. Elle avait l'air d'avoir fait brusquement un saut éperdu jusqu'aux lisières des sombres forêts. Elle vit Mme Sophie et la Mexicaine ; elle baissa la tête et elle vint se placer à côté d'elles, doucement.

Gonzalès n'avait pas voulu le fiacre fermé ; il avait exigé la calèche découverte malgré le froid. Au juste on n'avait pas su. C'était Clara qui avait dit : « Je veux » mais, comme l'avait chuchoté Césarie à ma mère : « Elle n'a plus de vouloir, elle ne veut plus rien, elle le veut seulement lui, et encore, c'est comme s'il se voulait lui-même. »

On entendit le cheval qui montait la rue en tapant solennellement l'amble sur la terre gelée. La calèche était en gros osier blanc, elle grinçait comme une corbeille. Toutes les dames de la messe commencèrent à sortir des boutiques.

— Qu'est-ce que vous avez là sous votre châle ? dit Mme Sophie Meulan.

— Rien, dit la Mexicaine, le Christ, madame.

Au moment où la calèche arriva sur la place, tout le monde chuchotait et se poussait du coude sur les trottoirs. Les dames se cachaient la bouche derrière les manchons. Les demoiselles mordaient de petits mouchoirs de dentelle.

— C'est bien ce que je vous disais, souffla la pharmacienne. Regardez. Ah ! Elle est passée.

— Tiens, regarde, elle vient, regarde. Tu vois que c'est vrai.

— Il est assis à côté d'elle !

Oui, il était assis à côté d'elle. Gonzalès ne suivait jamais l'habitude, ou, plus justement, il avait des habitudes à lui, un harnachement large et souple qui ne pouvait pas servir pour les hommes ordinaires.

— Il lui tient le bras !

— Oh ! ma chère, dit la pharmacienne, appelez donc votre fille ; la voilà là-bas qui regarde comme une damnée.

Elle toussa.

— C'est qu'il tient Clara comme dans son lit, dit-elle.

Oui, Gonzalès tenait Clara dans la calèche exactement comme dans un lit. Il avait passé son bras sur les épaules de la femme et il la tenait renversée contre lui.

— Delphine !

Toutes les têtes de jeunes filles tournaient en même temps, les yeux fixés sur la calèche qui s'avançait de l'église.

— Delphine !

— Marie !

— Jeanne !

Les mères appelaient :

— Venez !

— Allons, venez !

Mais les jeunes demoiselles étaient toutes sur le premier rang et elles suivaient la marche de la calèche comme des héliotropes.

— Venez !

— Mais, qu'est-ce que vous avez donc sous votre châle ? dit Mme Sophie Meulan.

— Le Christ, bonne dame, dit la Mexicaine, le Christ.

La voiture s'arrêta devant l'église. Gonzalès descendit. Il avait toujours son visage de sable, sans bouche et sans regard, mais son corps était épais et doux comme de lourdes branches d'arbres, on sentait une force énorme et douce chaque fois qu'il bougeait ses épaules, ses bras, ses jambes, ses mains, comme le balancement parfumé d'un tilleul sauvage.

Il tendit le poing à Clara. Elle s'appuya sur lui et elle se dressa. Elle resta un moment debout dans la calèche pour se faire voir. Elle était largement et pleinement enceinte et elle avait serré sa robe blanche dessus et dessous son ventre pour le faire bien ressortir.

Il y eut à ce moment-là dans la foule un silence, puis comme le saut d'un cri, mais tout s'arrêta. Il y avait Gonzalès debout près de la calèche, et il expliquait tout.

On entra à leur suite à l'église. Mme André qui tenait les orgues était à sa place depuis longtemps. Elle ne savait rien de ce qui défilait en bas. Elle jouait une petite marche, fraîche et claire, comme pour un mariage d'oiseaux. Gonzalès avait pris Clara par le bras. Ils s'avançaient tous les deux dans l'allée centrale, déjà mariés, lourds, repus de mariage. La petite Peau-Rouge tenait la traîne blanche de Clara. Elle regardait de tous les côtés les saints, les saintes et les vitraux. M. le curé sortit de la sacristie avec ses enfants de chœur, il monta tout droit à l'autel. Clara et Gonzalès s'agenouillèrent sur les deux prie-Dieu, juste en face du tabernacle. La Peau-Rouge croisa ses jambes et s'assit sur le tapis. Le prêtre tourna la petite clef et il sortit l'ostensoir. On n'arrivait pas à se placer sans bruit dans les rangées de chaises. Les hommes avaient gardé leurs chapeaux. J'étais près de l'autel de saint Antoine de Padoue. Le voisin de la mère Montagnier, le maçon qui avait pris la guitare, éteignait les cierges, les mouchait, puis les mettait dans sa blouse. Il tapa du doigt contre le tronc aux offrandes. Mme André arrêta ses orgues et regarda par-dessus la balustrade.

Dès le commencement, on distribua des pains bénits. Il y en avait de deux sortes : d'abord des petites pastilles croustillantes qu'on tendait sur un plateau et puis du pain véritable, coupé en morceaux dans une grande corbeille. Le maçon qui était à côté de moi regardait venir la corbeille. Il sortit de sa poche un de ces petits sacs où on met le sésame. Comme le garçon passait près de lui il l'arrêta par le bras.

— Attends, fiston, attends, dit-il, quelle prudence dans cette maison !

Il se mit à remplir son sac avec le pain coupé.

— Alors quoi ? disait-il, je suis pas inscrit sur les registres, moi ? Tu crois que Dieu m'a fait avec sa bonne ? Tu crois que je suis pas un légitime, moi ?

Il riait avec ses yeux de loup.

— Laisse, garçon, c'est pas pour le pain, c'est pour la bénédiction. Si tu savais comme j'aime la bénédiction.

L'enfant de chœur tout ébloui le regardait faire.

Je sentis un glissement de chien contre ma jambe. C'était Antonine. Elle marchait à quatre pattes. Elle s'accroupit sous la statue de saint Antoine. Elle me reconnut.

— Il est fou, dit-elle.

Puis elle ferma les yeux.

Je compris qu'elle parlait de Gonzalès. De là où j'étais, je le voyais très bien, lui et Clara et la Peau-Rouge. Il ne faisait rien d'extravagant. Il était tout simplement à genoux sur le prie-Dieu. On voyait seulement le grand portique de ses épaules, les bras, le torse, les jambes pliées. On sentait bien dans tout ça quelque chose de pas ordinaire, d'insolent. Mais j'avais beau regarder, je ne voyais que Gonzalès, Clara, l'église et le prêtre qui semblait bien petit pour bénir tout ça.

Je cherchais la Mexicaine. Elle n'était pas assise avec les dames, dans le milieu de l'église. Le catogan roux de Mme Sophie me guida. Elles étaient toutes les deux là-bas contre un pilier, près du chœur. Elles parlaient ensemble très vivement sans se regarder. Je m'approchai d'elles.

Mme Sophie avait le visage tout rouge et je vis que ses mains tremblaient.

— Je te dis de me le donner, disait-elle.

— Ah ! la madame, ah ! la madame, chantait doucement la Mexicaine.

Elle roucoulait tendrement comme pour endormir un enfant. Mme Sophie était en fureur et elle serrait les poings, et elle tremblait.

— Donne-le-moi !

— Petite madame, petite, petite, petite !...

— Donne !

La Mexicaine se mit à parler pour elle-même en espagnol et peu à peu elle serra les dents, et ça devint sauvage, et la colère monta en elle ; ses joues luisaient comme du cuivre.

— Donne, donne, donne ! disait Mme Sophie sans se lasser. Donne, il ne se méfiera pas de moi et je le frapperai pour nous deux.

De temps en temps la petite porte de l'église grinçait puis retombait sourdement. C'étaient nos gens de dessous les cloches, les habitants de la cour aux moutons, les clients du « Tonneau » qui arrivaient. Les belles dames essayaient de s'en aller. Elles faisaient toutes sortes de signes à leurs demoiselles ; celles-là n'entendaient ni ne voyaient ; elles étaient toutes ensemble et elles regardaient en silence l'échine montagnarde de Gonzalès, et, sous la robe blanche où, comme d'habitude, elle était nue, le reflet bleuâtre de Clara.

Depuis un moment, l'église était sans musique. Le curé avait fait face aux mariés. Il s'était avancé vers eux, les bras ouverts avec beaucoup de courage ; il tenait l'anneau au bout de ses doigts.

Alors, là-haut à la balustrade de l'orgue, Madame-la-Reine se mit à jouer de la flûte.

Dès les premières notes, j'essayai de deviner : Haydn, Mozart, Bach ?

On écouta dans un silence terrible.

Au bout d'un moment Gonzalès tourna la tête. Il regarda du côté de l'orgue et, pour la première fois au milieu de son visage mort, je vis ses yeux : ils étaient tendrement humains.

C'était fini.

Gonzalès prit le bras de sa femme. Il passa près du pilier où nous étions, Mme Sophie, la Mexicaine et moi. Son dos toucha la Mexicaine ; elle ne bougea pas. Elle déplia ses bras et quelque chose tomba par terre. C'était le couteau en feuille d'iris. Mme Sophie se baissa vite et le ramassa. Gonzalès tendit sa main ouverte. Mme Sophie lui donna le couteau.

— Merci, dit-il, les yeux baissés, et il le mit dans sa poche.

Comme il s'éloignait, la Mexicaine glissa le long du pilier.

— Mère, mère, dit-elle à voix basse, je suis malade.

Je rencontrai Madame-la-Reine près de la petite porte de l'église.

— Qu'est-ce que c'est, ce que vous jouiez ? demandai-je. De qui est-ce ?

— De personne, dit-il. De personne et de tout le monde. Ce sont des chansons mexicaines. C'est Gonzalès qui me les a chantées.

On se bousculait pour sortir. Il me tira vers la petite chapelle sombre de la Vierge.

— Hé ! que c'est beau, s'exclama-t-il. Qu'est-ce que tu as vu dans tout ça ?

— Que tout était détruit, dis-je.

Il avait l'air de rêver, de regarder au-delà de moi vers le soleil.

— Des chants de muletiers, dit-il, des complaintes, les premiers laboureurs, les bûcherons...

Il me serra le bras.

— Il y en a une, poursuivit-il : un gars qui porte l'eau pour les carriers de la montagne. Il est allé remplir les outres aux fontaines du village. Sa fiancée lui a dit : « Va-t'en, sueur du diable, le nouveau que j'aime est frais comme du lilas. » Il entre à l'auberge. Il danse de toutes ses forces sur le parquet de bois et il se met à crier comme un fou :

La foulaison de mon cœur,
je saute à pieds joints sur mon cœur.

» J'avais dit à la femme de l'orgue de faire « boum-boum » avec son gros tuyau d'en bas, le *fa* grave pour faire le bruit des pieds et de ce cœur qui gicle sous les gros souliers. Elle n'a pas osé. Tu comprends ?

— Oui, dis-je, je n'ai pas vu : tout est détruit.

— Tout, dit-il, tout ce qui est là. Il ne reste plus que l'argile. Mais ça, alors, jusqu'à la fumée de l'horizon.

Et il ouvrit ses bras en croix pour me faire comprendre que le monde restait entier après cette destruction-là.

— La montagne qui bouchait le ciel, dit-il, ce n'est plus qu'une rose de sable, mais la petite graine de pastèque, voilà qu'elle est devant mes yeux avec sa chevelure de racines et sa forêt de feuilles, tu comprends ?

Il agitait ses mains et ses bras sans craquements.

— Une bouture de lierre, dit-il, là, dans ce pilier, et tu peux faire la plus grosse image du Seigneur. Tu peux la faire en marbre ou en granit, et tu verras que le lierre lui mangera son sourire et lui soulèvera les pierres du crâne, et tu verras que la cervelle du Seigneur ça sera ce lierre entortillé dedans sa tête comme un serpent vert. Laisse le temps et ce ne sera plus ici qu'une forêt de lierre avec juste un peu de poussière sur les feuilles.

— J'ai faim, dit-il. Gonzalès m'a payé. On va acheter de la fougasse à l'anchois. Le frère l'aime. Viens.

Nous sortîmes ensemble.

— Tu comprends, Gonzalès c'est un des nôtres, Clara aussi. Elle ne le savait pas. Elle le sait. Il y en a pas mal qui sont plus petits que mesure et qui l'ont appris ce matin.

Et il me montra la pharmacienne gesticulant au milieu de ses fourrures.

Nous achetâmes de la fougasse chaude à l'huile et à l'anchois.

En montant l'escalier il se tourna vers moi.

— La liberté, dit-il, quand elle s'approche de la terre, elle a un rugissement de velours, comme une comète.

Il ouvrit la porte.

— Frère ! appela Madame-la-Reine.

Décidément ne bougea pas. Il regardait fixement la fenêtre.

Il était mort.

CHAPITRE IX

Franchesc Odripano. — Le poète est comme le teinturier : d'un blanc il fait le rouge. — Mon père délivre le fils du charron. — La mère d'Odripano. — En selle sur le cheval. — Guérir. — Sommeil d'Odripano. — Elle avait emporté la lumière. — Marie-Jeanne. — Les tapis magiques. — Saint François et sainte Claire. — Louis David. — Dieu. — Icare. — L'aventure.

La propriétaire se décida à louer l'appartement de la tante Eulalie. C'était là-haut au deuxième étage, en face l'atelier de mon père. Je me souvenais d'avoir vu une fois cette vaste chambre sombre. C'était longtemps après la mort de la vieille Eulalie et l'on avait déjà déménagé tous les meubles et essayé d'assainir en brûlant du soufre. On avait rouvert la porte, cette fois-là, je ne sais pas pourquoi ; le palier était tout refroidi de cette porte ouverte. J'avais essayé de regarder sans entrer. On ne pouvait pas. L'ombre s'était durcie là-dedans depuis des années et des années.

C'est seulement vers le milieu du jour qu'un rayon de soleil traversa le volet fermé à l'endroit où un nœud du bois avait sauté, et alors, du seuil, je pus voir l'appartement. C'était tout simplement une grande chambre toute molle, avec une alcôve. Il n'y avait plus de murs entre ça et le mystère. À la limite où, dans l'ancien temps, devaient être les murs de la chambre, il n'y avait plus que de lourdes brumes habitées par des mondes et des mondes d'araignées. L'alcôve bâillait là-bas au fond comme une caverne de la mer. Ce devait être le nid de quelque monstre replié sur lui-même, gluant et tout en bouche et en gros yeux.

La propriétaire se décida parce que la gelée avait tué les amandes. Elle prit à la journée une grosse femme qu'on appelait « la truie » et celle-là reconstruisit les murs. Vers le soir, elle alla vider dans les ordures un grand seau plein d'araignées.

C'est Franchesc Odripano qui loua la chambre. Il devait avoir dans les soixante ans. Il se tenait droit comme un if. Il se coiffait en travers d'une grosse casquette de drap ; la visière abritait son oreille gauche et, sur son front, moussait une magnifique touffe de cheveux frisés, blancs comme l'écume des sources ; quand il quittait sa casquette son front s'allumait. Il avait encore tous ses cheveux de laine mais, de chaque côté de sa tête, au-dessus des tempes, deux beaux petits miroirs de peau s'arrondissaient, lisses et vernis, couleur d'ivoire, et la lumière était là. Elle venait vers vous, cette lumière, et elle vous touchait. On ne voyait pas les yeux d'Odripano, on savait seulement qu'ils étaient clairs ; seuls les deux feux de son front vous frappaient doucement dans les chairs comme les cornes blondes des jeunes béliers.

Il me rencontra dans l'escalier. Il avait sa casquette.

— Je m'appelle Franchesc Odripano, dit-il.

Sa bouche prenait plaisir à dire ce nom, elle faisait bien comme il faut tous les détours pour le prononcer, et les lèvres restaient longtemps à se tordre autour de toutes les lettres.

Il alla chez la propriétaire. Il paya six mois d'avance. Il remonta chez lui en agitant le reçu pour faire sécher l'encre.

— Sais-tu où l'on peut acheter de la chaux ?

Il se fit prêter un baquet, une échelle, un gros pinceau. Il badigeonna ses murs. Il frotta son parquet à l'esprit de sel. Il acheta une table en bois blanc et deux chaises.

Il ne m'avait pas invité à venir chez lui. Il laissait sa porte ouverte et il attendait. Un jour il me dit :

— Pourquoi tu n'entres pas ? Entre.

Les murs de la chambre étaient maintenant crémeux et bleutés comme une belle profondeur de lait. Il n'y avait là-dedans qu'une table en bois blanc, deux chaises et un large coussin de cuir de Venise sur lequel Odripano devait dormir.

« Ma mère était jeune, me dit-il, mais j'avais mes deux grands-pères, mes deux grands-mères et mon père était vieux. C'était toute une maison de vieux. Le soir, on allumait la lampe. Le père de mon père qui avait été capitaine de la milice disait : "Faisons voir nos mains." On s'asseyait autour de la table ; ma mère allait chercher un grand plat d'argent et nous posions tous nos mains dans ce plat. La lumière de la lampe s'arrêtait à nos poignets. On habitait sur le port. Mais ma grand-mère avait cloué la fenêtre avec de ces grands clous de fer qu'on appelle chez moi "épines de Christ". Dehors les voiliers battaient des ailes. Les lanternes rouges du bout des mâts nous regardaient à travers les vitres. C'était défendu de parler. Nous laissions nos mains dans le plat. J'avais quatre ans. Les mains du capitaine étaient froides et dangereuses comme du verre. Il les poudrait avec la poudre de riz de ma mère. Tous les soirs, un matelot entrait dans notre grand vestibule et appelait :

« — Angiolina ! Angiolina !

« La servante descendait et on ne la voyait plus jusqu'au lendemain. Elle avait une grande poche d'étoffe sous sa jupe et, quand elle rentrait, le matin, elle relevait ses jupes, elle les tenait avec son menton, elle dénouait l'attache de la poche qui était gonflée de vanille, de poivre et parfois de tabac.

« Ma mère avait de beaux yeux tristes. Elle s'habillait avec de longues robes serrées jusqu'à la taille et puis qui s'évasaient en ballons. Elle se faisait longuement belle devant son miroir avec les fards d'une petite boîte de laque. Puis, elle avait le droit de se promener dans les chambres. Avant, ma grand-mère allait voir si les fenêtres étaient toujours bien clouées et elle poussait tous les verrous. Mon grand-père Horatius tapait de la canne.

« — Plus vite, disait-il.

« Ma mère marchait plus vite et la soie de sa robe se mettait à chanter. Alors, le grand-père Horatius souriait. Des fois, à ces moments-là, je m'approchais de ma mère pour la toucher. Elle aussi elle avait envie de me toucher et je voyais qu'elle me regardait sans bouger la tête et ses mains étaient prêtes. Mon père me lançait la canne dans les jambes. Alors ma mère pleurait et mon père lui disait :

« — Je t'ai achetée, toi et l'enfant ensemble, mais il faut qu'on obéisse. Allez, marche.

« Elle se remettait à marcher et à sourire.

« Quand elle était seule j'entendais qu'elle disait :

« — La mort n'entre pas chez nous, pourquoi ?

« Elle disait à la servante :

« — Tu laisses bien la porte ouverte, au moins quand tu sors ?

« — Oui, maîtresse.

« Elle se levait au milieu de la nuit pour aller voir si la porte était bien ouverte. Elle regardait dans la rue à droite et à gauche.

« — Et cette mort, disait-elle, qu'est-ce qu'elle peut bien faire ? Depuis qu'on l'attend ici ! »

Chaque fois que je sortais de chez Odripano, il fallait soigneusement tâter la terre pour savoir qu'elle était là, encore sous mes pieds. Il me parlait toujours à voix haute dans sa chambre nue. Au début, il n'y avait que sa parole, mais, au bout d'un peu, quand l'air était échauffé, l'écho des murs se mettait à jouer et il y avait trois ou quatre paroles mélangées. Puis, au fond du discours, une tambourelle commençait à battre comme le tambour qui fait danser les ours et me touchait dans mon ventre comme avec des doigts. Puis, tout se peuplait de voix diverses, d'échos coupés et réfléchis, de sons en retard qui revenaient après avoir fait la balle contre les quatre murs ; c'était alors une conversation avec les habitants du mystère et l'histoire criait autour d'Odripano comme le tournoiement d'un grand vol d'oiseaux.

Il ne faisait pas de gestes. Il posait ses bras sur la table et il ne les bougeait plus. Seules, ses mains s'animaient parfois, mais juste pour fermer ses doigts en fruits de lis. J'étais assis sur l'autre chaise. Il me regardait.

Il sortait peu. Il se nourrissait de choses froides : du lait, du pain, des fromages de chèvre. Il n'y avait chez lui ni miettes, ni odeur ; seule, l'odeur de la chaux vive.

Ma mère lui demanda :

— Vous ne vous ennuyez pas ici dedans, monsieur François ?

— Non, dit-il, mais je m'appelle Franchesc.

« Chez nous, me dit-il, il y avait cinq grandes chambres d'enfilade, mais les murs de la maison avaient été fermés autour d'un très vaste espace et on aurait pu faire galoper des chevaux en rond dans ce qui restait vide. Mon grand-père Horatius logeait dans la première chambre. Chez lui, ça sentait l'incendie et le crachat. Il fumait tout le temps de longs cigares noirs qu'Angiolina volait aux matelots. Il avait le catarrhe. Il posait le cigare allumé sur les meubles et il se mettait à tousser et à cracher près de lui, toujours au même endroit, tant qu'il n'avait pas fait une flaque. De ce temps, le cigare brûlait le bois et la tenture. Le grand-père tapait là-dessus avec sa grosse main. Quand il avait fini de tousser, il rallumait le cigare et il changeait de place pour pouvoir cracher sur un endroit propre. Mais, chez ma mère il y avait une odeur d'étoffe et de miroir. Elle avait aussi des colliers de grosses pierres jaunes. Elle ne les mettait jamais ; elle s'amusait à les faire danser dans leurs cassettes, et, quand elle faisait ça, la poussière de toutes ces pierres usées fumait et éclairait toute la chambre. Au bout d'un moment, ma mère fermait les yeux et elle reniflait. Elle disait que ça sentait la carrière de pierre comme les collines de Rome où elle allait se promener à cheval tous les matins quand elle était jeune fille. Les miroirs de ma mère avaient aussi une odeur. Je restais toujours près d'elle quand elle faisait sa toilette et elle faisait toujours sa toilette. Quand elle avait fini de se parfumer, de se farder les yeux, les lèvres et les joues, elle se regardait puis elle effaçait tout et elle recommençait. Il lui était venu, à la longue, au coin de la lèvre, un petit mal vivant et qui tressaillait avec un peu de sang comme un nez de belette. Elle le couvrait de poudre de riz ; il restait un moment caché puis il revenait. Elle restait à attendre et à regarder, la houppette à la main et toute prête. On voyait la poudre qui se rosissait puis une petite perle de sang se gonflait. Elle rajoutait de la poudre. Dans ses boîtes, elle avait du fard et des odeurs. Le fard était assorti à l'odeur. Ainsi, parfois elle se faisait les lèvres bleues, les joues vertes et elle se parfumait à la violette.

« — Tu vois, disait-elle, regarde, c'est un arbre qui m'étrangle, il est venu jusqu'à mon cou avec ses grosses branches, et il serre, et je vais mourir. Tu vois, je suis déjà verte et mon sang se pourrit dans mes lèvres.

« Alors, elle tirait la langue et je me mettais à pleurer, car, pour imiter la femme étranglée, elle roulait ses beaux yeux d'or, blanc sur jaune. C'était comme à la plage des galets, quand la vague retourne les pierres rondes et qu'on voit le côté sale. Mais, je me consolais vite car la langue qu'elle tirait était rouge, et le rouge parlait pour moi une parole vivante. Le voilier amarré devant notre palais avait une lanterne rouge en haut du mât.

« D'autres fois, elle se faisait un fond de teint avec des crèmes qu'elle mélangeait dans une soucoupe. Elle attendait que l'enduit soit sec, puis elle essayait le jeu de son rire. Le petit ciment craquait dans les plis de ses joues. Elle l'écaillait du bout de l'ongle et elle mettait là un enduit plus souple. Elle essayait encore, tant qu'elle n'avait pas vu sur son visage la limite de son rire. Une fois qu'elle l'avait trouvé, elle maçonnait tout autour une peau impassible en marbre rose.

« — Recule-toi, disait-elle.

« Je me reculais et j'avais devant moi une poupée de porcelaine. D'abord, ça ne bougeait pas, puis je voyais les yeux qui s'allumaient comme des feux de berger dans la montagne, puis un petit ruissellement de neige le long du nez, puis la bouche s'ouvrait comme un automne plein de raisins et le visage de ma mère était beau dans son rire comme une année de monde. Elle était si contente de ma joie que j'entendais un petit bruit sec comme d'une boîte qui claque : c'était son rire, son grand rire de jeune fille qui faisait craquer ses limites. L'émail de la joue sautait en morceaux et je voyais, dessous, la peau morte, sans soleil et sans ruisseau.

« — Ah ! soupirait ma mère, quand la mort viendra dans cette maison, Franchesc, je lui dirai : "Servez-vous, servez-vous, bonne dame, puis nous partirons tous les deux avec les matelots."

« Il y avait une autre odeur dans la chambre de ma mère. Ça sentait le fouet neuf.

« La porte s'ouvrait. Mon père entrait. Il s'appuyait sur deux cannes. Il était lourd et grand. Il était glacé depuis les pieds jusque dessous les bras. Je l'appelais "Monseigneur". Il n'avait de libre que ses bras, ses épaules, et son visage déjà rongé par la mousse des vieillards. Il regardait ma mère. Elle restait sans bouger ; elle croisait ses mains ouvertes sur sa poitrine. Il me disait :

« — Sors. »

Les histoires de Franchesc n'avaient jamais ni but ni souci. Elles partaient à l'aventure comme des pigeons. Elles volaient de droite et de gauche en criant, et la maison était désormais habitée par ces criantes histoires. Elles ne mouraient pas. On les trouvait parfois longtemps après dans un coin sombre. Elles étaient là, elles attendaient et, des fois, elles vous sautaient dessus.

Depuis l'arrivée de cet homme, je n'étais retourné qu'une fois ou deux vers la cour aux moutons. Et encore, ce n'avait pas été de mon plein gré mais par la poussée d'une sorte de reproche intérieur. Ce monde de Décidément et de Madame-la-Reine, la Mexicaine, la fille au musc, la mort avait l'air de trancher à tour de bras dans tout ça. Madame-la-Reine ne sortait plus, sauf quelquefois le soir. Il n'avait plus son visage d'autrefois mais comme une ruine de visage abandonné en pleine forêt, loin des hommes, seul avec les plantes et les bêtes. Le poil lui mangeait les joues ; deux grosses racines de barbe blonde commençaient à desceller le joint de ses lèvres. Quand il voulait jouer de la flûte, maintenant, il était obligé de retrousser ces poils du plat de la main, puis il essayait de reconstituer sa bouche. C'était très difficile. On sentait que, dessous sa tête, dans la cave humide de sa poitrine, il était plein de ces graines de poils et qu'il était vain de conserver le moindre espoir : sa loi était d'être mangé par ces poils de bête et de tomber doucement en ruine dessous sa barbe. Il ne faisait d'ailleurs presque plus d'efforts et il passait ses journées assis à croupetons sur son tapis, le violon de Décidément couché sur ses genoux et, de temps en temps, il pinçait les cordes sur le rythme d'une mélodie, lente, lente comme une longue réflexion.

Je l'avais rencontré une fois dans la rue. Il m'avait repoussé de la main.

— Non, non, je n'ai pas le temps.

La Mexicaine chantait toujours « Tapa mé ». Elle avait perdu toutes ses branches, toutes ses feuilles, toute son écorce, sa verdure. Elle n'était plus qu'une chose dure et calcinée. On sentait qu'une poussière de feu mangeait sa moelle, qu'elle était un grand brasier en dedans et qu'un jour elle tomberait subitement en cendres sans rien laisser d'elle-même. À la nuit, elle allait attendre les hommes du coin de la rue. J'avais tourné une fois autour d'elle sans oser.

Antonine était partie.

La cour aux moutons sentait la défaite et l'esclavage. Dans ce camp des vaincus, il n'y avait plus que soumission et mort. Ça restait sur son fumier ; de temps en temps, le boucher entrait et menait une bête à l'abattoir.

Mon père même...

Il était de plus en plus seul. Son cœur ne l'aidait plus. Il pouvait encore aider les autres mais il n'avait plus d'hospitalité pour lui-même, et voilà que mon père aussi voyait dans sa vieillesse sa ville détruite, ses champs brûlés, et qu'il devait partir seul sur les routes comme les autres.

Un soir, nous finissions de dîner. On entendit crier : « Au secours ». Il se dressa.

— Viens, dit-il.

Je marchais derrière lui. C'était chez le charron. On entendait là-haut le souffle d'un homme qui faisait un gros travail de toutes ses forces. On n'appelait plus.

— Qu'est-ce que tu fais ? cria mon père en ouvrant la porte.

Le charron tuait son fils. Le garçon était crucifié sur le mur, les bras en croix, la tête déjà pendante ; un filet de sang coulait de ses lèvres. L'homme avait poussé la lourde table contre le garçon et lui écrasait la poitrine. Debout près de la fenêtre la mère essayait de respirer, de vivre pour crier. Elle ne pouvait que secouer la tête comme les chevaux pour chasser les mouches.

Je n'eus pas le temps de faire un geste.

Le charron était déjà comme un tas là-bas près du mur. Il ne savait pas d'où était venu le coup. Il soufflait dans ses moustaches ; il regardait ses mains. Il semblait qu'il allait s'endormir.

Je savais que mon père n'était pas fort, qu'il était vieux, déjà malade du mal dont il devait mourir.

— Alors, dit-il, tu es fou ? Donne de l'eau, femme.

— Oui, dit la femme.

Elle ne bougeait pas. Elle ne pouvait pas. Elle tremblait.

— Aide-moi, dit mon père.

Je relevai la lourde table. Le charron accroupi ronflait.

— Petit, dit mon père.

Il toucha les joues du garçon. Il le lava puis il le prit par la taille et, sans l'aide de personne, il l'emporta.

Cette nuit-là, je couchai sur la descente de lit. J'avais donné ma place au fils du charron. Il gémissait faiblement.

Mon père mit longtemps à s'endormir. J'étais couché contre son lit. Il m'appela :

— Jean !

Je haussai ma main pour le toucher. Je rencontrai sa main qui venait vers moi.

— Je ne m'explique pas, dit-il à voix basse. Tu as vu ? Je ne comprends pas ! J'ai juste mis ma main sur son épaule et il est tombé comme de la poussière.

Franchesc n'était pas un vaincu. Il n'y avait qu'à le regarder. Il était cependant des nôtres.

Je me demandais souvent pourquoi il était des nôtres, malgré ce père Monseigneur et ce palais du bord de la mer où les voiliers venaient vainement s'atteler. Il avait sa grâce, sa netteté, et ce souci des murs. Lui seul avait acheté de la chaux vive. Il aimait les chemises molles, blanches et bouffantes comme des nuages et, parfois, dans sa chambre, il marchait pieds nus, avec de beaux pieds sans mal, épanouis et heureux comme des mains. La main était longue et fine. Elle commençait de l'autre côté du pouce par la montée vertigineuse d'un petit doigt abrupt comme une paroi de glacier, deux ressauts la haussaient jusqu'au sommet du majeur. Là c'était, semblait-il, l'aire perdue au milieu du ciel, puis, ça redescendait du côté pouce par l'index, et, au bord de celui-ci se creusait l'abîme. En bas, en bas dans la vallée, les coteaux du pouce venaient s'enraciner dans une large paume où trois profondes rivières charriaient les eaux du destin. Et, malgré tout ça, par tout ça, il était des nôtres, des pauvres et des perdus, de ceux que, malgré sa bonté, Jésus a dû laisser dans le filet. Il était de notre cour des moutons. Sur lui aussi, Jésus avait étendu sa main et avait dit : « Tant pis pour ceux-là, je ne peux pas tout tenir ; qui trop embrasse mal étreint. » Il était, comme nous, en dehors de l'étreinte de Dieu, oublié de Dieu même. Il n'était pas vaincu. Il portait aisément dans son front une magnifique victoire.

Je le trouvai en train de rire :

— J'ai vu le pâtissier, dit-il. Il était devant sa porte. Il a fait un château fort avec de la pâte à pralines. C'est à sa devanture. Il m'a dit : « Maintenant, je vais refondre tout ça et je vais faire le pont de la Durance. »

Il devint grave.

— C'est de la pâtisserie, dit-il.

Il poursuivit :

« Quand ma mère faisait la poupée de porcelaine, elle se parfumait à la rose. Chaque flacon de parfum allait avec sa boîte de fard. Elle avait étudié ça longtemps à l'avance et jamais elle ne se trompait. Tant qu'elle était devant sa glace, le monde de l'autre côté était habité par son reflet. Et, ce reflet ne faisait pas toujours les mêmes gestes qu'elle mais il semblait plus vivant, plus vigoureux ; il avait plus d'audace. On n'aurait pas pu le battre avec le fouet, ou bien, on ne l'aurait fait qu'une fois et il serait parti tout de suite avec les matelots en emportant son reflet de petit garçon... Des fois, le reflet ouvrait son corsage et on voyait de beaux seins de femme prêts à l'aventure, durs et gonflés comme de bonnes voiles. Cette femme là-bas regardait en face, mais elle partait dès que ma mère se dressait pour aller chercher une autre boîte à fards et, dans le mouvement qu'elle faisait là-bas, elle brassait son monde avec tant de grâce et de force qu'un parfum différent de celui de ma mère arrivait jusqu'à moi d'à travers le miroir.

« J'avais deux grand-mères : Mme Horatius et Mme Capitaine. Mme Horatius clouait les fenêtres avec les longs clous de fer. Le reste du temps elle faisait des verrous. Elle avait organisé chez elle un atelier de serrurier avec un étau et une panoplie de limes. Elle était arrivée à une telle habileté que ses verrous glissaient dans les gâches comme des ombres de verrous. Mais, au-dessus de ses mitaines de dentelle, ses doigts tachés de cambouis et pleins de limaille étaient comme des racines de bronze. Elle ne se lavait jamais et son pain avait le goût du métal. Elle m'en offrait parfois de petites miettes rompues du bout des doigts. Je les gardais dans ma bouche sans les mâcher puis je les jetais doucement derrière mon dos depuis qu'une paillette de fer m'avait fait saigner les lèvres.

« Mme Capitaine aimait aimer et c'est pour cela qu'elle était méfiante. Elle trouva l'odeur avant moi, peut-être même avant ma mère. C'est pourquoi la mort entra dans la maison mais choisit la plus belle, celle qui voulait partir pour la colline de Fiesole.

« On pouvait faire tout ce qu'on voulait d'Angiolina. Il suffisait de l'attacher au pied d'une table avec des foulards. Les hommes appelaient :

« — Angiolina ! Angiolina ! en bas, dans notre vestibule.

« La fille se tordait et parfois faisait faire un pas à la grosse table.

« — *Vacca,* disait ma mère. Tu es une vache. Ils sont en bas, ils t'appellent. Dis que tu l'apporteras.

« On voyait que la fille n'avait plus rien, ni tête, ni corps, ni plus rien, rien qu'un ventre.

« Ma mère dénouait les foulards.
« Un soir, Angiolina dit :
« — Je te l'apporterai.
« — Jure, dit ma mère.
« — Sur les sept plaies.
« Alors ma mère me prit dans ses bras et elle me berça longtemps, longtemps dans ses bras de jeune fille et elle me chanta la chanson :

Il a le maillot à raies bleues,
et il sait la route des îles.

« Angiolina rentra en pleine nuit. Une grosse étoile éclairait la fenêtre. Les amarres criaient sur le quai et l'on entendait la lagune froissée sous l'avance calme d'un voilier qui partait pour l'Afrique.
« — Prends vite, dit-elle. Et elle donna à ma mère une poignée de petites graines brunes.
« — Je voudrais t'embrasser, dit ma mère.
« — Ça ne te brûle pas ? demanda Angiolina.
« — Non.
« Ma mère tenait gentiment la poignée de graines.
« — C'est donc dans l'ordre du Christ ? dit Angiolina.
« — Oui, dit ma mère, embrasse-moi. »

Odripano resta un long moment plus immobile que d'habitude. Et je vis que les lueurs de son front s'éteignaient.
« Ma mère, poursuivit-il, était la nièce du pape. Cette nuit-là, elle a embrassé Angiolina pour la poignée de graines. Elle a embrassé Angiolina sur la bouche et la bouche d'Angiolina sentait le bateau pourri et le marin mort ; c'était la sentine du monde de la mer, et tous les matelots pendant les nuits du large pensaient à la bouche d'Angiolina mais pas pour l'embrasser.

« L'étoile éclairait les deux femmes. Le voilier avait dépassé le cap ; on entendait claquer les voiles. Ma mère embrassait Angiolina avec une tendresse de pigeon, bien doucement, autour des lèvres et dans les lèvres. »

Pour la première fois, Odripano dressa la main en l'air et il s'adressa directement à moi. Il me regardait avec des yeux si étrangement fixes que j'en vis enfin la couleur. Ils étaient bleus, bleus comme les miens.

— Fils, dit-il, il faut être plein de pardon. Il faut avoir dans le corps plus de pardon que de sang. Je te dis ça, non pas pour ce que ma mère fait mais pour ce qu'elle va faire.

Il redevint immobile, appuyé sur la table de bois blanc. Il baissa ses paupières et, pendant que les lumières de son front s'allumaient comme des braises ventées, il continua de sa voix pareille à la mer :

« Ma mère met sa robe noire. C'est une robe tyrolienne lacée sur la soie blanche de la poitrine. Elle est toute fleurie d'oiseaux brodés et de serpents qui dansent, mais du bout de son ongle pointu elle défait une à une les broderies. À la fin du jour elle se dresse, elle secoue les fils et, cette fois, elle est toute noire sauf sous les lacets de ses seins et de son cœur. Elle a son grand visage ouvert, ses narines prêtes au vent et le beau sourire large et plat des dieux qui savent.

« — La mort va venir, Franchesc. Je lui ai écrit avec mon encre bleue, de ma petite écriture qui monte toute de travers dans la page et elle m'a répondu : "Compte sur moi."

Il faudra que tu sois bon petit garçon avec elle car elle vient nous aider, toi et moi. C'est moi qui ferai les politesses. Je lui dirai : "Voilà Monseigneur, voilà monsieur Horatius et monsieur Capitaine, et voilà les femmes qui veulent aller avec eux." Elle va venir les inviter. Elle les prendra par la main, elle les mènera dans son pays. Je lui ai dit que Monseigneur n'était pas ton père, que je n'étais pas sa femme et elle ne nous invitera pas, toi et moi. Et nous resterons tout seuls. Alors, nous irons sur la colline de Fiesole, retrouver celui que j'aime, celui que j'ai appelé saint François et qui m'a appelée sainte Claire. Celui à qui j'ai pensé quand je t'ai fait.

« Je lui demande si nous ne partirons pas avec les matelots.

« — Celui que j'aime, dit-elle, est un matelot de la terre. Et tous les jours il découvre des îles. Il nous les apportera dans sa main, tièdes et chantantes comme des nids d'oiseaux. Tu verras. Il n'est pas méchant ; il essaie, mais il ne sait pas.

« Elle serre ma main ; sa pensée est partie dans le vaste monde.

« — Il doit être encore vivant, dit-elle. J'ai marqué mes lèvres pleines de fard sur un morceau de papier et il a dû le garder. C'était son laissez-passer vers l'espérance.

« Alors, elle prend cinq verres dans la crédence. Elle les range sur le plateau. Elle ouvre sa boîte à parfum et il y a là un pot tout nouveau et, tout de suite, je sens une odeur. Elle n'a pas encore relevé le couvercle mais je sais que les graines sont là, dans cette pâte couleur de fer qui pèse au fond du pot.

« Elle fit une citronnade avec de beaux limons frais. Elle avait fait acheter de la glace et c'était très cher dans notre pays chaud mais elle avait vendu ses colliers qui sentaient la carrière de pierre. Avec sa spatule elle mit au fond de chaque verre une petite noisette de la pâte couleur de fer. Elle versa le jus de citron et l'eau de la fontaine. Elle mit un petit gravat de glace puis elle dit :

« — Viens, allons voir les bateaux. Laissons faire le monde.

« Il fallait grimper sur le bahut. On atteignait la haute fenêtre et on voyait le port. C'était la première fois que je le voyais mais elle le connaissait bien, elle.

« Notre palais plongeait droit dans l'eau comme un rocher et les voiliers venaient s'amarrer à notre mur. Il y avait un beau trois-mâts tout blanc : l'*Adélaïde.* Sa longue amarre molle trempait dans la mer. De temps en temps le bateau tirait d'un gros effort sur le câble et le câble fumait dans le soleil comme un jet de feu. Mais, notre palais ne bougeait pas. Un petit boutre gémissait en talonnant de la poupe. En regardant notre mur tout crépi et en bas ces sourcils d'algues, il me sembla que notre maison était un visage envasé dans la mer, que les vaisseaux attelés à son front allaient le tirer tous ensemble hors de l'eau et qu'elle allait enfin émerger, la bouche qui parlerait de notre malheur au monde.

« L'*Adélaïde* faisait bien tout ce qu'elle pouvait ; le petit cotre aussi. Seul, un petit vaisseau qui s'appelait l'*Ouraba* ne faisait rien. L'Aztèque qui le montait pêchait des poulpes.

« Ma mère chantait pour elle une chanson sauvage qu'elle inventait à mesure :

Le front de celui que j'aime est tout attelé de voiliers.
Celui que j'aime est un homme vrai. Je ne savais pas qu'il était vrai mais maintenant, je le sais.
Mon bien-aimé est plein d'enfants et je ne les ai pas voulus et j'ai eu tort, et maintenant que je sais je les veux.

« Puis elle sauta du bahut, elle me donna la main, elle me dit :

« — Viens, c'est prêt.

« Elle prit le plateau dans ses mains et elle marcha vers la salle des vieillards.

« L'odeur des graines parlait à haute voix dans le palais. Si haut qu'Angiolina se bouchait les oreilles.

« Quand ma mère entra dans la salle, Monseigneur se mit à rire.

« — Je vous apporte à boire, dit ma mère.

« — Qui a ouvert la porte ? dit Mme Horatius.

« — Oh ! Simiane, à nous qui t'aimons tant ! soupira Mme Capitaine.

« Ma mère était au milieu d'eux toute tremblante.

« — Il faut la punir, dit M. Horatius.

« — Et durement, ajouta M. Capitaine, car c'est du poison. Punis-la Monseigneur, tu as le droit.

« Mon père prit un verre sur le plateau et il le tendit à ma mère.

« — Bois, dit-il.

« Et elle but, sans me regarder. »

Au bout d'un silence, Odripano ajouta :

— D'ailleurs, celui qui habitait la colline de Fiesole était déjà mort et on l'avait enterré avec son laissez-passer d'espérance.

Cette fois, c'était bien le rapt. Mon corps était toujours là, dans la ville ; c'est lui qui avait quitté le collège et qu'on tenait maintenant dans une banque. On le faisait asseoir devant une table, il copiait des adresses. On lui donnait des lettres, il allait les porter. On l'appelait :

— Va ouvrir la porte à madame.

Et j'allais ouvrir la porte à madame et madame passait sans avoir la peine de toucher la porte, et elle pouvait sans inconvénient regarder les pièces d'or dans ses mains, les savonner doucement entre son pouce et son index avant de les mettre dans son sac. Elle pouvait : je tenais la porte. J'avais un beau costume, tout bleu clair. Oui, malgré tout ; le distributeur de hasard m'avait choisi le comptoir d'escompte où la livrée était bleue. Il y a des lois que le hasard même est obligé de suivre.

Je saluai en m'inclinant :

— Bonjour, madame.

Elle ne me regardait pas. Le directeur me regardait pour voir si l'inclinaison du corps était assez polie. Il m'appelait :

— Viens ici. Il faut te pencher un peu plus. Pas trop mais un peu plus ; de la politesse digne. Comme ça.

Et il le faisait. Très bien.

— Tu as compris ?

Oui, je comprenais. J'avais fait deux parts de tous ses rouages. Il y avait vingt ou trente petites roues dans ma tête à qui j'avais donné le travail de comprendre la politesse digne et la belle écriture. Toute cette partie du mécanisme on l'appelait : « Viens ici » et ça gagnait trente francs par mois, et ça servait à acheter des pommes de terre.

La grande part, nul n'y touchait. Elle s'appelait Jean le Bleu. On aurait bien voulu l'atteindre et l'enfermer dans la livrée qui saluait les mesdames. Mais, c'était trop tard. Déjà le visage du mur, Décidément et Madame-la-Reine, Anne et la fille au musc, tous ceux-là l'avaient de ronde en ronde tiré au large des beaux prés. Franchesc Odripano lui avait donné les éperons en ailes d'hirondelles, et maintenant elle était en selle sur le cheval.

Je vivais dans un monde amer et exalté. On avait, paraît-il, sauvé toutes les princesses sans m'attendre. C'était mon temps de floraison. J'avais besoin d'héroïsme, d'amour et de meurtrissures. À chacun de mes gestes, le don de moi-même coulait le long de mes membres comme de la sueur.

Et cependant, j'arrivais parfois chez mon père et il était en train de réfléchir. Il avait arrêté le travail de ses mains.

— À quoi penses-tu ?

Il me regardait de ses yeux de velours.

— Aux rois qui guérissaient les écrouelles.

— Et alors ?

— Et alors fiston, ils guérissaient les écrouelles. Voilà tout, et pour ça ils n'avaient qu'à toucher l'écrouelle du doigt. Des fois, ils pouvaient d'un lépreux faire un homme pur. Ils n'avaient qu'à passer la main sur le mal ; caresser le lépreux comme un chat à rebrousse-poil, et les écailles tombaient et les chairs se dégonflaient.

Il disait doucement dans sa barbe :

— Guérir ! Soulager !

Puis :

— Un homme, disait-il, qui avait ce pouvoir-là et qui perdait son temps à tout autre chose : à rendre la justice, par exemple ! Ça excuse toutes les révolutions.

— Quand on a le souffle pur, disait mon père, on peut autour de soi éteindre les plaies comme des lampes.

Mais, je ne savais pas. Je disais :

— Si on éteint les lampes, papa, on n'y verra plus.

À ce moment, les yeux de velours restaient un moment immobiles et ils regardaient au-delà de ma glorieuse jeunesse.

— C'est assez juste, répondait-il, les plaies éclairent. C'est assez juste. Tu écoutes beaucoup Odripano. Il a fait ses expériences. S'il peut rester jeune au milieu de nous, c'est parce qu'il est poète. Tu sais ce que c'est la poésie ? Tu sais que ce qu'il dit c'est de la poésie ? Tu le sais, fils ? Il faut le savoir. Maintenant écoute, moi aussi j'ai fait mes expériences, à moi, et je te dis qu'il faut éteindre les plaies. Si, quand tu seras un homme, tu connais ces deux choses : la poésie et la science d'éteindre les plaies, alors, tu seras un homme.

Je ne savais pas que tout ce qu'il disait alors s'en allait en avant sur ma route pour m'attendre, et je pensais surtout à Franchesc, à son front que les voiliers avaient tiré de la mer.

L'été était revenu et il fallait faire la sieste après le déjeuner de midi. La ville était toute brûlée et sèche. Il n'y avait plus d'eau aux fontaines. Le long des murs, les crépis de plâtre craquaient puis tombaient en grosses écailles. La poussière vivait en pleines rues ; une couche épaisse de terre en poudre palpitait sous les pas. Parfois, une haleine lourde coulait des montagnes et toute la ville fumait comme un nuage de feu. Les hommes avaient tous des moustaches blanches et on ne voyait plus les sourcils des femmes. Les maisons pourrissaient sous elles et des sanies dorées suintaient des éviers. Dans les quartiers du côté du dépotoir aux ordures, la typhoïde avait mis des graines et presque toutes les maisons avaient un malade dans son cocon de draps et de couvertures, ratatiné et grelottant. On ne sonnait plus pour les morts. Quand le soleil tombait derrière les collines, un grand jour blême restait encore longtemps dans le ciel et des hommes partaient chercher de l'eau dans les collines. Au retour ils s'arrêtaient à l'orée de la ville, dans les premiers bois d'oliviers et ils se reposaient sous les étoiles. Ils ne pouvaient plus rouler des cigarettes car le tabac était tout en poudre. Ils fumaient des pipes de terre blanche.

Odripano dormait tout de suite après midi. Il laissait sa porte ouverte.

J'entre. Il est étendu sur son grand matelas de cuir. Il est grand, maigre. Il est couché à plat. Il n'a pas de ventre. À l'endroit où tous les hommes de son âge ont des bourrelets de graisse je vois, sous sa chemise, que la peau fait un creux. Il a ses pantalons de toile. Ses pieds sont nus. Sa poitrine est large avec deux seins de force, et, au milieu elle a le grand ravin où s'attachent les muscles dans le mystère d'un épais fourré de poils gris. Il respire lentement, longuement, sans bruit. Il se gonfle comme s'il allait se réveiller, puis il se dégonfle peu à peu. Il n'a pas d'oreiller sous sa tête et la peau de son cou est tendue. Il s'est rasé ce matin. Son menton n'est que de peau et d'os. Il a été peut-être dans sa jeunesse un peu gras. Maintenant il est desséché et juste comme une proue. La peau jaune est étroitement collée sur l'os mais à la pointe, il y a encore, comme un coup de pouce dans de la glaise, une petite fossette. La bouche est étroite. La lèvre du dessus, mince comme un fil, se tord et pointe au milieu ; elle s'abaisse sur les bords autour de la lèvre basse, gonflée encore, un peu desséchée par l'âge, mais elle a dû être charnue et grasse, et cachée. Elle n'a plus rien à cacher. On sent qu'elle est depuis longtemps sans joie. Il n'y a plus de couleur sur cette bouche grise, et là, dans le sommeil, plus de force. Elle fait la moue. Franchesc a deux profils. Si je le regarde de droite, le nez régulier et courbé en bec d'aigle donne du rond et de la noblesse à ce visage en triangle ; du côté gauche, le nez est penché sur la joue. Une sensualité rusée mais pleine de tendresse est cachée dans l'ombre de ce nez. De ce côté, le visage a une grande puissance d'amour et de souffrance ; de ce côté, Franchesc Odripano ressemble à François 1er. Les yeux sont fermés. Il n'a pas de joues. Là aussi, la peau est étroitement collée sur l'os. Le visage mortuaire monte depuis longtemps à travers l'âme et la chair et maintenant, il est là à ras de peau. Il n'attend plus qu'un signe pour émerger avec ses lianes, ses tigres et ses monts des serpents. Les yeux sont fermés. Franchesc ne sera pas très différent dans la mort de ce qu'il est maintenant, là, devant moi. Il ne respirera plus, tout simplement et ça ne fera pas un gros changement, car j'ai beau écouter, je n'entends pas son souffle, je vois seulement sa poitrine qui se relève et s'abaisse. Il a fini sa vie ; son visage d'au-delà est déjà prêt. Les yeux sont fermés. La bouche disparaîtra, voilà tout. Et encore, pas toute la bouche : cette lèvre du dessus va se durcir et rester ; c'est la lèvre du dessous qui fondra parce qu'elle n'aura plus à goûter les douceurs de la terre. Elle le sait. Elle est prête déjà. Mais, malgré les yeux fermés — et le sommeil même ne peut les empêcher de frémir sous la paupière comme des oiseaux nus — un jour suinte d'entre les cils.

Il m'a raconté qu'une fois à Rome il s'est endormi sur un divan. Il était en visite. On lui a dit : « Couchez-vous. » Il s'est couché et il s'est endormi tout de suite, à son habitude : comme un plongeur, dit-il. « C'était chez une femme que j'aimais. Elle s'en alla, je crois, finir sa toilette et son amie resta près de moi à me garder. J'étais, paraît-il, immobile comme un mort et je respirais si peu que cette amie s'effraya. Puis, quand elle eut compris le rythme de ma respiration avec toute sa profondeur et son calme, elle croisa ses mains sur ses genoux, elle s'enfonça dans le fauteuil et elle resta là à me garder. Entre elle et moi il y avait un petit guéridon bas et, sur le guéridon, une bougie allumée car la femme que j'aimais avait emporté la lumière. »

(Quand Franchesc racontait une histoire, il désignait toujours les personnages par le poids sensuel qu'ils avaient par rapport à lui et répétait cette désignation tout le long de l'histoire. « Ça dévoile », disait-il. Ici, il répéta : « Car, la femme que j'aimais avait emporté la lumière. »)

« Alors, pendant le temps que nous étions seuls, je dressai le bras. Ça s'est fait, paraît-il, sans tressauts ni émotion, le bras, pas plus, lourdement, lentement. Un geste venu d'ailleurs. Un geste qui n'avait pas sa place tracée à l'avance dans l'air ce soir-là. Et puis, je le laissai retomber en plein sur la bougie. La femme qui me gardait ne bougea pas et, au bout d'un moment, la femme que j'aimais revint. Et elle dit :

« — Que faites-vous tous les deux ? Pourquoi n'y a-t-il pas de lumière ici ?

« J'entendis qu'on disait :

« — C'est lui. Il a éteint la bougie d'un coup de poing.

« Puis, je me réveillai et le reste n'a plus d'importance. »

Franchesc dort. Ses bras allongés le long de lui ne bougent pas. Je regarde cette chambre strictement propre et nue. Il a bouché tous les trous de clous sur les murs avant de passer son lait de chaux. Il n'y a autour de lui ni faille ni faiblesse. La table en bois blanc, les deux chaises, ce coussin de cuir pareil à celui sur lequel le vétérinaire couche les chevaux pour les châtrer. C'est tout. À peine un peu de fioritures sur ce coussin de cuir qui sert de lit à un homme. Autour de tout ça, là dehors, la ville à la fois cuite et pourrie, la ville qui sent mauvais comme un morceau de viande pourrie qu'on a mise à griller sur les charbons, la ville avec ses typhiques, ses fumiers et le splendide tapis de laine de ses toits roses et gris.

Franchesc ne bouge pas. J'attends. Peut-être va-t-il relever le bras, lourdement, lentement encore, dans un de ces gestes non inscrits. Peut-être celui qui est derrière lui, celui qui connaît le passé et le futur et qui voit la vie tout entière dessus-dessous comme la roue d'un arc-en-ciel sur la mer, peut-être celui-là va-t-il lui faire faire encore un de ces gestes hors du monde tout lourd d'explications. J'attends. Il ne bouge pas. Il a fini. On n'a plus rien à lui expliquer. Ce n'est pas la peine. Il ne lui reste plus qu'à dormir. Plus que ça.

Je te regarde Franchesc, je regarde ce visage de mort qui lentement à travers les chairs monte. Déjà sous ta peau transparente il est là, avec ses os. La lumière de ton front s'éteint ; tes cheveux de laine blanche s'aplatissent comme des herbes mûres, ta peau sans gloire sue la sueur rousse des vieillards. Dans toi il n'y a déjà plus d'homme, il n'y a plus que la matière de cent sauterelles neuves, de dix lézards, de trois serpents, d'un beau rectangle d'herbe dure et peut-être le cœur d'un arbre. Je me penche sur toi comme sur le reflet d'un miroir.

Je fis presque à la fois connaissance avec un semblant d'amour et avec l'amitié. Les ouvrières de ma mère étaient maintenant de mon âge. Les deux Louisa étaient parties. Antonine, on la voyait de temps en temps passer toute lasse dans la rue. Trois autres jeunes filles étaient venues les remplacer. On ne pouvait plus mettre ensemble poules et coqs sans faire des œufs. Marie-Jeanne et moi nous avons appris ensemble à faire l'amour. Le dimanche après-midi j'allais l'attendre dans un chemin creux de la colline. Elle arrivait. J'entendais son pas longtemps à l'avance. Enfin, elle sortait des arbres, je me souviens : elle avait un corsage en finette rouge à pois blancs. Je connaissais une petite grotte fermée par les branches d'un vieux figuier. Là, le sol était de sable fin. On ne se salissait pas ; en rien. On s'embrassait longtemps puis je la touchais. C'était une énorme joie nouvelle de sentir sa peau sous ma main, ses seins sensibles, sa petite cheville, ses mollets, ses cuisses, ce fruit de la vie chaud et animal. Puis, elle se couchait.

Franchesc Odripano me donna une poésie.

Je rencontrai mon père dans l'escalier. Il avait un journal à la main.

— Tu as vu, dit-il, tu as vu, l'Américain a volé !

— Comment, volé ?

— En l'air !

Il ouvrit ses bras en croix et il se mit à les agiter comme des ailes.

— Cinquante mètres, dit-il.

En bas, la charcutière avait acheté un appareil tout nouveau. On le remontait avec une clef, on mettait un cylindre en cire et ça jouait : *Toi qui connais les hussards de la garde*. Elle était en train de le faire jouer.

— Tu entends, me dit-il, ça et puis, voler comme des oiseaux, et puis la lanterne magique... Attends, toi qui es jeune, et tu verras.

Nous étions sur le palier. Odripano s'avança jusqu'à son seuil.

— Qu'est-ce qu'il y a, père Jean ?

Mon père montra le journal.

— L'Américain a volé.

— Ah ! oui, dit-il.

— Ça n'a l'air de rien te faire ?

— Non, rien.

— C'est pourtant quelque chose.

— Non, dit Odripano, ça n'est rien. Entendons-nous, dit-il encore, ça n'est rien parce que ça ne changera rien.

— Comment, dit mon père, ça ne changera rien ? Réfléchis. Je ne dis pas que cinquante mètres ça soit le bout du monde, ni de la chose d'ailleurs, mais c'est énorme pour aujourd'hui. Demain, ça sera cinquante kilomètres, puis, qui sait...

— Moi, je sais, dit Odripano.

— Qu'est-ce que tu sais ?

— Je sais que ça sera cinquante kilomètres sûr, et peut-être bien cinq cents ou cinq mille kilomètres...

— Oh ! Cinq mille, dit mon père...

— Oui, cinq mille, cinquante mille si tu veux. On pourra aller à la lune ; ça ne changera rien.

— Tu trouves, dit mon père, et pourquoi ?

— Parce que tout le bonheur de l'homme est dans de petites vallées.

Contre le mur, tout près de nous, il y avait des nids d'hirondelles et les mères venaient nourrir les petits.

— Oui, dit Odripano. Asseyons-nous sur l'escalier. Père Jean, tu as le temps. Il y a une chose qui est tout le tragique de la vie.

— Assieds-toi, fiston, dit mon père.

— Oui, de la vie, c'est que nous ne sommes que des moitiés. Depuis qu'on a commencé à bâtir des maisons et des villes, à inventer la roue, on n'a pas avancé d'un pas vers le bonheur. On est toujours des moitiés. Tant qu'on invente dans la mécanique et pas dans l'amour on n'aura pas le bonheur.

— Parle, dit mon père, je t'écoute.

Et il bourra sa pipe.

— Tu comprends, je m'en fous de ta machine qui vole si j'ai la moitié du cœur qui saigne parce que l'autre côté lui manque, celui sans lequel il ne sera pas un beau fruit de la terre. Tu comprends ?

— Je comprends.

— Tous ces tapis magiques, ça va t'apporter des cargaisons d'ennuis, et du terrible, d'autant que tu attendras d'eux le charroi de la sensualité et de l'amour. Ne donne pas trop d'espoir à ce garçon, à moins que tu ne le destines au commerce.

Mon père se mit à sourire.

— Oui, je le destine aux commerces, à tous les commerces, au pluriel.

Odripano frappa doucement du plat de la main sur le genou de mon père.

— Cordonnier de mon cœur, dit-il, je sais que tu es aussi fort que moi dans tout ça. Pas plus fort, mais autant. C'est pourquoi tu m'as fait de la peine tout à l'heure avec ton journal.

» Tu sais où il faut faire des inventions ? Dans l'appel, dans la voix, dans le son qui sort de ton cœur. J'ai été dans le Tyrol et dans le val d'Aoste. Chaque fois qu'il y avait de la lune, les cerfs sortaient de la forêt. Ils dressaient la tête et puis ils bramaient. De ma chambre, je les voyais, là-bas, tout blancs. Une fois, je suis parti du village de San Toretto et, en traversant le bois, j'ai entendu aussi des biches qui appelaient tout doucement. J'ai habité à Fiesole, sur la colline. Connais-tu la voix des lézards ? C'est comme si tu passais ton ongle sur les côtes d'un pantalon de velours. Et les courtilières la nuit ! Et les oiseaux et tout. Tout se cherche. Tout s'appelle.

» La grande malédiction du ciel pour nous, ça a été de nous faire des cœurs à un seul exemplaire. Un pour chacun. Une fois partagés en deux, il te faut trouver ta moitié exacte. Sans quoi tu restes seul toute ta vie. Et c'est ça le tragique. Tu ne t'imagines pas le nombre de ceux qui ont le cœur mal complété.

» Tu veux que je te prédise ce qui arrivera, et le garçon le verra, s'il vit. Eh bien, voilà, au grand moment de l'espoir, ce sera la faillite de la magie. Tes tapis volants, on les chargera de pommes de terre et de carottes. On se dira : « Comment, on n'est pas plus heureux ? » Vous n'êtes pas plus heureux parce que vous n'avez rien inventé de nouveau dans l'appel que vous faites autour de vous pour trouver l'autre moitié de votre cœur. Vous avez toujours votre petite voix du temps des cavernes. Bien plus petite. Et vous ne trouvez pas. Alors, on tuera son cœur, parce que ça sera trop difficile de vivre avec.

» Tu vois, cordonnier, mauvaises nouvelles dans le journal.

— Enfin, dit mon père, il en restera peut-être quelques-uns qui continueront à appeler, hé, fiston ?

— Oui, dit Odripano, j'appelle encore, moi. Et pourtant je sais qu'on ne m'entendra plus.

— Et maintenant qu'on a mis les choses au point, dit mon père, au travail. Tu nous as bien parlé du cœur et guère du ventre.

J'étais depuis un moment tout seul sur l'escalier, à regarder les hirondelles, quand Odripano m'appela doucement du fond de sa chambre.

— Viens, garçon.

Il avait ouvert le tiroir de sa table en bois blanc et sorti un gros cahier sans couverture. Sur la première page, il avait écrit « Franchesc Odripano » puis « I sposi ». Il me tendit une feuille de papier.

— Tiens, dit-il, j'ai recopié ça pour toi et je l'ai traduit parce que c'est de l'italien. Je sais mieux ce que je dis dans ma langue.

» C'est pour faire suite, dit-il encore, faire suite à ce qu'on a dit. Souviens-toi, tout le bonheur des hommes est dans de petites vallées. Bien petites ; il faut que d'un bord à l'autre on puisse s'appeler.

Je regardai la feuille. C'était une poésie de saint François à sainte Claire :

Entends-tu la cloche, sainte Claire ?

Je l'avais bourrée d'herbe et de terre pour que le battant ne batte plus et j'ai dormi sur mon bras replié pour casser ma force. Et maintenant je veux t'appeler, et je frappe le bronze avec l'os de mon poing pour que ma voix vole au-delà des collines.

Entends-tu la cloche, sainte Claire ?

Non, car on a coupé tes oreilles et bouché leurs trous avec du miel de mouche comme on fait aux grues de combat pour les rendre jouteuses et âpres.

Franchesc Odripano. — I sposi.

Et je ne sais plus de quelle façon commença mon amitié pour Louis David. Au moment où je parle de lui, je ne peux plus retrouver ma jeunesse pure, l'enchantement des magiciens et des jours ; je suis tout sali de sang. Au-delà de ce livre, il y a la grande plaie dont tous les hommes de mon âge sont malades. Ce côté des pages est taché de pus et d'ombre.

Il est parti un peu avant moi en août 1914. Son père et moi l'accompagnions à la gare. Hors du bouquet d'arbres, la locomotive soufflait. Il m'a dit :

— Retourne de là, ne viens pas jusque là-bas. Je ne veux pas te voir au moment de partir.

Et je l'ai embrassé sur la route.

En juillet 1916 je revenais de Verdun avec une permission d'hôpital. Ma mère m'attendait à la gare. Il n'était plus question de « blés d'or » et « les douleurs n'étaient plus folles ». Ses pauvres cheveux blonds étaient gris comme de la cendre. Nous montâmes à la ville par les prés. Il faisait beau. C'était plein d'abeilles. Je demandai :

— Et papa ? Et tous ?

Elle s'arrêta et me dit :

— Paul Hode est tué.

Et, au bout de quelques pas :

— Fais-toi courage : David est mort !

Fais-toi courage !

J'ai là, à côté de moi, cet agenda qu'il m'a laissé en héritage. Je sais que dans la petite pochette de la couverture il y a une mèche de cheveux de femme. Je viens de la regarder ; elle tombe en poussière.

J'ouvre « l'agenda pour l'année 1913 ».

« Premier Janvier, mercredi, Circoncision :

« On appelle trajectoire la courbe que décrit la balle dans son trajet dans l'espace.

« On appelle ligne de tir l'axe du canon indéfiniment prolongé.

« On appelle point d'arrivée... »

Il a écrit ça !

On lui a fait écrire ça !

Mon pauvre Louis ! La vie est là autour de la petite chambre où j'écris. Écoute le peuplier et le vent du sud ; sens cette odeur de bûches de chênes ! Regarde : au-delà de la fenêtre toute la plaine noire s'est illuminée. C'est la nuit. Les fermes, en bas, brûlent des fanes, les charrettes roulent dans les chemins. Une jeune fille peureuse chante sous les saules en ramassant à tâtons sa lessive étendue. Je sais que tu es là, toujours derrière moi. Derrière moi, maintenant, au moment où j'écris, je sais que ton amitié est plus fidèle que tous les amours du monde et que c'est, humblement, d'une autre qualité. Mais, je voudrais que tu aies ta place parmi ceux qui peuvent saisir des pommes, manger des figues, courir, nager, faire des gosses, vivre.

Plus égoïstement, Louis, je voudrais que tu sois là pour moi. J'écoute. Il n'y a pas de bruit ici. Seul, dehors, le vent et la pluie commencent. Ici, ici, où es-tu ? Là-bas, dans l'ombre de la commode, il n'y a rien que mon lit. Cette chose sombre là-bas, c'est mon manteau de berger. Je vais voir. Non, rien que mon manteau et mon cache-nez, et mon béret. Vide, le béret ; pas de crâne dedans, mou. Tu n'es pas là. Alors ? Devant les livres ? Devant tes livres favoris, ces deux ou trois que tu prenais toujours puis tu restais à lire tout debout ? Es-tu là ? Je touche les livres. Ils ont encore toute leur poussière. Louis, je te dis, j'ai besoin de toi ce soir. Ce soir, et tous ces jours qui sont passés sans toi, et tous ces jours qui vont venir ; j'ai besoin de ton amitié. Oh ! J'ai cherché, mon vieux ; tu te souviens du temps où nous parlions de tout ça dans les collines. J'ai cherché comme ça. Tu sais ce que j'ai dû offrir, tu l'as vu ? Tu sais ce qu'on en a fait. Non, j'ai besoin de toi. Et, où te chercher ? Je te sens dans mon cœur, mais je sais que j'aurais la paix si je pouvais te voir là, sur le fauteuil en train de fumer ta pipe.

Si encore tu étais mort pour des choses honorables : si tu t'étais battu pour des femmes ou en allant chercher la pâture de tes petits. Mais non, d'abord on t'a trompé et puis on t'a tué à la guerre.

Qu'est-ce que tu veux que j'en fasse de cette France que tu as, paraît-il, aidé à conserver, comme moi ? Qu'est-ce que tu veux que nous en fassions, nous qui avons perdu tous nos amis ? Ah ! S'il fallait défendre des rivières, des collines, des montagnes, des ciels, des vents, des pluies, je dirais : « D'accord, c'est notre travail. Battons-nous, tout notre bonheur de vivre est là. » Non, nous avons défendu le faux nom de tout ça. Moi, quand je vois une rivière, je dis « rivière » ; quand je vois un arbre, je dis « arbre » ; je ne dis jamais « France ». Ça n'existe pas.

Ah ! Comme je le donnerais tout entier ce faux nom pour qu'un seul de ceux qui sont morts, le plus simple, le plus humble vive. Rien ne peut être mis en balance avec le cœur d'un homme. Ils sont toujours là à parler de Dieu ! C'est Dieu qui a donné le petit coup d'index au balancier de la pendule de sang au moment où l'enfant tombait du porche de sa mère. Ils sont toujours là à parler de Dieu, et puis la seule chose qui soit son travail de bon ouvrier, la seule chose qui soit une œuvre de Dieu, la vie qu'il œuvre seul, malgré toutes vos sciences d'imbéciles à lunettes, la vie vous la gâchez à plaisir dans un mortier infâme de boue et de crachats, avec la bénédiction de toutes vos églises. La belle logique !

Il n'y a pas de gloire à être français. Il n'y a qu'une seule gloire : c'est être vivant.

Tu es ombre, toi là, derrière ma chaise. Je ne toucherai plus ta main. Tu ne t'appuieras jamais plus sur mon épaule. Je n'entendrai plus ta voix. Je ne verrai plus ton bon regard avec son honnêteté et son grand rayon. Je sais que tu es là, près de moi, comme tous les morts que j'aime et qui m'aiment, comme mon père, comme un ou deux autres.

Mais tu es mort.

Je n'en veux pas à celui qui t'a tué d'un coup de fusil dans le ventre. On l'avait trompé comme toi. On lui avait dit que les rivières s'appelaient « Allemagne ». On lui avait fait inscrire sur son carnet : « On appelle point d'arrivée... »

J'en veux à celui qui dictait.

Nous eûmes encore deux longues conversations avec mon père. Il était malade. Une sorte de douleur sombre et sourde lui mangeait le foie. Il ne se plaignait pas. Nous sentions seulement qu'il était durement atteint dans le plus douillet et le plus vivant de lui-même. Il avait maigri. La barbe étoffait un peu ses joues, mais quand il revenait de chez le coiffeur, il entrait avec un visage étrange, de plus en plus osseux ;

sa main, quittant la poignée de la porte, flottait un moment, impondérable dans l'air. Ses yeux regardaient au-delà des choses et il faisait deux ou trois pas mous et balancés comme s'il enfonçait dans un nuage.

— Qu'est-ce que vous avez à me regarder ?

Ma mère essayait de parler avec ses lèvres tremblantes.

— Pour te voir, père, voilà.

— Je vous plais ?

Il était devenu cruel et dur. Sa mince bouche rongée par une sorte de fièvre acide n'était plus, sous sa moustache, qu'un fil de vinaigre.

Depuis quelques années nous avions un petit jardin au flanc de la colline. Le terrain et les oliviers avaient coûté 150 francs. Mon père avait fait construire une cabane en briques et creuser un puits, à côté d'un tilleul, d'un marronnier et d'un cyprès. Il montait tous les jours jusque-là. Il donnait à ses lapins. J'arrivais parfois sans faire de bruit. Je me cachais derrière le chèvrefeuille. C'est à ce moment-là que mon père prit l'habitude de bourdonner, bouche fermée, un bourdon sourd, sans forme ni couleur, monotone, contenu, étrangement magnétique et qui envoûtait comme le battement d'un sombre tambour.

Nous étions assis sous le tilleul. Il mit sa main sur mon bras :

— Fiston, dit-il, il faut que je te parle un peu. J'en ai envie depuis quelque temps. Je rumine. Je suis seul. Je pense à beaucoup de choses. Je ne serai plus là quand tu seras un homme. Non, tu n'es pas un homme. On apprend petit à petit. Nous avons marché ensemble jusqu'à maintenant.

Il resta un moment sans rien dire, à bourdonner.

— Ça n'est pas difficile de vivre seul, fiston. Le difficile, c'est de souffrir seul. C'est pourquoi il y en a tant qui cherchent Dieu. Quand on l'a trouvé, on n'est plus seul, plus jamais seul. Seulement, écoute bien, on ne le trouve pas, on l'invente.

» Ce qu'on veut, au fond du cœur, même quand on souffre beaucoup, c'est continuer. Quoi ? À vivre. Même quand on meurt on veut continuer. Oui, à vivre : continuer à vivre. Une autre vie. La vie de l'au-delà, le paradis, n'importe quoi. Oui, à l'endroit où la route rentre dans l'ombre, nous mettons un miroir. Au lieu de regarder ce qu'il y a après, de nous habituer à l'ombre, nous mettons une glace. Dans cette glace, c'est ce côté-ci de la vie qu'on voit, le chemin qu'on vient de faire et qui paraît se continuer de l'autre côté de la glace. C'est un peu tremblant, c'est un peu mystérieux, un peu effacé, comme tous les reflets de miroir. Ça imite bien l'au-delà. Il y a des arbres, du ciel, de la terre, des nuages, du vent, de la vie. De la vie. C'est ça qu'on veut.

» Ça, ça peut servir tant qu'on est de ce côté-ci de la glace. Mais, dès qu'on passe — tu comprends, une glace, ça n'est pas très épais, c'est gros comme mon doigt — alors, dès qu'on fait un pas de l'autre côté, alors, d'un coup on sait. On sait que c'est mensonge, tromperie, on crie... C'est ce qu'on dit parfois : « Il a eu une agonie terrible. » Ce qu'il y a de l'autre côté ? Je ne sais pas. Je pourrais te dire : rien. Je ne crois pas qu'il n'y ait rien. Je ne sais pas. Je ne te dirai pas qu'il n'y a rien. Au moment où on sait, on hurle, et puis voilà. Là n'est pas la question.

» Quand on réussit à inventer Dieu, voilà le dieu qu'on invente. Il est à côté de toi. Il te surveille, il te caresse. Tu es le plus beau. Il semble que tu es seul dans le monde. Il est ton père et ta mère. Quand tu fais mal il te corrige. Quand tu fais bien, il met des bonbons dans une boîte et il te dit : ça, plus tard, tu l'auras. C'est comme celui qui marche devant les bœufs avec une poignée de sel pour les faire avancer dans les labours pénibles et qui les mène à l'abattoir avec la même poignée de sel. On invente un dieu comme ça. Il te promet tout. Fiston, le miroir aussi te promet.

» Seulement, tout ce temps que tu passes à côté de ton invention, c'est agréable. Je reconnais que c'est agréable de pouvoir parler à quelqu'un, de pouvoir se plaindre, de demander, de gémir. Et je ne sais pas si, au bout du compte, il ne vaut pas mieux, s'il ne vaut pas mieux inventer Dieu, fermer les yeux et les oreilles, dire mille fois et mille fois : « C'est vrai, c'est vrai, il existe. » Et puis y croire. Je ne sais pas.

» Parce que, fiston, le terrible, c'est de souffrir seul. Tu le sauras, plus tard.

Il bourra sa pipe.

— Où je me suis trompé, c'est quand j'ai voulu être bon et serviable. Tu te tromperas. Comme moi.

Il se mit à fumer sa pipe doucement et à filer ce bourdon monotone qui l'enveloppait comme la soie d'un cocon.

Il me parla une deuxième fois devant un admirable crépuscule. C'était comme une vaste moisson bousculée par le vent. Des gerbiers de nuages s'entassaient dans le creux des collines. Un impalpable froment blond fumait sur toute l'herbe du ciel. Le soleil avec ses rayons était planté dans la boue, comme une roue brisée.

— Une fois, dit mon père — il était ce jour-là très calme, très beau, avec son pauvre visage d'argile grise creusé férocement par la mort — une fois, je m'étais abonné à un journal d'images. C'était très intéressant. Ça donnait un peu de tout. Il y avait de quoi lire : *Bras d'acier, les Mystères de Paris, le Juif errant*. Sur les deux pages du milieu, il y avait des reproductions de tableaux, de statues. J'en découpais pour mettre dans mon atelier : la Vénus de Milo, et puis, une espèce de grand bonhomme tout raide, tout droit comme un tronc d'arbre, un vainqueur de course en char. C'est dans ce journal que j'ai vu un jour un beau tableau. Il y avait d'abord, devant, un homme gigantesque. On voyait sa jambe nue. Ses mollets étaient serrés dans des muscles gros comme mon pouce. Il tenait d'une main une faucille et de l'autre une poignée de blé. Il regardait le blé. Rien qu'à voir sa bouche on savait que, tout en fauchant, il devait tuer des cailles. On savait qu'il devait aimer les cailles grasses frites au plat et puis le gros vin bleu, celui qui laisse des nuages dans le verre et dans la bouche. Derrière lui — écoute bien, c'est assez difficile pour te faire comprendre — derrière lui, imagine tout un grand pays comme celui-là, plus grand que celui-là parce que l'artiste avait tout mis à la fois, tout mélangé pour faire comprendre que ce qu'il voulait peindre, c'était le monde tout entier. Un fleuve, un fleuve qui passait dans des forêts, dans des prés, dans des champs, dans des villes, dans des villages. Un fleuve qui tombait finalement là-bas en faisant une grande cascade. Dessus le fleuve, des bateaux volaient d'un bord à l'autre, des chalands dormaient et l'eau était couverte de rides autour d'eux, des radeaux d'arbres coupés filaient à plat dans le courant ; de dessus les ponts des hommes pêchaient à la ligne. Dans les villages, les cheminées fumaient, les cloches sonnaient, montrant le nez aux clochetons. Dans les villes il y avait toute une fourmilière de voitures. D'un port du fleuve, de grands voiliers s'élançaient. Il y en avait au repos dans un petit golfe des prés ; d'autres qui frémissaient à la limite de la force du fleuve, d'autres déjà partis sur cette force vers la mer. Dans un coin du tableau justement était la mer. Au bord, on la voyait calme et juste assez plissée pour baver contre de grands poissons échoués sur le sable. Des hommes défonçaient ces poissons à coups de pioches, d'autres portaient sur leurs épaules de grands lambeaux de chair vers leurs maisons. Les ménagères les regardaient venir du seuil de la porte. Dans les maisons, les âtres étaient allumés. Une jeune fille berçait son petit frère. D'une fenêtre, on voyait un jeune homme qui poussait une fille sur un lit. Dans les forêts, les hommes coupaient des arbres. Dans les fermes, on tuait le cochon. Des enfants dansaient autour d'un ivrogne. Une vieille femme criait de sa fenêtre pendant qu'on lui volait ses poules. Une accoucheuse sortait d'une maison pour se laver les mains au ruisseau. La commère lui réclamait les ciseaux. Le père fumait la pipe. L'accouchée détournait la tête pour ne pas regarder ce qui se passait entre ses cuisses. On faisait chauffer des langes autour d'un feu. Près d'un autre feu, on faisait cuire de la viande. Sur un autre feu on faisait brûler des morts. Les champs étaient pleins de travail. Des hommes labouraient, d'autres semaient, d'autres moissonnaient, d'autres vendangeaient, battaient le blé, vannaient le grain, brassaient la pâte, tiraient les bœufs, battaient l'âne, retenaient le cheval, dressaient la houe, la hache, la pioche, ou pesaient si fort sur l'araire qu'ils en perdaient leurs sabots.

» Tout ça !

» Ça m'avait donné un gros entrain. C'était intitulé : *la Chute d'Icare*.

» Sur le moment, je me suis dit : « On s'est trompé de titre. » J'ai cherché un petit moment et puis je me suis mis à faire mes souliers.

» Tout le jour, fiston, tout le jour, je me suis dit : la chute d'Icare, la chute d'Icare ! Icare qui a tué mille coqs et mille poules, des aigles, de tout, qui s'est collé les plumes sur les bras, le duvet sur le ventre et puis qui a essayé de voler. Où est-il ? On s'est trompé de titre !

» Non.

» Le soir, j'ai allumé ma lampe, j'ai regardé. C'était bien ça.

» Là-haut, en plein ciel, au-dessus de tout le reste qui continuait, qui ne regardait pas, qui ne savait rien, de tout le reste qui vivait au plein de la vie, là-haut, encore au-dessus de tout, Icare tombait.

» Il était gros comme ça, tiens, comme le bout de mon ongle. Noir, un bras d'ici, une jambe de là, perdu, comme un petit singe mort.

» Il tombait.

La main maigre de mon père fit un geste pour dire que ça n'avait pas d'importance.

Au bout d'un moment il ajouta :

— Souviens-toi de ça, fiston.

On entra dans l'année quatorze sans s'en apercevoir. Elle fit tout doucement son jeu de neige, d'hirondelles, d'amandiers en fleurs. Les blés montèrent comme d'habitude. Les tulipes des champs arrivèrent à l'heure ; elles sortaient paisiblement des vieux oignons du printemps treize. Les hirondelles retrouvaient leurs nids. Les hases avaient fait des troupes de petits levrauts. Autour des bergeries on agrandissait les barrières parce que, cette année-là, le sel des béliers s'annonçait bien divisé ; on avait presque un tiers de plus d'agneaux. L'herbe poussait bien mieux que l'an d'avant et bien meilleure. Les bêtes qui pâturaient avaient joie à manger. Elles mâchaient longtemps en regardant le ciel. La terre se cultivait bien. Il avait plu quand il fallait. Il avait fait le bon vent. Le soleil était juste. Tout marchait paisiblement. La paix et la joie, depuis les fonds de la terre, montaient à travers les herbes, à travers les arbres, à travers les longues veines des lièvres, des renards, des sangliers, des béliers, des brebis, et les mâles avaient de calmes semences vivantes comme des voies lactées. La roue du monde tournait sans bruit dans l'huile souple.

Les hommes étaient inquiets. Ça se faisait trop bien. Ça leur laissait beaucoup de temps pour des soucis d'hommes. La terre jutait tellement bien comme un beau sein bien nourri qu'on la tétait sans plus penser à la caresser et à tirer son plaisir de ça. On ne donnait d'importance qu'à des jeux de têtes et, dans chaque clan, tous les matins on regardait avec volupté des vieux hommes, habiles à parler, habiles à gouverner, habiles à dissimuler leur faim de richesses et qui se gonflaient la tête comme des bulles de savon. On était orgueilleux d'avoir les plus grosses bulles. Les poètes n'allaient plus aux champs, ils bavaient dans des clairons. Pendant ce temps, le lait de la terre ruisselait dans toutes les herbes et la gloire des bêtes et des arbres montait. Les hommes trop nourris avaient oublié leurs génitoires ; ils faisaient l'amour avec du pétrole et des phosphates, des choses sans hanches ; ça leur donnait envie de sang.

Il me fut facile de partir à la guerre sans grand émoi, tout simplement parce que j'étais jeune et que, sur tous les jeunes hommes, on faisait souffler un vent qui sentait la voile de mer et le pirate.

Jean Giono, une vie, une œuvre

(Photo © Collection Viollet).

Le futur écrivain à l'âge de 5 ans (Collection Aline Giono).

CHRONOLOGIE

1895 Naissance, le 30 mars, au 1, rue Torte, à Manosque (Basses-Alpes, aujourd'hui Alpes-de-Haute-Provence) de Jean Giono, fils unique de Jean-Antoine Giono et de Pauline Pourcin. Son père (1845-1920) est le fils de Pietro Antonio Giono, né dans le Piémont en 1795, peut-être carbonaro, militaire ou déserteur, qui, après des démêlés avec les autorités, passe en France en 1831. Engagé dans la Légion étrangère, il soigne les victimes d'une épidémie de choléra à Alger en 1835. Revenu en France où il devient chef de chantier, il épouse une Piémontaise et meurt en 1854. La mère de Giono est la fille d'un ouvrier tanneur de Manosque, ancien soldat de Napoléon III et clairon dans la musique de la Garde impériale, marié à une Picarde. Elle tient un atelier de repasseuse à Manosque et a épousé en 1892 Jean-Antoine qui, après avoir été cordonnier à Marseille, puis cordonnier itinérant, va continuer d'exercer son métier dans cette ville.

1897 Naissance, le 2 février, d'Élise Maurin, fille unique d'un coiffeur et d'une couturière. Elle deviendra l'épouse de l'écrivain.

1900 Jean Giono entre, conformément aux vœux de sa mère, à l'école Saint-Charles tenue par les sœurs présentines.

1902 Il entre au collège de Manosque.

1905 Pour obéir à sa mère, qui est très pieuse, il suit pendant deux ans le catéchisme de la paroisse du Saint-Sauveur ; mais après sa première communion, il abandonnera toute pratique religieuse.

1910 Il compose ses premiers poèmes. Au programme de ses lectures : Lamartine, Hugo, Stendhal.

1911 Le futur écrivain commence *Angélique,* un roman médiéval qu'il reprendra à plusieurs reprises avant de l'abandonner en 1923. Il passe ses vacances d'été en Savoie, chez ses cousins piémontais, les Fiorio. En octobre, la santé défaillante de son père et les soucis financiers amènent Giono à abandonner ses études en seconde et à entrer à l'agence de Manosque du Comptoir national d'Escompte, d'abord comme chasseur, puis comme employé. Sur son salaire, il prélève de quoi s'acheter des livres et découvre les classiques grecs : « Richesse inouïe de mon cœur à l'époque 1911-1912 dans la première rencontre de ce pays et des grands Grecs. » (*Journal,* 16 janvier 1939). Ce « pays » c'est évidemment la Provence à laquelle il reliera souvent l'inspiration des textes grecs. Outre les classiques grecs et latins (Virgile, notamment), il s'initie à l'œuvre de Dante, Cervantès, Shakespeare.

1913 À la banque, Giono voit ses appointements augmentés. Il passe du service de l'escompte à celui des coupons. Il refuse « d'entrer dans la société de préparation militaire qui groupait tous [ses] camarades » *(Refus d'obéissance).*

Jean Giono pendant la guerre de 1914 (Collection Aline Giono).

1914 Rencontre d'Élise Maurin, interne au lycée d'Aix, puis répétitrice à Ajaccio et professeur suppléant au collège de Manosque. Giono lui lit les textes qu'il compose. À la fin de l'année, il est envoyé comme élève aspirant à Montségur (Drôme). Il ne sera jamais aspirant.

1915 En janvier, incorporation comme soldat de deuxième classe au 159e R.I.A de Briançon. Son régiment est envoyé en renfort à Verdun et aux Éparges.

1916 Présent dans les tranchées, sur le front, il voit sa compagnie décimée. Lui-même est commotionné par l'explosion d'un obus.

1917 Il participe en avril aux opérations du Chemin des Dames. Agent de transmission, il se retrouve dans la région de Santerre (Picardie), secteur calme. Au cours d'une semaine de permission à Gonesse, il découvre Paris.

1918 Au cours de la bataille du mont Kemmel, en Belgique, il est légèrement gazé. Il est soigné à l'hôpital de Wormhoudt.
En juillet, il participe à la bataille de Reims. Il est en permission à Manosque lorsque l'armistice est signé. Séjour en garnison à Wissembourg et à Thionville. Giono va sortir des épreuves de la guerre farouchement pacifiste.

1919 Démobilisé en octobre, Giono ne retrouve pas son emploi à la banque. Il est affecté au service de la conservation des titres à l'agence de Marseille du Comptoir d'Escompte.

1920 En avril, il peut reprendre son poste à l'agence de Manosque. On lui confiera ensuite le service de la caisse, avant de le nommer sous-directeur. Le 26 avril : mort de Jean-Antoine Giono.

Le 22 juin : mariage de Giono avec Élise Maurin. Voyage de noces à Genève, puis à Vallorbe, chez la tante de Giono. De retour à Manosque, le couple vit quelques mois avenue de la Gare, chez des amis, avant de s'installer au 8, rue Grande.

1921 D'octobre 1921 à avril 1923, il publie dans *La Criée,* revue marseillaise, une série de poèmes en prose. Cette publication attire l'attention de Lucien Jacques, fils, lui aussi, de cordonnier, né en 1891, et qui va devenir l'un des plus proches amis de l'écrivain.
L'été, vacances chez des cousins d'Élise Giono, à Dieulefit (Drôme).

1922 Giono écrit pour *La Criée* ses « images de plumes », « images cueillies pendant certaines lectures — des contes persans, des drames japonais, la *Salomé* d'Oscar Wilde — et peintes et dessinées avec des phrases cadencées à la place des pinceaux et des crayons ». Ainsi définit-il ses intentions dans une lettre à Lucien Jacques. Une correspondance s'établit.

1923 Composition d'*Accompagnés de la flûte,* poèmes en prose inspirés par Platon ou Virgile et que Lucien Jacques publiera l'année suivante dans ses *Cahiers de l'artisan.* Giono se prend de passion pour des compositeurs de musique classique : Mozart, Chopin, Beethoven, Bach. Voyage en juillet avec sa femme dans le massif de la Grande-Chartreuse.

1924 Première rencontre à Manosque entre Lucien Jacques et Giono qui, grâce à lui, découvre *Les Feuilles d'herbe* de Walt Whitman, lecture importante pour l'écrivain. Giono continue d'écrire et envoie en octobre à Lucien Jacques vingt-trois *Églogues* où il a « fait de l'antiquité d'après nature ».

1925 Giono découvre les paysages du Briançonnais et de la région du col de Luz-la-Croix-Haute. En janvier, Lucien Jacques lui rend visite. Giono se promène avec lui dans les collines et lui lit l'œuvre qu'il vient d'entreprendre, *Naissance de l'Odyssée,* son premier roman qu'il achèvera deux ans plus tard.
En juillet, vacances du couple en Suisse, près de Vallorbe, chez la tante paternelle de l'écrivain qui vient d'être nommé fondé de pouvoir à l'agence de Manosque du Comptoir d'Escompte. Il achève *Rustique* qui deviendra *Champs.*
En septembre, il s'installe dans la maison familiale du 14, rue Grande, près de sa mère.

1926 25 octobre : naissance d'Aline Giono.
En novembre, remise de huit chapitres de *Naissance de l'Odyssée* à M. Autin, lecteur aux éditions Grasset.

1927 Lecture de Dostoïevski. Giono travaille à *Colline* qui sera achevé l'année suivante. En juin, à Manosque, Lucien Jacques relit avec Giono *Naissance de l'Odyssée* dont le manuscrit intégral va être soumis à Grasset.

1928 Giono découvre les paysages sauvages du Var en se rendant dans les localités où sa banque a des bureaux.
En janvier, les éditions Grasset refusent *Naissance de l'Odyssée* jugé un peu trop « jeu littéraire » et suggèrent un autre envoi. Giono leur adresse des pages de *Colline* avant de les faire suivre du manuscrit complet.
En mai, le roman est accepté qui paraît en prépublication dans la revue *Commerce,* en juillet. André Gide s'enthousiasme pour cette œuvre et en parle.

Couverture de l'édition originale (Photo Yann/Collection Aline Giono).

COLLINE

PAR

JEAN GIONO

LES CAHIERS VERTS
mil neuf cent vingt-neuf

Au printemps, le Comptoir national d'Escompte supprime son agence de Manosque et propose à Giono la direction de celle d'Antibes. Il refuse et passe à l'agence de Manosque du Crédit du Sud-Est. Giono et sa famille s'installent dans l'appartement de fonction qui leur est procuré, 1, boulevard de la Plaine. Dès le mois d'août, Giono entame un nouveau roman, *Un de Baumugnes.*

1929 En février, séjour d'une semaine à Paris à l'occasion de la sortie prochaine en librairie de *Colline.* Il rencontre divers écrivains — André Gide, Léon-Paul Fargue, Sylvia Beach — mais délaisse avec joie la capitale et ses cénacles littéraires pour retourner à Manosque. En mai, le roman reçoit le prix américain Brentano. Il achève en octobre un troisième roman, *Regain,* qui complétera avec les deux précédents ce qu'il appelle « le cycle de Pan ». En juillet, André Gide rend visite à l'écrivain.

En août, *Un de Baumugnes* commence à paraître en prépublication dans la *N.R.F.* puis sort en librairie chez Grasset. En octobre, Giono publie des extraits de *Regain* dans la revue *Europe* sous le titre *Le Vent de printemps. Prélude de Pan* est publié par Henri Pourrat dans l'*Almanach des champs.* Revues et journaux sollicitent des textes de l'écrivain qui collabore à *L'Intransigeant.* À la fin de l'année, il commence une première version du *Grand Troupeau,* qui sera achevé l'année suivante.

1930 En février, publication de *Présentation de Pan* dans *La Revue de Paris.*

Le Crédit du Sud-Est en déconfiture, il doit quitter son appartement de fonction du boulevard de la Plaine. Il achète alors une maison située sur les pentes du Mont d'Or dans le

quartier du Paraïs où il passera le reste de son existence et décide de vivre de sa plume.
L'écrivain retouche le manuscrit du *Grand Troupeau* alors que vont paraître : *Manosque-des-plateaux,* chez Émile-Paul ; *Présentation de Pan* et *Regain* — prépublié dans *la Revue de Paris* — chez Grasset ; *Naissance de l'Odyssée,* chez Kra (repris par Grasset en 1938) ; *Le Serpent d'étoiles* dans *les Nouvelles littéraires.*
En septembre, l'écrivain a passé des vacances à Saint-Julien-en-Beauchêne et effectué un voyage à Taninges. Au cours de ces séjours en Trièves et en Savoie, il effectuera une retraite chez des bergers dont il reviendra « ébloui ». Il se rend à Paris en novembre à l'occasion de la sortie de *Regain* qui recevra le prix Northcliffe. Fêté dans les milieux littéraires, Giono ne s'y attarde pas et s'en retourne à Manosque.

Le Paraïs, la maison de Manosque (Collection Aline Giono).

Un paysage sauvage à l'âpre beauté, le décor familier de l'œuvre de Giono - celui des Hauts-de-Provence. L'homme y fait corps avec la terre, comme ce vieux paysan qui fait penser au Janet de Colline. *(Photos © Kardas/Grasset).*

1931 Première version de l'ouvrage *Le Chant du monde* qui disparaîtra.
Chargé officiellement de conférences en Allemagne, l'écrivain se rend à Berlin en février et expose la composition de son œuvre devant des étudiants.
Vacances d'été à Taninges, en Savoie, chez ses cousins Fiorio.
Publication par Gallimard du *Grand Troupeau* qui était paru en livraisons dans la revue *Europe.*

1932 Publication de *Jean le Bleu,* récit partiellement autobiographique, chez Grasset.
Nouvelles vacances d'été à Taninges.
Jean Giono est nommé chevalier de la Légion d'honneur au titre de l'enseignement public.
Solitude de la pitié paraît chez Gallimard.
En septembre représentation de la pièce *Lanceurs de graines* à Genève ; elle est ensuite reprise à Paris au théâtre de l'Atelier, puis au théâtre Montmartre.
Début de la collaboration à l'hebdomadaire *Marianne* qui se poursuivra jusqu'en 1938.

1933 Giono commence une seconde version du *Chant du monde. Le Serpent d'étoiles* paraît chez Grasset.
L'écrivain va, en juin, passer quelques jours au Revest-du-Bion, ce qui lui inspire un article, « Haute Provence », publié par *Marianne,* puis il passe deux mois à Vallorbe chez sa cousine Fiorio.

1934 Marcel Pagnol adapte à l'écran et met en scène *Un de Baumugnes* sous le titre *Angèle,* et *Jofroi de la Maussan* sous le titre *Jofroi.*
Peu après les émeutes du 6 février, Giono adhère

à l'Association des Écrivains et Artistes révolutionnaires.
En avril, André Gide rend visite à l'écrivain à Manosque.
Le Chant du monde paraît chez Gallimard après une prépublication dans *La Revue de Paris.*
11 août : naissance de Sylvie Giono.
En novembre, la revue *Europe* publie un texte pacifiste de l'écrivain, « Je ne peux pas oublier » qui sera repris dans *Refus d'obéissance.*

1935 Giono se met à tenir son journal qu'il continuera jusqu'en juin 1939.
Grasset publie *Que ma joie demeure.*
En avril, en compagnie d'amis, il fait une randonnée à Moustiers-Sainte-Marie et au Revest-du-Bion, puis agrandit sa maison du Paraïs, à Manosque.
En juillet, il loue pour les vacances une maison, à Lalley, en Trièves, où André Gide lui rend visite et où il entreprend la composition des *Vraies Richesses.*
Le 1er septembre, il organise, avec des amis, une randonnée dans la montagne de Lure qui sert de décor à plusieurs de ses romans. Le 5, les participants, au nombre d'une cinquantaine, parviennent à l'étape du Contadour, hameau sur le plateau, près de Banon. Giono, qui s'est luxé le genou, est immobilisé. Le groupe campe sur place et se cotise pour acquérir le Moulin. C'est le début des rencontres de Contadour qui vont se poursuivre à Pâques et en été jusqu'à la guerre et où se rejoignent les opposants au fascisme, les pacifistes, les adeptes du retour à la terre et des « vraies richesses ».
En novembre, Giono donne un texte, *Le Cadavre de Pan,* dans un nouvel hebdomadaire de gauche, *Vendredi.*

1936 Début de la rédaction de *Batailles dans la montagne* et publication, chez Gallimard, des *Vraies Richesses*.
En été, séjour aux Queyrelles, hameau près de Briançon.
En juillet, paraît le premier numéro des *Cahiers du Contadour,* organe pacifiste qui retrace les rencontres et publie les œuvres de ceux qui y participent. Giono commence à travailler aux *Fêtes de la mort*.
Le 2 décembre : mort de « La Nini », la grand-mère paternelle d'Élise Giono, à l'âge de cent trois ans.

1937 Marcel Pagnol tourne, avec Fernandel, *Regain,* tiré du roman de Giono.
Publication, chez Gallimard, de *Refus d'obéissance,* puis de *Batailles dans la montagne*. Dans le premier texte, l'écrivain affirme sa volonté de ne pas répondre à la mobilisation si elle était

Scène du film Regain *de Marcel Pagnol tiré du roman de Giono avec Fernandel et Orane Demazis (Photo © Collection Viollet).*

décrétée. L'écrivain est attaqué par la droite et l'extrême gauche. Il va rompre avec l'équipe de *Vendredi,* en refusant de transiger avec ses principes pacifistes.
Séjour, en été, à Briançon.
Le deuxième numéro des *Cahiers du Contadour* publie *Le Bout de la route* et un poème de jeunesse, *Les Larmes de Byblis*. Les troisième et quatrième numéros contiendront d'autres textes, comme des chapitres inédits du *Grand Troupeau.*
En novembre, voyage à Grenoble et à Taninges.

1938 Giono est l'un des présidents d'honneur du premier Congrès des Auberges de la Jeunesse à Toulouse.
Marcel Pagnol tire son film *La Femme du boulanger,* avec Raimu, d'un épisode de *Jean le Bleu.*
Apprenant l'invasion de l'Autriche par les troupes allemandes (11 mars), il note dans son journal : « Non, rien n'a changé à ce que j'avais l'intention de faire. Continuer à combattre le militarisme. »
Le cinquième numéro des *Cahiers du Contadour* contient des poèmes et le début de la traduction de *Moby Dick* de Melville que Giono a entreprise avec Lucien Jacques et Joan Smith.
En mai, voyage dans la Drôme et le Vaucluse. Il est particulièrement séduit par les environs de Nyons.
En été, séjour aux Queyrelles.
Le sixième numéro des *Cahier du Contadour* contient notamment un message à la jeunesse et la suite de la traduction de *Moby Dick.*
À la suite de la crise tchèque, Giono envoie le 30 septembre un télégramme à Daladier : « Nous voulons que la France prenne immédiatement l'initiative d'un désarmement uni-

versel. » Gallimard publie *Le Poids du ciel,* le plus antifasciste des essais de Giono. Publication de *Précisions,* un pamphlet contre la guerre, et de la suite de *Moby Dick* dans la septième livraison des *Cahiers du Contadour.* Grasset va publier la *Lettre aux paysans sur la pauvreté et la paix* qui sera plus tard surtitrée « Vivre libre I », puis *Précisions* (« Vivre libre II »). L'écrivain abandonne *Les Fêtes de la mort* et entame la rédaction de *Deux Cavaliers de l'orage.*

1939 Huitième *Cahiers du Contadour* avec la fin de *Moby Dick* et les *Premières Proses* de Giono.

En préface au journal de guerre de Lucien Jacques, *Carnets de moleskine,* Giono écrit son dernier texte pacifiste, *Recherche de la pureté.* En juillet, il voyage à pied à travers la haute Drôme. En août, il séjourne à Tréminis, dans l'Isère, non loin de Lalley. Un neuvième numéro des *Cahiers du Contadour,* déjà composé, et qui devait paraître en septembre est suspendu par l'imminence de la guerre.

Le 4 septembre, des gendarmes montés de Banon informent les participants au neuvième *Contadour* que la guerre est déclarée. Les membres se séparent et Giono regagne Manosque. Quelques jours plus tard, il revient au Contadour, rédige un tract, *Ne frappe pas, écoute.* Avec des amis, il colle des papillons « Non » sur les affiches de mobilisation.

Le 5 septembre, Jean Giono est mobilisé à Digne.

Le 16 septembre, il est arrêté, probablement en raison de ses publications pacifistes, et interné au fort Saint-Nicolas à Marseille où il restera deux mois. Diverses démarches, notamment celle d'André Gide, ont lieu en sa faveur. Libéré, à la mi-novembre, sur la prononciation d'un

Jean Giono et Lucien Jacques dans les années 30, au moment des rencontres de Contadour (Collection Aline Giono).

non-lieu, l'écrivain est dispensé de toute obligation militaire.

1940 En janvier, Giono se rend à Paris. Il entreprend un gros roman, *La Chute de Constantinople* dont il ne restera que des fragments publiés dans *l'Eau vive.*
En été, il séjourne à Banon puis, après l'armistice, se rend à Cannes et à Lyon. Il dicte *les Fragments d'un paradis.* La *N.R.F.* publie le début de *Deux Cavaliers de l'orage* sous le titre *Histoire des Jason.*

1941 Giono achète une ferme, le Criquet, près de Céreste.
Il commence à écrire *Triomphe de la vie,* supplément aux *Vraies Richesses* qui paraîtra à Neuchâtel, aux Ides et Calendes. Gallimard publie la traduction de *Moby Dick* et un essai de Giono, *Pour saluer Melville.*
Le 30 mai, première représentation, au théâtre des Noctambules, à Paris, du *Bout de la route.*
À la fin de l'année, une autre pièce est créée au théâtre municipal d'Aix-en-Provence, *Jofroi,* tirée par Jean-Pierre Grenier de la nouvelle de Giono, *Jofroi de la Maussan.*

1942 Voyage d'une semaine à Briançon, Vallouise, Grenoble, Marseille.
Grasset publie *Triomphe de la vie.* L'écrivain se rend à Paris à cette occasion.
En été, séjour au bord du lac du Bourget.
Publication dans la *N.R.F.* de la *Description de Marseille,* fragments de *La Chute de Constantinople.*
Le 3 décembre, *La Gerbe,* journal compromis dans la collaboration, commence la publication de *Deux Cavaliers de l'orage* qui se poursuivra

Jean Giono et son ami Lucien Jacques, berger et peintre, en 1942 (© Collection Viollet).

jusqu'en mars de l'année suivante. Nouveau séjour de l'écrivain à Paris qui conçoit sa pièce, *Le Voyage en calèche*.

1943 En janvier, publication d'un reportage photographique sur Giono, mais sans texte de l'écrivain, dans *Signal*, périodique allemand. Gallimard publie *L'Eau vive*, un recueil de nouvelles, et un volume de *Théâtre*. Giono écrit une longue préface à une anthologie de Virgile. Il tient à nouveau son journal. Ses difficultés financières le contraignent à vendre certains de ses manuscrits. À la fin de l'année, la censure allemande refuse la création du *Voyage en calèche*.

1944 Giono entreprend des démarches en faveur de résistants arrêtés. Il reprend *Fragments d'un paradis,* qu'il n'achèvera pas. Création sans succès à Paris, de sa pièce, *La Femme du boulanger.*

Fin août : quelques jours après le débarquement en Provence, Jean Giono est arrêté sur les ordres du Comité de libération de Manosque qui lui reproche la publication d'un de ses romans dans *La Gerbe* et le reportage paru dans *Signal.* Il va être interné pendant sept mois à Saint-Vincent-les-Forts, entre Barcelonnette et Seynes-les-Alpes. Il est inscrit sur la liste noire du Comité national des écrivains où dominent les communistes, ce qui lui impose l'interdiction de publier pendant deux ans.

1945 Libéré, Jean Giono est assigné à résidence dans les Bouches-du-Rhône. Il va séjourner pendant quatre mois environ à Marseille, chez Gaston Pelous, 7, rue Mouren, à l'extrémité du boulevard Baille. Il conçoit le projet d'une série romanesque de dix volumes et écrit *Angélo* où apparaît le héros du *Hussard sur le toit* avant d'entreprendre un autre volume appartenant à la même « famille » romanesque : *Mort d'un personnage.*

En été, vacances familiales à Cassis.

1946 17 janvier : mort de Pauline Pourcin, mère de l'écrivain.

En mars, séjour à Nice, puis vacances d'été à Lalley, en Trièves. Cette région qui l'a souvent inspiré dans son œuvre lui dicte ce commentaire dans son *Journal :* « C'est de ce pays, au fond, que j'ai été fait pendant plus de vingt ans ». Début de la rédaction d'*Un roi sans divertissement* et de *Noé.*

Giono avait une belle écriture et toute une collection de porte-plumes !
(© Collection Viollet).

1947 Giono travaille à un projet modifié du *Hussard sur le toit*. Publication d'*Un roi sans divertissement*, aux éditions de la Table Ronde et du *Voyage en calèche* aux éditions du Rocher. En été, séjour à Lalley.

1948 Publication de *Noé* aux éditions de la Table Ronde et de *Mort d'un personnage* dans *La Revue de Paris*. Première adaptation cinématographique de *Deux Cavaliers de l'orage*.
En été, séjour à Lalley.
Début de la rédaction des *Âmes fortes*.

1949 Publication de *Mort d'un personnage*, chez Grasset.
En juillet, séjour à Gréoux-les-Bains, près de Manosque.
30 octobre : mort d'Antonia Maurin, mère d'Élise Giono.
Début de la rédaction du *Moulin de Pologne*.

1950 Publication des *Âmes fortes*, chez Gallimard.
En été, séjour à Gréoux.
Début de collaboration à *Combat* et de la composition des *Grands Chemins*.

1951 Publication, chez Gallimard, des *Grands Chemins*.
En été, séjour à Gréoux et publication du *Moulin de Pologne* dans *La Revue de Paris*.
En septembre, Jean et Élise Giono visitent en auto le nord de l'Italie et la Toscane (Turin, Milan, Brescia, Vérone, Padoue, Bologne et Florence). À Padoue, il s'entretient avec son ami Paolo Pardi, historien du « Risorgimento » dont il donnera le nom au héros du *Hussard*. Le roman paraît chez Gallimard et est salué comme un chef-d'œuvre. Début de la rédaction du *Voyage en Italie* et adaptation, sous le titre de *Joseph à Dothan*, d'une tragédie biblique du XVIIe siècle, du Hollandais Van den Vondel.

1952 Au printemps, voyage en Angleterre et en Écosse en compagnie de sa fille Aline, assistante de français à la High School de Chichester.
En été, vacances à Gréoux. La radiodiffusion française enregistre une série d'entretiens entre Giono, Jean Amrouche et Marguerite Taos.

1953 Publication, chez Gallimard, du *Moulin de Pologne*.
Adaptation radiophonique du *Hussard sur le toit* et diffusion des entretiens.
Début de la rédaction du *Bonheur fou*. Le Grand Prix littéraire de Monaco est attribué à Giono pour l'ensemble de son œuvre. Publication d'*Angélo* dans *La Nouvelle N.R.F.*
En septembre, nouveau voyage en Italie avec le peintre Jacques Thévenet : Piémont, Lombardie et Vénétie.
Giono y effectue des repérages pour son roman, *Le Bonheur fou*. Gallimard publie *Le Voyage en Italie*.

1954 Giono écrit *L'Écossais ou la Fin des héros,* qui sera l'un des textes des *Récits de la demi-brigade.* *Le Bonheur fou* paraît partiellement dans *Les Cahiers de l'artisan.*
En août, autre voyage en Italie avec Antoine Cadière et séjour à Rome.
Le 1er novembre, Giono assiste à l'ouverture du procès de Gaston Dominici qu'il suivra jusqu'à la fin des audiences le 28 novembre et qui lui inspirera un livre publié l'année suivante.
Le 6 décembre, Jean Giono est élu à l'Académie Goncourt.
Lucien Jacques lui consacrera une notice biographique dans *Les Cahiers de l'artisan.*

1955 Diffusion d'une série d'entretiens recueillis à Manosque par Marguerite Taos, sous le titre *Propos et récits de Jean Giono.* Publication des *Notes sur l'affaire Dominici,* chez Gallimard.

1956 Publication de *Lucien Jacques* dans les nouveaux *Cahiers de l'artisan.*

1957 Publication à tirage restreint de textes de Giono sur la Provence, *Provence,* dans deux éditions ; l'une à Paris, l'autre à Manosque.
Publication chez Gallimard du *Bonheur fou* dont un chapitre était paru dans *La Nouvelle N.R.F.*
En été, voyage en Italie avec Jacques Thévenet.
Giono préface le catalogue de l'exposition consacrée en décembre, à Paris, à Lucien Jacques.

1958 Giono commence une pièce tirée du *Chant du monde* qu'il n'achèvera pas et qui sera publiée après sa mort sous le titre *Le Cheval fou.* Il assiste, au Festival de Cannes, à la projection de *L'Eau vive,* film tourné sur son scénario par François Villiers, avec Pascale Audret. Il écrit

Une scène de L'Eau Vive *avec Pascale Audret (© Collection Kipa).*

un court métrage pour le même metteur en scène, *Le Foulard de Smyrne.*
Publication du *Bestiaire* dans *L'Arc* et *la Nouvelle N.R.F.* Il donne une évocation radiophonique, *Domitien,* dans la série « Profils de médailles ».
Publication d'*Angélo,* chez Gallimard.
En août, voyage familial en voiture en Italie, Suisse et Autriche.
Giono commence *Le Désastre de Pavie.* Publication de *Hortense ou l'Eau vive,* écrit en collaboration par Jean Giono et Alain Allioux à partir des dialogues du film (éditions France-Empire).

1959 Giono donne des chroniques au *Dauphiné libéré* et à *Nice-Matin.* Il écrit le scénario de *La Duchesse,* court métrage de François Villiers.
19 mars : mariage de Sylvie Giono avec le docteur Gérard Durbet.
Au printemps, voyage en Espagne en vue de la réalisation d'un film tiré de *Platero et moi,* de Juan Ramon Jiménez, prix Nobel ; le film ne sera pas tourné.
Gallimard publie *Domitien,* pièce de Giono, suivie de *Joseph à Dothan,* adapté du hollandais, de Joost Van den Vondel.

1960 Naissance de Philippe Durbet, petit-fils de l'écrivain.
Giono loue une maison à Majorque, dans l'intérieur des terres, où il effectuera chaque année deux séjours avec Élise, jusqu'en 1969.
Il écrit *Camargue* qui paraîtra dans *Ennemonde et autres caractères* en 1968, pour l'édition courante. Il travaille aux récits qui compléteront *les Récits de la demi-brigade.* Il assiste à Rome aux Jeux Olympiques.
Sortie du film *Crésus,* écrit et mis en scène par Giono, avec Fernandel.

Affiche du film de Marcel Camus, Le Chant du Monde *en 1965 (© Collection Viollet).*

Page de gauche, en haut. Jean Giono et Fernandel sur le tournage de Crésus *(© Keystone).*

Page de gauche, en bas. Une scène du film Un roi sans divertissement *(© Collection Cahiers du Cinéma).*

1961 Publication à Manosque de *Crésus.*
11 avril : mort de Lucien Jacques, le plus grand ami de l'écrivain.
En mai, Giono préside le jury du Festival cinématographique de Cannes.
Publication d'extraits des *Carnets* dans *La Nouvelle N.R.F.*
En été, voyage en Italie et visite aux lieux de la bataille de Pavie.

1962 En préparant en Aubrac le tournage du film *Un roi sans divertissement,* dont il écrit le scénario et les dialogues, Giono a une attaque cardiaque. Il renonce au tabac et aménage son bureau au rez-de-chaussée de sa maison.

1963 *Un roi sans divertissement* est porté à l'écran par François Leterrier.
Publication, chez Gallimard, du *Désastre de Pavie.*
Giono est élu au Conseil littéraire de Monaco.

1964 Naissance d'Agnès Durbet, petite-fille de l'écrivain.
Rédaction du *Haut Pays* qui paraîtra dans *Ennemonde et autres caractères.*

1965 Marcel Camus met en scène *Le Chant du monde.*
Publication de *Deux Cavaliers de l'orage,* chez Gallimard.
Première représentation au théâtre Sarah-Bernhardt, à Paris, du *Voyage en calèche* sous le titre *La Calèche.*
L'écrivain entreprend un roman, *Dragoon,* qui restera inachevé. Il rédige aussi l'essentiel d'une pièce tirée du *Chant du monde* et intitulée *Le Cheval fou* qu'il remaniera dans les années suivantes.

1966 Publication du *Déserteur,* inspiré par le peintre Charles-Frédérique Brun et comportant la reproduction de ses œuvres aux éditions de Fontainemore, à Lausanne.

1967 Remaniement du roman *Dragoon* et mise en chantier d'un autre roman, *Olympe* qui restera également inachevé.

1968 Publication de *Ennemonde et autres caractères* chez Gallimard. Début de la rédaction du dernier roman de Giono, *L'Iris de Suse.*

Jeanne Moreau dans Ennemonde, *le téléfilm de Claude Santelli adapté du roman de Giono (Photo © F. De Lafosse/Sygma).*

1969 Publication des trois poèmes *La Chute des anges, Un déluge, Le Cœur-Cerf,* à Manosque. L'écrivain reçoit diverses personnes qui préparent la publication de ses *Œuvres romanesques complètes* dans « La Pléiade ».

1970 Publication, chez Gallimard, de *L'Iris de Suse.* En août, publication en tirage limité, à Grasse, du dernier texte rédigé par l'écrivain : *De certains parfums.*
En janvier, Giono, atteint d'une thrombose à l'aine, a été opéré. Il se rétablira mal. Dans la nuit du 8 au 9 octobre, il meurt dans son sommeil dans sa maison de Manosque. Il sera inhumé dans le cimetière de cette ville, le 10 octobre. Il avait soixante-quinze ans.

À l'occasion de la commémoration du centenaire de la naissance de Jean Giono, La Poste a émis un timbre à son effigie.

GIONO AU QUOTIDIEN
par Sylvie Giono

Sylvie Giono a rendu hommage à son père dans un beau livre, La Provence gourmande de Jean Giono. *Elle a également accordé un long entretien au* Magazine littéraire *qui, dans son numéro de février 1995, a consacré un important dossier à l'écrivain et qui nous a aimablement autorisé à le reproduire.*

Aujourd'hui, la maison du Paraïs, montée des vraies richesses à Manosque, est demeurée telle qu'elle était du vivant de Giono. L'association qui gère le patrimoine Giono, sorte de multinationale familiale dirigée par sa fille, s'y est installée, et la veuve de l'écrivain, presque centenaire, y vit toujours. Assez vaste demeure pleine de livres, dominant la ville, entourée d'un beau jardin. De son bureau du premier étage, Giono voyait les toits de Manosque qui lui firent imaginer l'aventure d'Angélo dans *Le Hussard sur le toit.* Dans l'une des pièces du bas, où Giono aimait à fumer une pipe après déjeuner avant de se remettre au travail, repose une magnifique tête en pierre, tachée par la transpiration de sa paume, qui semble un vestige précolombien. Elle ornait en fait le fronton d'une grange, dans la région de Die, et avait tant frappé Giono qu'il avait, pour l'acquérir, acheté la grange au paysan qui refusait de vendre seulement la tête. La bibliothèque, d'une prodigieuse richesse, révèle l'éclectisme et la boulimie de Giono lecteur.

— Bernard Fauconnier. *Nous allons d'abord parler de votre livre*[1] *: Giono gourmand, c'est un bon moyen d'entrer dans la familiarité du personnage...*

— *Sylvie Giono*. En effet, c'est une promenade dans les goûts de mon père. En tout cas, c'est la nourriture qu'il mangeait, que sa mère lui avait faite, que maman a continué de faire. Ensuite, quand il venait manger à la maison, c'était moi. Il a donc été nourri de toutes ces recettes provençales.

— *Quels étaient ses goûts culinaires ?*

— C'était un homme qui avait le nez très fin. Il n'aimait pas les plats compliqués. Il aurait détesté la nouvelle cuisine. Tous les mélanges esthétiques de salé-sucré, de kiwis, de petites tomates, il s'en fichait complètement. Ce qu'il voulait, c'était les gros plats familiaux. Pas d'entrée, pas de sortie : des daubes, des civets, de gros plats mitonnés. Ou tout simplement manger sur le pouce : les grosses tranches de pain de campagne, frottées d'ail et d'huile, le saucisson ou le fromage de chèvre. Quand il marchait dans les collines, c'était sa nourriture : le gros pain de campagne, le saucisson et le fromage, et le soir les gros plats. C'est ce qui lui a fait très mal. Il adorait les abats, foie, cœur, rognons, tripes, et les pieds paquets — il en était friand. Mais tout cela, avec les plats de gibier et les daubes, lui donnait la goutte. Et malheureusement, il l'avait au pouce droit, et dès qu'il avait une crise il ne pouvait plus écrire. À ce moment-là, il disait qu'il était atteint d'une crise d'injustice aiguë...

1. La Provence gourmande de Jean Giono.

— *Il était chasseur ?*

— Pas du tout. Il mangeait du gibier quand on lui en apportait, mais s'il avait dû se nourrir de gibier, il serait devenu végétarien. Mon père n'a jamais possédé un fusil ou quoi que ce soit qui puisse tuer.

— *Pacifiste jusqu'au bout...*

— Oui, mais assez lâche aussi, parce que nous avions un poulailler, de temps en temps nous devions sacrifier une vieille poule pour faire la poule au pot, et c'était le voisin qui devait venir la tuer parce que mon père n'aurait jamais tué une poule !

— *Cette maison n'a pas changé depuis sa mort ?*

— La maison continue de vivre comme si mon père était là : on y travaille, c'est toujours vivant, ma mère est là...

— *Quel âge a votre mère ?*

— Elle va atteindre ses quatre-vingt-dix-huit ans le deux février, le jour des crêpes. Elle avait deux ans de moins que mon père.

— *Giono sortait assez peu de cette maison...*

— C'était un voyageur assis. Il voyageait à travers ses livres. Mais il sortait tous les jours : il allait poster son courrier, ou faire la promenade du canal d'arrosage qui passe juste au-dessus de la maison. C'est à flanc de colline, huit kilomètres, il y a une très belle vue sur la plaine de la Durance.

— *Ses voyages...*

— Il les a faits très tard. Il avait beaucoup plus de cinquante ans quand il a commencé de voyager. Ma sœur et moi avions fait, jeunes, un voyage en Italie. Nous sommes revenues enthousiastes, nous avons raconté notre Italie à notre père (pour une fois c'est nous qui parlions et pas lui) et il a voulu aller voir lui-même. Il a préparé son voyage pendant deux ans, comme un alpiniste va faire l'ascension d'une montagne très lointaine, et il est parti avec des amis et ma mère dans une quatre-chevaux. C'était en 54 ou 55. Après, il y est allé plusieurs fois. Il a adoré l'Italie. Il y retrouvait ses racines. Entre-temps, il est allé voir ma sœur qui était à Chichester en Angleterre comme lectrice, et ils ont voyagé tous les deux en Écosse où il a découvert le pays de ses rêves, qu'il aurait aimé habiter parce que c'est un pays de brumes, de landes, un pays désert. Il n'aimait pas les endroits où il y a trop de monde. Il a aimé Manosque tant qu'elle ne comptait que cinq mille habitants. Quand elle a commencé à devenir une cité plus importante, donc laide car elle a poussé de façon anarchique, sans architecture concertée, fignolée, cela lui a déplu profondément. En Écosse, il n'y avait pas de faute de goût... Il en est revenu avec du soleil plein les yeux, alors qu'ici, il n'aimait pas le soleil : il s'en cachait.

— *Il disait lui-même qu'il se sentait plus homme du nord qu'homme du sud.*

— Bien sûr. Il avait la peau blanche, les yeux bleus, le teint clair, sa mère était picarde... Mais c'était un véritable provençal en ce sens qu'il n'aimait pas le soleil. Les Provençaux se méfient du soleil : il brûle, vous ne verrez jamais un paysan torse nu. Ici, on se couvre pour aller au soleil. Il faut être Parisien pour se mettre nu au soleil. Il détestait ces corps nus allongés sur les plages. Pour lui, c'était du pemmican en train de sécher !

— *Dans cette maison, il avait des habitudes de travail très régulières. Vous l'avez vu durant des années. Comment vivait Giono au quotidien ?*

— C'était facile ! Nous avions la chance d'avoir notre père qui restait sur place. Il n'avait pas besoin de sortir pour travailler ! Il se levait le matin après notre départ, il déjeunait et il montait tranquillement dans son bureau. Il travaillait le matin ; il faisait son courrier, puis encore l'après-midi. En fait, il travaillait tout le temps. Pour lui, le mot « travail » n'a jamais existé : c'était son plaisir.

— *Il n'était pas très matinal...*

— Non, mais cela ne veut pas dire qu'il ne travaillait pas. Dans son lit, dans un demi-sommeil, il travaillait déjà. Finalement, je crois que ce qu'on appelle la vraie vie, la vie active, la vie réelle ne l'intéressait pas. Pour lui le travail était un état. Un état de grâce. C'était se mettre en équilibre. Il est mort quand il n'a plus pu écrire. Il n'avait plus de raison d'être.

— *L'avez-vous entendu se plaindre de l'absence d'envie, ou d'inspiration, de la difficulté à faire un livre ?*

— Bien sûr, il y avait des moments où l'inspiration s'arrêtait, où il avait un blocage. Alors il n'insistait pas : il faisait autre chose. Il écrivait, il écrivait toujours. Il commençait un autre roman, ou il écrivait des chroniques, ou il faisait une préface... Il avait toujours quelque chose en train. Ça ne l'angoissait pas. Par exemple, il a mis des années à écrire *Le Hussard sur le toit*. Mais entre-temps il a écrit *Noé, Ennemonde, Un roi sans divertissement*, tout cela était en parallèle.

— *Vous arrivait-il, votre sœur et vous, d'entrer dans son bureau, de le voir travailler ? Est-ce qu'il vous acceptait, ou bien vous envoyait-il promener ?*

— Jamais ! Jamais ! Mon père était la gentillesse même, et nous avions la permission de tout faire. On n'en abusait pas, car nous avions beaucoup de respect pour ce que notre père faisait. Nous savions qu'il travaillait. Nous disions qu'il faisait ses devoirs. Mais il n'y avait pas d'interdit. On pouvait aller le déranger quand on voulait. Même quand il était en train d'écrire... On sentait que ça le dérangeait, mais il n'avait jamais de parole méchante ou agressive. Quand il sentait qu'on avait besoin de lui (il avait beaucoup de psychologie), il nous gardait et nous donnait des livres, des illustrés, et il continuait d'écrire.

— *Il vous aidait, dans votre travail d'écolière ?*

— Non. Il détestait ça ! Il aurait aimé nous aider pour nos devoirs de mathématiques. Il n'était absolument pas doué, mais il voulait nous aider. Tout de même, ce devait être une espèce de génie mathématique : quand il nous aidait, le déroulement du devoir était entièrement faux, mais il arrivait toujours au résultat vrai, ce qui fait que nous avions toujours des notes pitoyables, et quelquefois même nous étions punies car le professeur pensait que nous avions copié le résultat juste sur un raisonnement qui était entièrement faux...

— *C'était un père autoritaire, un* pater familias *provençal, ou un père libéral ?*

— Très libéral ! À l'époque, nous devions être les seules, ma sœur et moi, à faire exactement ce que nous voulions faire. Il ne mettait son nez que dans les mathématiques ! À tel point que l'année où j'ai passé mon bac, je suis revenue de Digne mécontente de moi, et je ne savais comment le dire à mes parents. Je suis arrivée, ma sœur m'a ouvert, elle m'a dit : « Viens vite ! Papa vient de recevoir un nouveau disque de Vivaldi. » On s'est mis à table, on a parlé de tout, de Vivaldi, des pâtes, personne ne m'a posé une seule question sur l'examen que je venais de passer. Finalement, dans l'après-midi, papa m'a dit : « Au fait, comment ça s'est passé ? » Je lui ai dit que je n'étais pas contente. Il m'a dit : « Ma chérie, ça ne fait rien. Si tu ne l'as pas, tu recommenceras, et si tu l'as, tant mieux ! » Il s'en fichait éperdument.

— *Il n'avait pas de repères sociaux...*

— Aucun. Lui était autodidacte et il se débrouillait très bien, donc pour lui les examens n'avaient aucune valeur. Ce qui comptait, c'était les caractères.

— *Aviez-vous la sensation, ou vous faisait-on sentir, que vous étiez la fille d'un père célèbre ?*

— Absolument pas. D'abord on ne savait pas très bien ce que faisait notre père, et il y avait même un certain mépris des gens vis-à-vis de lui, parce qu'il n'était ni paysan ni commerçant. Ils se demandaient comment on pouvait bien gagner sa vie en restant chez soi. Il y avait une petite lueur de curiosité quand, à la

(© Collection Viollet).

rentrée scolaire, le professeur nous demandait le métier de nos parents. Je disais : « Homme de lettres », et j'étais toute contente parce que j'étais la seule. Et puis on n'en parlait plus.

Il avait des voyages obligatoires à Paris. Il y prenait un certain plaisir à condition que cela ne dure pas longtemps.

— *Il disait que le plus beau monument de Paris, c'est la gare de Lyon...*

— Oui, l'horloge de la gare de Lyon, parce que quand il la voyait, c'est qu'il allait prendre son train pour revenir. Quand ma sœur Aline a habité Paris, il aimait y aller, sortir avec elle. Mais c'était un timide. Il aimait recevoir ici, par petits groupes. Il se sentait en force. Il les accueillait, il racontait des histoires, il était le plus heureux. Il était trop simple pour Paris. Il aimait séduire, mais il n'avait pas l'esprit brillant, qui fusait, comme l'esprit parisien.

— *Avez-vous des souvenirs des moments difficiles de sa vie : la guerre, les prisons...*

— La première fois qu'il est allé en prison, en 1939, je n'avais que quatre ans et je ne m'en souviens pas mais ma mère me disait que j'étais très fière de mon père. J'allais à l'école en sautant à la corde et en chantant : « Mon papa est en prison... » Et puis il n'avait tué personne ! Pour délit d'opinion, je ne vois pas pourquoi on ne pourrait pas être fière de son père ! Ensuite, la période de la guerre a été un moment très difficile. Il n'y avait plus d'argent à la maison, mon père n'était plus lu, plus édité. J'ai toute une correspondance avec Grasset et Gallimard où il quémande sans arrêt mille francs pour finir le mois, deux mille francs pour payer ses impôts... Et pendant toute cette période, nous étions douze à quatorze à table parce qu'il recueillait tout le monde : des cousins communistes qui étaient venus se mettre sous son aile protectrice, un Allemand, Charles Fiedler, qui fuyait la Gestapo et qu'on a gardé quatre ans, des juifs... La table était toujours pleine et maman avait des difficultés énormes pour faire manger tout ce monde-là. Heureusement nous avions une ferme. Papa partait à bicyclette chercher du ravitaillement à la ferme. Pour moi, toute cette période a été un très bon souvenir. La maison était sans cesse bourrée de monde... À cette époque, il a eu beaucoup de difficultés pour écrire. Une nuit, la maison a été plastiquée. Ce devait être en 42. Le mur a failli tuer ma sœur. La maison a été envahie de policiers. C'était un résistant qui avait fait ça, un ami de papa. Peu après il lui a écrit pour s'excuser, expliquant qu'il avait été moralement obligé de le faire pour garder son influence sur le réseau. Mon père lui a dit qu'il aurait mieux fait de le prévenir avant : il nous aurait fait quitter la maison ! Ensuite, il a été mis à nouveau en prison, grâce aux Manosquins, d'ailleurs. Il est resté dix mois à Saint-Vincent. Nous allions le voir avec ma mère. Le car nous laissait en bas et nous devions monter toute la pente, à pied dans la neige. Mais tout cela s'est passé sans angoisse. Il est parti en nous promettant que tout irait bien. Il essayait de toujours nous tranquilliser, et chaque fois qu'il a eu des ennuis, même des ennuis d'argent, on l'a su après, jamais sur le moment même : il fallait que nous vivions heureux. Tout au long de sa vie, il a voulu nous protéger.

Pour la prison, même s'il en avait de l'aigreur, il ne nous le disait pas. Cela se traduisait dans ses livres. Il est bourré d'histoires, et ces prisons, c'était une mine fabuleuse pour nous raconter des histoires. Sans doute en a-t-il été aigri, mais ça, vous le retrouverez dans les études de caractères, après la guerre. Ça a été sa thérapie.

Il racontait tout le temps des histoires. On a vécu une vie d'imagination, et pas une vie réelle. Le réel ne nous intéressait pas. Ce qui nous intéressait, c'était la vie imaginaire que nous faisait vivre notre père.

Après la guerre, il a beaucoup souffert de l'amitié trahie, car il avait un grand sens de l'amitié. Pour lui ne comptaient vraiment que les sentiments. C'est à partir de ce moment qu'il n'a plus cru en l'homme, et il s'est intéressé à faire des études de caractères durs. Même dans les héros romanesques du cycle du *Hussard,* il y a une dureté terrible, une indifférence, un mépris... Le portrait d'Angélo correspond vraiment aux sentiments qu'éprouvait mon père à ce moment-là.

— *Vous le ressentiez, dans la vie quotidienne ?*

— Pas du tout. Mon père est resté toujours aussi paisible, placide, généreux, affectueux, aimant la plaisanterie, souriant... On ne s'en rendait compte qu'à travers ses écrits où il se défoulait, exactement comme un assassin qui a besoin de tuer pour redevenir calme. Quand il tuait à travers ses livres, il redevenait normal.

— *Il aimait beaucoup la musique...*

— À la maison, il y avait de la musique tout le temps. Dès qu'on a pu avoir un gramophone « La Voix de son maître », on remontait la manivelle et il a commencé à avoir des 78 tours que lui apportait Lucien Jacques. C'est Lucien qui s'échappait toujours à Nice, à Paris, à l'étranger, et qui ramenait des choses extraordinaires, notamment de la musique. C'est grâce à lui que la musique est vraiment entrée dans la famille. On a commencé par Bach. Je me souviens que sur cette terrasse, là-derrière, on mettait le gramophone sous l'arbre, et on écoutait les *Concertos brandebourgeois.* J'avais cinq ou six ans, et je sautais à la corde sur les rythmes des *Concertos brandebourgeois.*

Quand ils étaient jeunes, avec ma mère, ils allaient au concert à Marseille. Il fallait presque deux heures de train, écouter le concert, coucher à l'hôtel : c'était une expédition. Puis ensuite, à partir de 1949, il a toujours suivi le festival d'Aix. Pour lui, c'était une jouissance terrible. C'était son Mozart, Mozart seul. On en parlait huit jours avant, on revenait tard dans la nuit avec un taxi, en sifflotant tous les airs de *Don Juan* ou de *Cosi fan tutte.* On connaissait tous les opéras de Mozart par cœur.

Jean Giono, sa femme et ses filles dans une représentation symbolique de Lucien Jacques (détail). (© Daniel Giry/ Sygma).

— *Il chantait bien ?*

— Non, mais il sifflait comme un oiseau, avec des roulades, des trilles, il faisait absolument ce qu'il voulait. Il jouait un peu d'harmonica. Mais quand on connaît bien ses œuvres, qu'on lit ses carnets de travail, il note, par exemple : « Je voudrais que ce passage soit écrit comme Bach a écrit sa fugue. » Il y a toujours une référence à la musique.

— *Beaucoup de gens défilaient dans la maison, souvent des gens célèbres. Avez-vous des souvenirs précis de tous ces gens ?*

— Non. J'étais petite quand ils venaient. La seule chose, c'est qu'ils étaient à table avec nous, car papa ne pouvait pas recevoir quelqu'un à onze heures du matin sans qu'il soit ensuite invité à déjeuner. Nous assistions toujours aux repas. On ne nous mettait pas de côté. Et au moment d'aller en classe, quand la conversation était vraiment intéressante, il nous disait, à ma sœur et à moi : « Cet après-midi, pas la peine d'aller en classe. Ce que vous entendrez ici est beaucoup plus intéressant que ce que vous apprendrez à l'école. » Et ensuite, bien entendu, il nous faisait des mots d'excuse royaux. Mais ce qui est curieux, c'est que quand les hommes de lettres venaient ici, ils ne parlaient pas beaucoup : ils écoutaient mon père. Ils étaient à l'écoute du conteur.

— *Il avait la dent dure, quelquefois, pour certains d'entre eux ?*

— Il était plein de contradictions, et d'une mauvaise foi terrible. Il pouvait dire les choses les plus méchantes sans en penser un mot. Ce qui est dur avec un homme de lettres, quand il l'écrit dans son carnet, c'est que ça reste, et ensuite c'est là-dessus qu'on se penche, et ça devient quelque chose de définitif, alors que ça pouvait n'être qu'un mouvement d'humeur... C'était un homme profondément bon, pas méchant. Mais en paroles, quelquefois il pouvait l'être.

Mais pour les grosses blessures, il pouvait être très rancunier. Il n'a jamais pardonné à ceux du Contadour. Il s'est rendu compte qu'il avait été utilisé par des gens qui le poussaient en avant pour défendre leurs idées. Et lui s'est laissé faire, parce qu'il était naïf comme tout, et je dis « naïf » parce que je suis gentille ; c'était : idiot. Mais l'amitié trahie a été quelque chose de définitif, comme un rideau qui est tombé. Il n'a jamais pardonné.

— *A-t-il souffert du malentendu sur son régionalisme ?*

— Oui, parce que lui ne se sentait pas du tout régionaliste. On le dit moins maintenant. Je pense que les gens ont compris. S'ils lisent les œuvres de mon père en pensant que c'est un régionaliste, c'est qu'ils ne savent pas lire !

— *C'est peut-être utile de le répéter...*

— Il n'était pas plus régionaliste que ne l'était Shakespeare ! Il décrivait la Provence parce que c'était un paysage qu'il avait devant les yeux. D'ailleurs, c'est une Provence transfigurée. *Les Âmes fortes,* qui est un grand bouquin, ne se passe pas en Provence, ce sont des études de caractères, cela peut se passer n'importe où.

— *Il était agacé de la comparaison avec Pagnol...*

— J'attendais ça ! (rires) Bien sûr, qu'il en était agacé ! Ils étaient amis, ils se tutoyaient, c'étaient deux hommes du Midi, deux conteurs. Ils s'aimaient beaucoup. Mais l'un était naïf, l'autre un commercial un peu filou. Mon père lui a fait des procès. Le pauvre malheureux ! Chaque fois, il attendait des années avant de faire un procès. Mais quand l'autre exagérait, quand il faisait disparaître son nom de l'affiche de *La Femme du boulanger,* il l'appelait, il lui disait : « Enfin, Marcel, pourquoi fais-tu ça ? » Et Marcel lui répondait : « Je ne peux pas m'en empêcher. » Et papa était obligé de l'attaquer. Pas seulement pour récupérer des droits commerciaux ; il disait : « C'est mon œuvre, c'est à moi ! » C'est comme si on lui avait arraché un enfant. Il voulait son nom sur ce qu'il avait écrit.

Mais il était très heureux par contre qu'on le compare à Faulkner. C'était un homme du sud comme lui.

— *Est-ce qu'il parlait de son travail en famille ?*

— Il en parlait à table. Tous les jours il nous lisait ce qu'il venait d'écrire, il nous parlait de ses difficultés, de ce qu'il voulait faire. Sur ce sujet, il a écrit *Noé,* qui est le roman du romancier : comment les personnages le sollicitent, comment ils font partie de sa vie... À travers moi, il voyait Langlois arriver à cheval... Mais ma sœur et moi ne lui avons pas servi de modèles pour ses personnages. Nous étions trop proches de lui, et nous manquions totalement de romanesque ! Nous étions trop vivantes : ça ne l'intéressait pas. Lorsque quelqu'un venait lui dire : « Monsieur Giono, ma vie est un vrai roman, vous devriez l'écrire », il répondait : « C'est formidable, mais ça n'a pas besoin d'être écrit ! » Le personnage qui l'a inspiré le plus, c'est son grand-père, qu'il n'a pas connu, et qui avait une vie un peu brumeuse, un peu mystérieuse, romanesque. Il s'en est servi dans *Le Hussard.*

— *Vous êtes l'exécutrice testamentaire de votre père.*

— Oui, mais je n'ai presque pas besoin d'agir. Ce sont les gens qui s'ouvrent de plus en plus à la lecture de son œuvre. Il est traduit partout, dans le monde entier. Si je n'étais pas là, l'œuvre de mon père continuerait à vivre, et c'est très rassurant, car je sais qu'avec mon père, je peux commettre toutes les erreurs possibles et inimaginables, il s'en sortira toujours. Si le livre que je fais paraître aujourd'hui est bon, c'est grâce aux textes de mon père. C'est un petit peu de la biographie familiale à travers ses recettes. J'ai repris les recettes qui se retrouvaient dans son assiette. Il y a aussi des recettes littéraires. Et celles-là, si les gens veulent les exécuter, ils auront peut-être des surprises ! Quand il se mêlait de faire la cuisine, il ne pouvait s'empêcher de nous faire travailler, alors nous lui demandions de rester sagement dans son bureau, car nous arrivions à table complètement épuisées... Mais il venait toujours goûter les plats ! Il aimait les saveurs fortes. La salade verte, les haricots, pour lui, c'était tristounet. Mon père était un sensuel. Tout connaître, par tous les sens...

Nous buvions peu de vin, car ça l'empêchait de travailler. Mais c'était un goûteur d'eau. Il goûtait les eaux de toutes les sources. Et il aimait le bordeaux. Pour lui, cela avait une valeur curative. Quand nous sortions d'une maladie, il ouvrait une bouteille de bordeaux et il nous en faisait boire un verre. Ça nous montait à la tête, nous étions ravies !

Propos recueillis par Bernard Fauconnier
© *Magazine littéraire,*
février 1995.

Jean Giono en randonnée solitaire sur ses lieux d'inspiration... (© Kardas/Grasset).

UNE RENCONTRE

Auteur de nombreux romans à succès (prix R.T.L. - Grand Public pour La Maison assassinée*), Pierre Magnan a quinze ans en 1937. Avec son ami Jef Scaniglia, qui a dix-sept ans, ils adhèrent aux Auberges de la jeunesse mais forment aussi le projet de fonder un journal et rêvent d'aller demander un article à un homme qui les intrigue et les intimide et qu'ils voient tous les jours. Voici le récit de cette rencontre.*

Giono nous le voyons tous les jours déambuler par Manosque, allant à la poste ou s'installant au café-glacier sur la terrasse pour contempler d'un œil inexpressif l'immensité de ce qu'il fomente. L'œil bleu de Giono, principale caractéristique de son visage, est comme celui des *menons* cornus des grands troupeaux. Nous le savons déjà très bien pour l'avoir si souvent contemplé à la dérobée : vide, vacant, anodin, ne voyant volontairement personne mais voyant tout. Toute sa vie, Giono promènera par Manosque ce regard objectif mais qui trie ce qu'il veut du spectacle du monde. Un jour, il me citera cette phrase du peintre

Paul Laurens qui le dessine tout entier : « Aujourd'hui je ne vois que les cravates. »

Depuis des années déjà, Giono défile devant la perspicacité enfantine de nos regards investigateurs. Je ne dis pas admiratifs. Nos pères le classent mal et s'en méfient pour cette raison ; la population manosquine, bourgeoise, ouvrière ou agricole, n'ouvre jamais un livre et se demande de quoi peut bien vivre cet homme depuis qu'il a quitté la banque. [...]

Tous les jours que Dieu fait, sauf le dimanche, Giono descend de sa maison vers cinq heures du soir. Il passe devant la petite porte à jamais fermée et couronnée de lierre de M. Anglès, la villa des Violettes. Il a devant lui, à hauteur des yeux, le clocher de Saint-Sauveur auréolé, si c'est l'automne, par les fumées jaunes du charbon de Gaude. Il tourne le coin de la rue Dauphine, autour de la maison Paul et son immense panneau publicitaire : *Texaco. Une seule goutte compte.* En face de lui, il a le théâtre des Variétés qui fait bal le samedi soir. Il franchit le *Riou dei ratos* et alors, si c'est l'automne ou si c'est le printemps, il se heurte sous la plaine au *scabot* de dix mille moutons qui monte à l'alpe ou qui en descend.

De l'odeur de ce scabot (lou scabéou) qu'il traverse froissant sa cape de bure aux toisons des brebis ; de la confrontation de son œil inexpressif par système avec ceux des béliers maîtres, bleus aussi et inexpressifs comme le sien ; de la vision des six pâtres noirs, rébarbatifs et héraldiques qui suintent leur misère sur les marches de la maison, chez Mme Dépieds, femme de l'adjoint au maire ; du vent souverain qui, dans les platanes au-dessus de lui, *chuchote la divine vérité (Le Poids du ciel) ;* de tout cela ! sont nés *Le Grand Troupeau* et *Le Serpent d'étoiles,* naîtront les interprétations prophétiques des grands mouvements convulsifs qui ont traversé le XXe siècle avec leurs aspects de capricieuses galaxies en gestation, lesquelles ont froissé chez Giono son sens de l'équilibre et de l'harmonie universelle.

Ici, il baigne dans la matière de ses livres. Manosque est sa bibliothèque nécessaire et suffisante. Ne croyez pas, surtout quand il vous affirme le contraire, que le poète a besoin d'aller en chercher plus loin les éléments ni que ces derniers aient besoin d'être plus conséquents ou plus significatifs. L'œuvre est une flasque baudruche dans laquelle le poète va souffler pour la couvrir d'irisations. Pour Giono, ce scabot de têtes à yeux bleus prendra les dimensions de l'univers ; son bétail, ses pâtres, ses odeurs et le vent de tristesse qui sur lui s'entendait, lui multiplient à l'infini les possibilités dramatiques qu'il comporte. Ces richesses véritables et solides étaient ici en un symbolisme étroitement et étrangement rassemblé comme si leur finalité n'était pas d'être ce qu'elles étaient en réalité, mais simplement de la matière à création. Il suffisait pour les transmuter de les détourner de leur mouvement propre par le mouvement plus subtil de l'écriture.

Voici donc Giono qui a traversé le scabot. Il pose le pied sur la première marche de l'escalier de la Plaine qui en comporte plus de cinquante en trois paliers. Vous pouvez encore les dénombrer : la matière qui est de la pierre de Banon n'est entamée en aucun endroit par les pas innombrables qui, depuis plus de cent ans, les ont escaladés ou dévalés.

Les puristes se sont moqués de nous parce que nous avons toujours parlé des *escaliers* de la Plaine ; c'est pourtant légitime. Il y en a deux, séparés par une haie de fusains, deux ouvrages bien distincts et qui autorisent le pluriel.

Giono, toute sa vie, sans aucune dérogation, empruntera toujours le même : celui de gauche en montant, tant à la montée qu'à la descente. Il a besoin pour travailler d'une certaine harmonie. Il me le dira bien souvent. Le creusement de ce sentier imaginaire, qui passe par la traversée du scabot et la montée par l'escalier gauche du boulevard de la Plaine, doit faire partie de ce besoin d'harmonie.

Comme lui sera nécessaire tout à l'heure cet arrêt au café-glacier, au retour de la poste, au centre d'un aréopage sévère et sans sourire qui pèse au passage les âmes manosquines et commente en silence sa désapprobation permanente à l'égard de tout ce qui défile devant lui, c'est-à-dire tout Manosque. Car tout Manosque vient chercher son journal au kiosque vert à côté du glacier, où, depuis peu, le mot *Hachette* est venu s'inscrire. [...]

Le voici : son chapeau noir aux larges ailes émerge d'abord, hissé au long de l'escalier, et tout de suite dessous le visage. Le visage, qu'à l'époque — plus tard il sera nu-tête — souligne à l'envers le chapeau. Rien dans ce visage n'est ordinaire. Nos pères, nos grands-pères, leurs voisins, nous ne nous arrêtons jamais sur leurs visages. Ils ne nous intriguent jamais. Le visage de Giono nous intrigue, nous intimide. « Mon visage asymétrique », dira-t-il. Nous ne savons pas ce que c'est que l'asymétrie d'un visage. Nous avons l'impression de nous trouver devant un homme qui n'est pas d'ici, qui n'est de nulle part.

Il est glabre. Ses oreilles sont un peu pointues vers le haut mais sans excès. Déjà, à trente-neuf ans qu'il a alors, son menton offre un certain empâtement qui ne dépassera jamais la mesure. Ses lèvres sont minces. On craint le sourire que, tout à l'heure peut-être, elles vont dessiner. (Comment peut-on croire qu'avec des lèvres si semblables à celles d'Henri Brulard, il ait pu ne pas aimer Stendhal du fond du cœur ?) Le nez est aussi aristocratique que le front. Ce n'est que par cet adjectif, alors, que nous pouvons le désigner. C'est un nez fin, mince, renardier, captateur. Nous sommes habitués à nos nez communs, trognards, camus, en pomme de terre, ridicules pour tout dire et ne voyant pas plus loin qu'à leur bout. Ce nez-là, ce nez de notaire, même les deux maîtres, de père en fils, de nos mystérieuses officines à panonceaux ne le possèdent pas, quelque peine qu'ils eussent prise pour tenter de le faire circuler dans leurs gènes, pourtant parfois accentués de sang bleu en pure perte. Notre nez de Bas-Alpin est ineffaçable. Il nous trahit et nous sert d'enseigne. Offrant sa surface camuse aux prêcheurs de toute boutique, il est l'emblème de notre circonspection.

Giono, en revanche, a ce nez que je ne reverrai de ma vie que chez sa fille Aline mais, chez elle, en plus désenchanté et plus timide.

Et que dire alors de ses yeux ? Soit qu'ils aient été immenses par eux-mêmes, soit que la construction particulière de son visage, en feignant de les lui faire porter à fleur de tête, en eût rendu la dimension trompeuse, nous ne pouvons pas les regarder en face. Comme si nous avions peur d'être médusés, nous détournons notre regard du sien, même si nous sommes certains qu'il ne nous voit pas. [...]

Giono ne nous captive pas seulement parce que son regard nous met en panique mais aussi parce que son pas large et tranquille ne ressemble non plus à aucun autre de nous connu. Ses pieds souples, on dirait qu'à chaque contact avec le sol, ils l'apprivoisent, ils le flattent, ils le caressent, qu'ils refont amitié avec lui, qu'ils sont ensemble accordés, le sol et les pas de Giono, comme deux vieilles connaissances qui se murmurent des choses que nous sommes inaptes à comprendre.

Tel jour, tel soir, me promenant en compagnie de Jacques Michel parmi les feuilles mortes, j'entendis derrière moi un étrange bruit. Je me retournai. C'était Giono qui s'avançait. Du boulevard de la Plaine (ce qui paraît inconcevable aujourd'hui), il n'empruntait jamais les trottoirs. Il s'avançait seul, dans l'axe médian de la chaussée plus bombée à l'époque qu'aujourd'hui. Il s'avançait, son courrier à la main, ni pressé ni flânant, fumant son odorant tabac dont le parfum inconnu le séparait encore plus irrémédia-

Jean Giono à sa table de travail dans sa maison de Manosque (© Dalmas/Sipa).

blement du modèle de nos grands-pères et de nos pères qui fumaient du gros-cul.

Giono s'avançait donc. Mais le bruit qu'il faisait en écartant les feuilles mortes était insolite. Mon regard s'arrêta à ses pieds. Il portait d'admirables chaussures cramoisies resplendissantes de cire transparente comme les meubles d'autrefois. Seulement ce n'était pas des chaussures. Je pensais aussitôt aux poulaines du XVe siècle qui figuraient sur les illustrations des contes de fées, mais ce n'était pas non plus cela. Ces chaussures d'une longueur démesurée n'avaient pas de semelles. C'est ce qui produisait ce bruit insolite parmi les feuilles mortes. Elles étaient faites d'un seul ensemble de cuir embouti et sans couture apparente. Mais ce qu'elles avaient de plus étrange, de plus déroutant pour un enfant comme moi qui vivait dans la plus banale des médiocrités, c'était leur forme : au lieu d'être bien à plat au ras du sol et de se terminer là en un pointu vaguement arrondi comme tous les souliers bons et mauvais que j'avais vus jusqu'ici, soudain elles rebiquaient du bout, elles se recourbaient *en langue de belle-mère,* elles s'enroulaient sur elles-mêmes pour s'achever en une spirale impertinente en corne de bélier qui défiait l'utilité et la raison. Au moment que je me retournai, Giono ce me semble contemplait ces chaussures à la dérobée mais avec un petit sourire. Mais là, je peux m'être trompé. [...]

Du regard inexpressif à l'esquisse des commensaux et aux détails vestimentaires précis (l'été il porte pantalon de toile bise ou blanche, parfois des pantalons de golf, des chemises telles qu'il les décrira dans *Le Bout de la route,* aux manches toujours retroussées seulement jusqu'aux coudes ; l'hiver, veste de velours brun, mais pas n'importe quelle veste de n'importe quel velours, mais pas l'une de celles en tout cas que nous voyons sur les épaules de nos grands-pères), en passant par l'odeur du tabac anglais qu'il fumait dans une pipe Butz-Choquen (« C'est une Butz-Choquen, m'avait dit Jacques, il a offert la même à mon père qui ne fume pas ! »), l'on comprend de reste que le mouvement de la vie que j'essaye de recréer autour de cette ombre n'est pas là par hasard.

Nous autres, les enfants de Manosque, à quatorze ans, enfin les quelques-uns d'entre nous qui ont à l'intérieur du crâne une bande magnétique suffisamment sensible, voilà ce que, de l'extérieur, nous voyons de Giono et ce n'est déjà pas rien.

Voici l'homme que Jef a décidé que nous affronterions pour lui demander une préface. Le lendemain nous nous mettons en route.

— Tu as lu quelque chose de Giono, toi ?

— Moi non, jamais !

— Moi non plus.

Nous voici plus tremblants encore de cet aveu échangé à voix chevrotante. Nous voyons les auteurs sous un mauvais jour : il ne nous paraît pas possible qu'ils n'aient pas la dévotion de leurs œuvres. Nous distinguons déjà Giono sous les espèces d'un sévère examinateur.

— Vous voulez une préface ? Fort bien ! Qu'avez-vous lu de moi ?

Le chemin montant n'est pas le boulevard d'aujourd'hui, à partir de la villa des Violettes ce n'est qu'une calade informe et sèche, ravinée par les pluies à chaque automne. Nous l'escaladons. Nous bifurquons à droite du pont du canal. Sauf les peupliers que Giono fit planter plus tard en face de sa maison et qui n'existaient pas alors, rien n'a changé sur ce sentier au nord, bordé d'un ruisseau d'arrosage. Le Manosque d'autrefois s'est ainsi réfugié en quelques petits réduits de terre et en quelques petits coins de rue.

Il doit faire autour de cent mètres ce chemin. Nous le parcourons, Jef et moi, la mort dans l'âme, c'est tout juste si nous ne nous tenons pas par la main. La puissance de l'écriture était alors telle chez deux gamins à peine sortis de l'école que sa représentation concrète, par le truchement d'un écrivain, nous remplissait d'une terreur sacrée.

Notre cœur bat la chamade, nos jambes nous soutiennent à peine, notre néant nous recroqueville. Lequel des deux va-t-il oser sonner ? Certainement pas moi ! C'est Jef qui appuie sur le bouton. Il m'a solidement accroché par le bras, pressentant que, s'il ne me retenait pas, j'allais m'enfuir à toutes jambes et le planter là tout seul, au seuil du mystère.

La porte n'était pas celle d'aujourd'hui qui a, hâtivement et avec du bois de pénurie, remplacé la première, soufflée en 1944 par un explosif soigneusement dosé.

C'était alors une belle porte probablement choisie avec amour et en tout cas très brillante et aux cuivres astiqués. Quand elle s'ouvre, il y a une jeune femme brune au beau sourire derrière, c'est Mme Giono.

Giono, à cette époque, comme il sait que les êtres qui partagent sa vie sont trop bons pour jouer les cerbères, s'est fabriqué des écriteaux qu'il punaise lui-même sur le battant : *Je travaille — Laissez-moi travailler — Je travaille pour que vous puissiez me lire — Je travaille, comme vous, pour gagner ma vie.*

Personne n'a tenu ni ne tiendra jamais compte d'aucune de ces inscriptions suppliantes. Il y en avait de beaux uns, dans Manosque ou ailleurs, lesquels n'ayant, tel jour, rien de particulier à faire et s'ennuyant ferme, se disaient tout soudain comme frappés d'une inspiration : « Tè ! Je vais voir Giono ! »

Et d'ailleurs, Giono lui-même s'employait à minimiser ces injonctions, à être toujours prêt pour l'interlocuteur, à dire :

— Mais non ce n'est pas pour toi ! Mais non ce n'est pas pour vous ! Toi, vous, vous pouvez venir quand vous voulez !

Ce jour-là, il n'y avait pas d'écriteau. S'il y en avait eu un, *nous,* nous aurions obéi, et notre destin aurait été celui qu'il devait être. Mme Giono au beau sourire nous dit simplement :

— Vous voulez voir Jean ? Montez !

Et dans la cage de l'escalier, elle appela :

— Jean ! Tu as du monde !

Le monde c'était nous ! Je découvre l'escalier à rampe de bois, la bibliothèque vitrée sur le premier palier derrière quoi sont les éditions originales et les tirages de bibliophile. Nous montons la seconde moitié haletants, Jef devant, moi dans son ombre. Une voix sourde au loin nous guide.

— Venez venez ! C'est au fond de la chambre.

C'est un antre obscur, à la porte toujours ouverte, où, sur la droite, se dresse un gros lit haut sur pattes

(Collection Aline Giono).

muni d'un édredon sous une courtepointe blanche tricotée en coton. Je n'ai jamais su qui couchait dans ce lit. Longtemps cette chambre obscure fut le passage obligé pour tous ceux qui aimaient Giono. Nous frappons timidement à la porte que signale un rai de lumière, à la suite du lit. On nous crie d'entrer. Giono est devant nous. Il est assis. Il porte une robe de chambre écossais à dominante verte. C'est la première fois de ma vie que je vois une robe de chambre. Il est nu-tête. Ses cheveux châtains s'effilent en aile triangulaire vers l'arrière de sa tête. Jusque-là je ne l'avais vu que portant un chapeau.

Alors il se produit une chose extraordinaire, c'est que je ne reconnais pas le visage que j'ai cru si bien examiner tant de fois sur le boulevard de la Plaine, lorsque Giono passait devant moi. Cela tient à ce que quand Giono parle, l'immobilité de ses traits, l'inexpression de ses yeux se dispersent pour toujours dans la mémoire incertaine de l'interlocuteur. Au contraire, le mariage heureux de sa voix et de son sourire fait qu'on est tout porté vers lui par un élan confiant.

Il se lève pour nous faire asseoir. Il demande :

— Alors ? qu'est-ce que vous attendez de moi ?

Jef répond, plaide, argumente. Moi, je jette de tous côtés des regards de lièvre. Par la fenêtre, je vois la route de Sainte-Tulle sur cinq kilomètres, avec les cheminées de l'usine au bout de la plaine. La table de Giono (en chêne, soutenue par quatre pieds à torsades) est en biais, pas tout à fait perpendiculaire à cette fenêtre. Dessus, il y a une belle ramette de papier couleur maïs dont la première page est au tiers couverte d'une écriture noire. Sauf au gros de l'été, j'ai toujours vu un manuscrit en train sur le bureau de Giono. Mais ce n'est pas tout, il y a aussi un râtelier de pipes, deux ou trois bocaux hérissés de porte-plume en verre filé et torsadé qui m'en bouchent particulièrement un coin, une lampe de chevet munie d'un abat-jour fait d'une carte Michelin. Au mur, une autre carte Michelin représente le département de l'Isère. Le sol est embelli d'un petit tapis, tout petit, blanc avec un motif bleu qui ressemble à un serpent voisinant avec une étoile modeste sur le côté. Je saurai plus tard que c'est Mme Giono qui a tissé ce tapis. Jamais je ne dissocierai Giono de ce tapis d'amour et chaque fois que j'aurai à l'évoquer soit qu'il fût en prison ou libre loin de moi, je verrai ce tapis à ses côtés. On me dit qu'il était destiné à être accroché au mur. N'importe, il était parfait là où il était, devant la cheminée.

Nous sommes déjà debout, déjà prêts à nous enfuir, nous attendant au refus.

— Alors vous allez faire un journal ? C'est très épatant ça ! dit Giono. Un journal de jeunes à Manosque ! Ça m'intéresse prodigieusement !

Je ne mens pas. Pourquoi mentirais-je à mon âge ? J'enregistre, à cette époque, comme je fais toujours. Ces deux termes, *très épatant* et *prodigieux,* seront les deux adjectifs préférés de Giono durant tout le temps qu'il aura la passion de sauver et que sa joie demeurera.

— Oui, dit Jef, et ce sera un journal pacifiste. C'est pour ça que nous avons pensé que si vous vouliez bien nous donner un article...

— Mais, naturellement, tout ce que vous voudrez !

Il était en train de bourrer sa pipe. Je sens encore, à cinquante-trois ans de distance, le parfum de ce mélange qu'il tirait d'un pot de faïence de Marnas, brun, constellé de grosses lunes jaunes. Je vois encore le geste de sybarite de son index effilé pour tasser minutieusement le tabac. Il l'alluma, éteignit l'allumette dans l'air en un mouvement que je ne vis jamais faire qu'à lui et soudain, comme frappé d'une inspiration subite, il nous dit :

— Mais au fait ! Pourquoi ne viendriez-vous pas au Contadour avec moi ? Tiens, c'est une idée ça ! Vous venez avec moi et là-haut je vous fais votre article.

Il voit sur nos visages, et surtout sur le mien sans doute, qu'il y a un obstacle majeur. Il doit y avoir de la dépense au Contadour et je n'ai que vingt francs par semaine.

— Allez ! dit-il. Je vous invite au Contadour. Vous resterez tout le temps que vous voudrez.

Il nous donne des détails pratiques :

— Habillez-vous chaudement et soyez à la Saunerie samedi vers onze heures, nous partons par la patache de Banon !

Quand nous sortons de là, Jef et moi, nous sommes l'un contre l'autre jetés par l'émotion et saouls comme des grives. Le plaisir, l'étonnement, l'enthousiasme, se partagent nos cœurs. Nous venons d'être percutés pour la première fois de notre vie par une émotion inconnue. Et Jef pour extérioriser sa joie se tourne vers moi et me morigène pour lui avoir laissé faire tout le travail.

— Tu aurais pu au moins me soutenir ! À quoi ça sert que je t'aie traîné jusqu'ici ? Tu avais plutôt l'air d'un con que d'un moulin à vent !

C'était vrai. Mais il pouvait toujours parler. J'avais encore dans le nez le parfum de la maison Giono. C'était cette odeur particulière que je n'ai sentie qu'une dizaine de fois dans ma vie : mélange de cuisine de grand-mère, de vieux livres, de linge repassé dans les armoires, de fontaine de jardin à petit bruit qui entraîne par la porte ouverte un courant d'air odorant d'herbes mouillées. Il pouvait toujours parler mon ami Jef. J'étais au comble du bonheur.

Moi dont la machine à me souvenir est si exacte d'ordinaire, ici je ne me souviens plus de la couleur, de la texture qu'annonçait le couchant ce soir-là. Giono m'avait effacé le ciel.

Pierre Magnan,
Pour saluer Giono

MANOSQUE

Jean Giono se défendait d'être un écrivain provençal même s'il n'a cessé de sillonner ces Basses-Alpes, devenues les Alpes-de-Haute-Provence, y trouvant le décor de ses romans et le « climat » de ses personnages tout en jouant sur la topographie des lieux. Natif de Manosque, il lui est resté toute sa vie fidèle à l'exception de brefs séjours à Paris et de quelques voyages à l'étranger. Dans le texte qu'on va lire, il rend hommage à ce fief natal.

Certaines villes peuvent montrer d'orgueilleuses cathédrales, des remparts médiévaux ou des viscères de martyr. Manosque a sa beauté.

Elle possède évidemment, elle aussi, comme tout le monde, ses portes et ses églises : la Saunerie, le Soubeyran, Notre-Dame, Saint-Sauveur, et même l'admirable petit hôtel de la Grand-Rue dans lequel est installé le presbytère. Les amateurs de détails peuvent facilement se délecter de vieilles portes, de vieilles pierres, de vieilles ferrures ; le quartier des Obser-

Double page suivante : Vue générale de Manosque avec au premier plan à droite, la maison de Jean Giono (© Collection Viollet).

vantins et celui d'Aubette recèlent encore quelques façades fatiguées où peut se lire l'histoire ; mais le véritable trésor de Manosque est sa beauté.

Beauté difficile à définir, si elle subjugue néanmoins d'un coup. Tout ce qu'on trouve ici, cent villes de Provence le possèdent : lumière et soleil, patine des crépis et des argiles, oliviers gris, cyprès, collines rousses : le catalogue n'a rien d'exceptionnel. Ce qui l'est, c'est l'ordre dans lequel ces éléments sont composés. Je ne connais pas d'endroit où l'architecture tellurique soit plus noble. À cause d'une banale histoire qui s'est soi-disant passée sous François Ier, des gens qui ne savent pas voir (vivant sans doute sous des capuchons) l'ont baptisée Manosque-la-pudique (ce qui est faux : elle est Vénus tout entière). Un seul nom lui convient : Manosque-la-juste, tant elle est équilibrée et saine.

Des quatre collines qui l'entourent, on ne sait pas quelle est la plus belle. Une d'elles a la forme d'un sein. Les bergers de Théocrite jouaient à faire des bols, en moulant dans de l'argile la gorge des gardeuses de chèvres. Le Mont-d'Or est aussi pur, aussi émouvant qu'une de ces précieuses empreintes. La colline d'Espel et celle de la Thomassine barrent la route au vent du nord. C'est le mouvement même du ciel qui les a modelées. Leur flexible ligne de crête laisse passer dans les creux de sa houle cet air vivant, gloire de la Haute-Provence, fruit des lavanderaies, ce vent acide et fondant comme un sorbet dont les hommes nés sur cette terre ne peuvent plus se passer et qui les poursuit de nostalgie, où qu'ils aillent. Qui respire ce vent apprend une nouvelle volupté. À l'étranger (et pour nous c'est parfois simplement Marseille), le Manosquin est renommé pour être mélancolique et penser constamment à son pays : c'est qu'il manque d'air, c'est qu'il est habitué à une sensualité des poumons, qu'il languit après ces délices. Il faut aller lire Eschyle et Sophocle dans les vergers d'oliviers qui couvrent les flancs abaissés de la colline d'Espel. Les héros et les dieux sont couchés avec vous dans les herbes rousses. Le jacassement d'une pie est la parole indistincte de Cassandre. Le char de Xerxès geint dans les chemins creux. Tout à l'heure, un paysan qui parle à son cheval prendra la voix d'Œdipe. Des flancs d'Espel, en regardant vers la Thomassine, ce village qui émerge des vergers et d'un décor à la Poussin, c'est Argos. C'est simplement Pierrevert, où Élémir Bourges, enfant, a appris à lire dans le bréviaire de son oncle. La colline de l'Ouest, Saint-Pancrace, a toute la suavité de la vertu chrétienne. Est-ce à cause de son patron ? De son petit ermitage ? Pour moi c'est qu'elle est humble sous sa gloire. Couverte d'amandiers qui au printemps l'habillent comme une vierge, mai et juin la couronnent de genêts d'or. Mais de ces quatre collines, c'est la plus basse, la plus femme. Elle a des grâces de mélange, elle se fond dans la plaine par des pentes douces. Cependant les orages qui la dépassent sont mauvais. C'est dans l'abri de ces quatre collines que Manosque est bâtie. De l'est au sud-ouest, la Durance frotte ses terres à blés, ses champs de patates célèbres. C'était, il n'y a pas très longtemps encore (simplement du temps de ma jeunesse), une ville de paysans et d'artisans. Les uns et les autres ont à peu près disparu. J'entends bien qu'on y cultive toujours la terre, mais plus de façon patriarcale. Personnellement, je le regrette. Tout en profitant, me répondra-t-on, des fraises, des pêches, des artichauts qu'on produit en grand et qu'on vend sur ses marchés. Oui. Je pense au long abreuvoir de la porte Saunerie où tous les chevaux de la ville venaient boire le soir, à la rentrée des foins, quand les charretées odorantes passaient si pleines dans les rues que ma mère était obligée de fermer les volets de sa boutique ; aux agoras des paysans qui se réunissaient sur les petites places, à côté des vieux mûriers, pour parler lentement de la pluie, du beau temps, sans plus.

Cette philosophie, ce sens du bonheur, et les fondations qu'on lui donnait dans la matière, naissent de la chair même de ce pays. C'est pourquoi les temps modernes ne l'ont pas détruit. Malgré tout, on continue ici à savoir vivre. Les ruelles étroites gardent leur fraîcheur dans les étés les plus torrides. Y dort aussi l'ombre la plus douce aux yeux. Dirai-je qu'on apprend à se servir de la lenteur, quand tous les désirs des hommes sont orientés vers la vitesse ? Oui : au cœur de ces lourds étés, quand la plus simple goutte de fraîcheur contient toute la bénédiction divine, on apprend à se servir de la lenteur et d'une sorte de paresse musulmane. On apprend à donner de l'importance aux petites joies et surtout à les additionner les unes aux autres. Et s'il fallait donner à la beauté de Manosque une définition qui conclue, un titre qui dise tout, je l'appellerais :

l'École Normale Supérieure du bonheur

Provence de Jean Giono

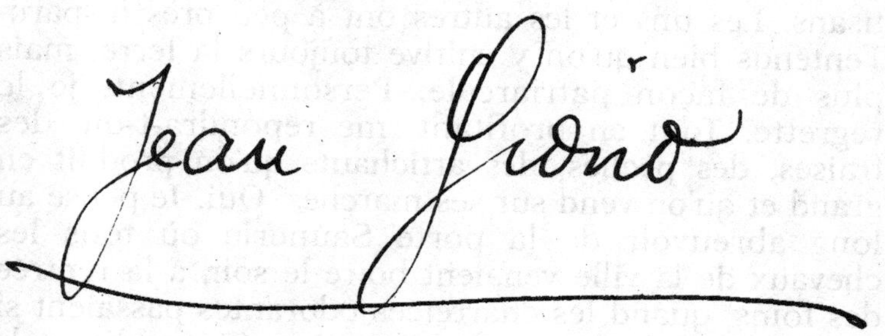

(© Collection Viollet).

UN ROMANCIER ASSASSIN

Aline Giono a raconté ses souvenirs d'enfance dans un charmant petit livre, Mon père, contes des jours ordinaires. *Elle y évoque les menus faits, les figures familières de son existence coutumière dans la maison de Manosque et ce père qui exerce le plus original des métiers : « Il s'amuse à écrire des histoires pour grandes personnes. » Voici un chapitre de cet ouvrage intitulé « Sept d'un coup ».*

Ma sœur et moi étions en train de faire nos devoirs sur la table de la salle à manger, quand papa est entré.

Papa, je l'ai déjà dit, écrit ses histoires pour grandes personnes dans son bureau, tout en haut de la maison, pour être bien tranquille.

Quand il en a assez d'être bien tranquille (ce qui lui arrive plusieurs fois par jour), il descend les deux étages et vient voir ce qui se passe « chez ses femmes ».

Il en profite pour taquiner le chien au passage, puis vient nous râper les joues avec sa barbe neuve. Le jeu consiste alors pour nous à pousser des cris aigus et à exiger que les deux joues soient aussi rouges et cuisantes l'une que l'autre. Quand elles le sont, papa va dans la cuisine embrasser maman, et accessoirement voir ce qui est en train de cuire pour le souper. Il soulève les couvercles, renifle, trempe son doigt dans la sauce, déclare que le plus appétissant est le repas du chat, se fait chasser par maman et repart gaiement dans son bureau en sifflotant.

Mais ce jour-là, voici le dialogue qui nous parvint de la cuisine :

Maman. — Mon chéri, j'ai quelque chose à te dire, mais surtout, ne te fâche pas !

Papa, tout prêt à se fâcher, naturellement.

— Pourquoi veux-tu que je me fâche ?

Maman. — Parce que ce que je vais te dire ne te fera pas plaisir. Voilà : tu as changé, je ne te reconnais plus.

Papa, ahuri. — Tu ne me reconnais plus ? Qu'est-ce que c'est que cette histoire ?

Maman. — Non, tu n'es plus le même, tu n'es plus aussi gentil qu'avant.

— Ah ! ça, par exemple ! Et à quoi vois-tu que je suis, comme tu dis, moins gentil qu'avant ?

— C'est très simple : au début, quand je t'ai connu, tu ne tuais personne.

— Comment ça, je ne tuais personne ? Et aujourd'hui, je tue plus qu'avant ?

— Parfaitement. Aujourd'hui, dans tes livres, tout le monde meurt. Tu fais passer tes personnages de vie à trépas pour un oui, pour un non, tu les exécutes à chaque page, et tu n'étais pas comme ça avant, et c'est pourquoi je trouve que c'est méchant et que tu as changé. Voilà !

Il s'agissait de son travail, papa fut piqué au vif.

— Ah ! ça, par exemple ! (Il en bégayait presque d'indignation.) Si je tue, c'est que j'ai mes raisons, c'est que l'histoire l'exige. C'est mon métier, tout de même, et je sais ce que j'ai à faire. C'est comme si je te repro-

Jean Giono en 1929 (Collection Aline Giono).

chais de mettre trop de ceci ou trop de cela dans tes plats. *(Il lui arrive bel et bien de le reprocher.)*

Et, s'échauffant de plus en plus :

— D'ailleurs, ça ne regarde que moi, et si ça me plaît, je peux en tuer cent, je peux en tuer mille, je peux en tuer cent mille... Je peux tuer tout le monde ! Et tiens, puisque c'est comme ça, aujourd'hui, je vais en tuer sept !

Et le voilà reparti dans son bureau, après avoir claqué la porte derrière lui.

Je suis allée trouver maman dans sa cuisine. Elle tournait sa sauce d'un air triste. Il a fallu que je la console.

— Voyons, maman, ne trouves-tu pas que papa est le plus agréable des hommes ? Avec lui on s'amuse, il est toujours de bonne humeur, il ne se prend pas au sérieux (sauf quand il prétend m'aider à faire mes problèmes, mais c'est un détail). Que demander de plus ?

C'est peut-être même parce qu'il tue tant de gens dans ses livres qu'il est aussi gentil dans la vie...

Maman a bien voulu en convenir. Elle est restée quand même un peu préoccupée. Elle soupirait devant ses casseroles. Son air semblait dire : « N'épousez jamais un écrivain. On s'éprend d'un bon jeune homme, on se retrouve mariée avec un assassin. »

Le soir, au souper, papa est descendu tout souriant de son bureau. Il est allé droit à maman, l'a prise tendrement par les épaules et lui a dit :

— Tu vois bien que je ne suis pas méchant : aujourd'hui, pour te faire plaisir, je n'ai tué personne.

Mon père, contes des jours ordinaires
d'Aline Giono

UN PORTRAIT

En 1954, Jean Giono entrait à l'Académie Goncourt. Dans le numéro de décembre de ses Cahiers de l'artisan, *Lucien Jacques, son ami et confident de la première heure, brossait ce portrait :*

« Giono, Jean, Fernand [...] cheveux blonds en coup de vent (maintenant blancs), visage jadis ovale, taille : un mètre soixante-quinze, yeux bleus, nez mince, sinueux, bouche mince, face rasée, poils sur la poitrine [...] Aime les chiens, supporte les chats ; aime les fleurs : tulipes, roses, zinias ; aime la marche à pied dans la campagne, n'a pas d'auto, a eu une bicyclette, écrit à l'encre bien noire sur simili Japon jaune paille, porte-plume d'écolier ; [...] affectionne l'huile d'olive et les huîtres, les pommes ; aime les très belles étoffes sobres, les foulards colorés, les chaussures confortables en cuir souple, fume la pipe (gros gris) dans des pipes anglaises ; [...] par hygiène fait des cures à Gréoux-les-Bains et des cures de romans policiers ; aime les images mouvantes ou non, en sculpture les Égyptiens, en peinture Pisanello, Piero Della Francesca, Giorgione, Bonnard, Vuillard, Renoir et parmi les actuels Lucien Jacques et Bernard Buffet ; en musique : Monteverdi, Vivaldi, Scarlatti, Bach, Haendel, Cimarosa, Mozart surtout, dont il possède quantité d'enregistrements ; lectures qui l'ont marqué : les tragiques grecs, la Bible, Cervantès, Shakespeare et plus récemment Stendhal, Balzac, les Mémoires ; les pays : l'Italie, l'Écosse. »

Texte figurant dans *Œuvres romanesques complètes* de Jean Giono, Tome I, « La Pléiade ».

REGARDS SUR JEAN GIONO

IL NE MENT JAMAIS

« Giono me rend meilleur ; pas meilleur que lui, meilleur que moi, ce qui est plus facile. Il est puissant et bon [...] Son indépendance, son anarchie, voisinent avec les miennes, bien différentes. Pan, Kâli, Dionysos entrent avec lui dans ma chambre. Il m'enseigne les mystères ; ce Giono sait tout : où a-t-il tout appris ? Jamais en défaut : sédentaire, il a tout flairé, exploré, retourné... La main de Giono, je la prends avec une confiance qui se donne rarement. Les effluves qui s'en dégagent sont bénéfiques ; il ne ment jamais. »

Paul Morand, *Monplaisir... en littérature*

UN COMPAGNON FRATERNEL

« Giono parle : c'est un fait. Il n'est pas l'homme du silence ; il n'est pas l'homme de la réserve, de la concision ni de la litote. Il parle beaucoup. Je le trouve même un peu bavard.

Mais Giono sait parler : c'est un don.

Il est un homme qui raconte ; nous entendons sa voix, nous surprenons ses intonations ; bien plus : nous devinons, nous voyons sa mimique. Vraiment, il est ici parmi nous ; c'est à nous qu'il s'adresse, et nullement en homme qui veut en faire accroire — ah ! non, en compagnon fraternel et témoin irrécusable [...] Bref, tous ses livres sont les diverses phrases d'un énorme récit, les divers mots et les divers accents d'une même parole. »

Marcel Arland, *La Grâce d'écrire*

IL INVENTE NOS RACINES

« Pour Giono, l'homme quel qu'il soit, où qu'il soit, n'est jamais séparé de la vérité terrestre. Il appartient au règne vivant, il est l'un des accidents de la création, une figure parmi les autres [...] C'est cela la force de l'écriture de Giono, c'est pour cela que ses rêves sont à ce point en nous : les forces de la vie sont toujours naturelles. Giono invente nos racines, l'origine du mal, le cheminement de nos souffrances et de nos passions ; il les découvre dans la terre même, dans les rythmes diurnes et nocturnes, dans le passage des saisons, dans la volonté de l'herbe, dans les rochers, les nuages, le bruit des insectes, le rut des animaux. »

J.-M.G. Le Clézio, *Le Figaro littéraire,*
19-25 octobre 1970

LA POÉSIE DU MONDE

« Si Giono me déconcertait quelquefois, je n'en aimais pas moins l'essentiel, sa poésie du monde, la montagne vivante et la source limpide, la forêt qui fermente, l'étoile qui rase les crêtes et voyage pour son propre compte, l'homme même qui a l'air d'un roc, qui parle comme un arbre, et le vent, le vent le plus mystérieux que je connaisse, un vent qui rôde, qui inquiète, qui désoriente. Et aussi partout, sur les mots comme sur les choses, l'image, l'image reine qui tient lieu parfois de pensée mais en dit plus long par magie. Tout un univers inconnu alors et détaché par un puissant charme verbal du fond ténébreux de la terre ou bien tiré des astres devenus pondérables. On sent alors sur soi le poids du monde. »

Henri Bosco, *Le Figaro littéraire,*
19-25 octobre 1970

LE BONHEUR D'ÉCRIRE

« La joie que Giono cherchait naguère dans l'accord avec la nature, il n'a cessé de la poursuivre. Et il la découvre dans une même liberté de l'individu, dans un pouvoir de rupture plus radical encore, pour repousser, au-delà de la société présente, le temps même du présent. Le bonheur est maintenant dans l'évasion, le rêve, le passé [...] Giono a toujours besoin de se sentir "au comble du bonheur". Seulement, ce bonheur est celui de l'imagination, de la création littéraire. Écrivant, Giono ne vise nullement à nous prendre au piège d'une action ou des personnages ; il ne cherche qu'à éprouver le bonheur d'écrire, et à nous le communiquer. »

Gaëtan Picon, *Histoire des Littératures,* III

UN SOUFFLE D'AIR PUR

« Même si l'on tient compte de Ramuz, Giono reste notre plus grand poète en prose. Le monde méditerranéen et la Provence ont renouvelé, grâce à lui, nos images de la France. C'est un souffle d'air pur — l'air implacable des Hauts-de-Provence — que *Colline* a introduit dans une littérature urbaine, gorgée d'idées, d'abstractions, d'érotisme. Le fils du cordonnier de Manosque n'a pas eu pour maîtres ces professeurs qui, de Boileau à Jean-Paul Sartre, n'ont pas fini de régenter notre littérature, mais des autodidactes,

(© René Saint-Paul).

formés comme lui à la dure école de la vie, un Melville ou un Whitman, dont la poésie ne naît pas des mots mais du rude contact des choses. »

Pierre de Boisdeffre, *Une histoire vivante de la littérature d'aujourd'hui*

LA MAGIE DES CHOSES

« Conteur épique de ses débuts ou raconteur intarissable des livres de la seconde période, il pousse le réalisme jusque bien avant dans l'irréalité. Son art

d'écrivain consiste d'abord à mettre notre œil, notre oreille en condition. [...] De même, avec des précautions infinies, Jean Giono découvre la réalité sans jamais la perdre de vue mais en nous la faisant voir comme irréelle. Il est prodigieusement sensible à la magie des choses, il sait en isoler une, concentrer notre regard sur ce que nous voyons et en même temps sur ce que nous savons ou allons savoir du passé et de l'avenir, de ce chapeau ou de ce couteau. [...] Le très grand écrivain qu'a été Giono, ce n'est pas l'homme d'une prédication politique ou para-religieuse. C'est l'homme de la magie des choses, c'est Jean Giono, le magicien... »

Robert Kanters, *l'Air des Lettres*

L'ARDEUR DE LA LIBERTÉ

« L'une des épigraphes projetées par l'un des livres essentiels de Giono, *Noé,* était "Non serviam", "Je ne servirai pas", ou "Je ne serai pas esclave". C'est sans doute là l'une des clés principales de son œuvre [...] Gêné par le réel, il le dit, il revendique sa liberté par rapport aux choses, aux faits, au monde, et il invente souvent jusqu'à dépasser les bornes du vraisemblable, parfois comme dans *Fragments d'un paradis,* celles de l'imaginable. Mais chez lui, "même les exagérations sont vraies", comme il le dit de Balzac dans son *Journal*. [...] Cet homme si gai dans la vie quotidienne a produit une œuvre qui, si en se renouvelant elle passe de la joie au bonheur, si elle est, dans la maturité, teintée d'un humour aigu, est rarement gaie. Mais, dans sa prodigieuse richesse d'images, d'invention, de style, elle a le souffle, la lumière, l'ardeur de la liberté, et sa fascination ne peut que grandir ; même dans sa veine la plus noire, Giono reste, selon une expression qu'il appliquait à un autre, un "professeur d'espérance" — comme tant de grands poètes. »

Pierre Citron, *Giono*

C'EST ÉBLOUISSANT

« Giono, c'est un dieu. Je le mets aussi haut que Chateaubriand et Proust. *Le Chant du monde,* c'est le plus beau titre que je connaisse. Je n'ai pas fréquenté l'homme. Ce que je peux dire, en revanche, c'est qu'on ne peut pas être pacifiste quand il y a Hitler. Pour la littérature en deux mots : Pagnol, c'est épatant. Giono, c'est éblouissant. »

Jean d'Ormesson, *L'Express,* 22 décembre 1994.

UNE VRAIE LANGUE

« Pagnol, c'est une prose à écouter à l'école, de subtils dialogues, naturels, émouvants. Giono est un écrivain, un grand. Il part de la même Provence et il arrive plus haut. Du même accent, des mêmes senteurs d'ail et d'anis, il crée une vraie langue : le gionien. Les quatre *Angélo* et surtout *Les Âmes fortes* et *Ennemonde...* sont des œuvres de maître, qui, ayant beaucoup marché, la nuit, et rêvé, le jour, travaille comme un fou enivré. Le matériau humain et géographique devient un enchantement, à chaque ligne. »

François-Régis Bastide,
L'Express, 22 décembre 1994.

LE GÉNIE DU CONTEUR

« Giono est le plus grand paysagiste de la littérature française. Les arbres, les montagnes, les vallées et les plaines n'ont pas de secrets pour lui. Ample et précis, il en saisit les nuances, les vibrations les plus violentes et les plus ténues. Il les goûte et les assimile. Il en fait toute une alchimie. De l'aube au crépuscule, il marche à grands pas sur ces terres changeantes, donnant à entendre le chant, à sentir l'odeur, à saisir la couleur. Il vagabonde, et tous ses livres sont de vagabondage. On n'y tient pas en place. La vie n'est qu'un itinéraire. C'est le génie même du conteur. Jean Giono a ce génie-là. »

Pierre Marcabru, *Le Point,* 8 avril 1995.

UNE FÊTE DE LA GOURMANDISE

« La vie de l'homme est une chasse au bonheur, écrit Giono. *Parmi ces bonheurs, l'exercice de la gourmandise est un des plus importants. [...] La cuisine fait connaître le paysage. Le paysage sert à comprendre la cuisine. » Dans* La Provence gourmande de Jean Giono, *Sylvie, la fille de l'écrivain, a égrené ses souvenirs agrémentés de photos intimistes et de magnifiques clichés de la Provence, mais elle a aussi célébré la gourmandise en nous livrant les recettes familiales. « L'imagination de mon père a donné les recettes littéraires, ma mère a réalisé les recettes familiales. J'ai été nourrie des deux, ce qui m'a donné le goût du bonheur. » À titre d'exemple, voici la recette d'un des plats favoris de l'écrivain : la daube à la provençale.*

Plat traditionnel provençal, où chacun ajoute un petit quelque chose qui en change le goût. Si vous le désirez, mais à vos risques et périls, suivez la recette de mon père : ajoutez un peu de renard pour lui donner un petit goût sauvage ! Certains gourmets disent qu'il faut faire mariner la viande. Chez nous, on ne le faisait pas. Par contre, on servait toujours la daube réchauffée, même plusieurs fois, ce qui vous faisait une sauce de plus en plus onctueuse et légèrement caramélisée dans le fond de la daubière. Les viandes alors s'émiettent, se fondent avec les carottes. C'est un délice !

Pour 8 personnes

- 2 KG DE BŒUF (GALINETTE OU GÎTE)
- 200 G DE POITRINE 1/2 SEL
- QUELQUES LANIÈRES DE COUENNE
- 500 G DE CAROTTES
- 6 OU 7 GOUSSES D'AIL
- 1 BOUTEILLE DE VIN ROUGE
- 1 VERRE DE VINAIGRE
- 1/2 VERRE D'HUILE D'OLIVE
- 1 ÉCORCE D'ORANGE
- 4 CLOUS DE GIROFLE
- NOIX MUSCADE
- QUATRE-ÉPICES
- THYM, LAURIER
- SEL ET POIVRE DU MOULIN

Dans une cocotte en fonte, faites revenir la poitrine 1/2 sel coupée en dés et les couennes découpées en lanières. Ajoutez ensuite le bœuf coupé en gros cubes, l'ail en chemise écrasé avec le manche du couteau, les carottes épluchées et coupées en deux, le vin, le vinaigre et toutes les épices. (Surtout n'ajoutez jamais de tomates, vous n'auriez plus du bœuf en daube, mais du bœuf bourguignon.)

Portez à ébullition pour que l'alcool du vin et du vinaigre s'évapore et fermez la cocotte en mettant le couvercle à l'envers. Remplissez d'eau le creux ainsi obtenu et maintenez le niveau d'eau pendant toute la cuisson. (Certaines cocottes sont équipées d'un couvercle creux spécialement conçu pour cet usage.) Laissez cuire très doucement pendant 3 à 4 heures.

Oubliez la cocotte sur le coin du feu, c'est encore mieux. Chez nous, la cuisinière étant allumée toute la nuit, la daube restait à frémir tout doucement jusqu'au lendemain.

Laissez refroidir pour pouvoir dégraisser la sauce et remettez à chauffer doucement à découvert. Servez très chaud avec des pâtes.

L'écrivain en 1960 : un homme heureux à qui sourit le destin (© Collection Viollet)

BIBLIOGRAPHIE

L'ŒUVRE DE JEAN GIONO

Les *Œuvres romanesques complètes* ont été réunies, en six volumes, en une édition dirigée par Robert Ricatte (1971-1983) dans « la Bibliothèque de La Pléiade », chez Gallimard. Dans la même collection ont paru un volume de *Récits et essais,* établi par Pierre Citron (1989) et un volume de *Journal, poèmes, essais,* dirigé par le même (1995).

La plupart des romans et essais de l'écrivain sont disponibles dans les collections de poche : Livre de Poche, Folio, Pochothèque.

ÉTUDES SUR L'ÉCRIVAIN

Pierre Citron, *Giono 1895-1970,* éditions du Seuil, 1990.

Jean Carrière, *Jean Giono,* éditions La Manufacture, 1991.

Pierre Magnan, *Les Promenades de Jean Giono,* éditions du Chêne, 1995.

Jacques Chabot, *La Provence de Giono,* Édisud, 1980.

Marcel Neveux, *Jean Giono ou le bonheur d'écrire,* éditions du Rocher, 1990.

Entretiens avec Jean Amrouche, Gallimard, 1990.

AUDIOVISUEL

Du côté de Manosque, entretiens avec Jean Carrière, INA/Radio France, 2 CD.
Propos et récits, 25 entretiens improvisés avec Marguerite Taos, 5 CD, Phonurgia Nova Éditions/INA.
Le Mystère Giono, film en couleurs de Jacques Mény, La Sept Arte/INA.

OUVRAGES CITÉS DANS LE PRÉSENT DOSSIER

Sylvie Giono, *La Provence gourmande de Jean Giono,* Albin Michel, 1995.
Aline Giono, *Mon père, contes des jours ordinaires,* Gallimard/Folio jeunes, 1988.
Pierre Magnan, *Pour saluer Giono,* Gallimard/Folio, 1993.
Pierre Citron, *Giono,* « Écrivains de toujours », Le Seuil, 1995.
Paul Morand, *Monplaisir... en littérature,* Gallimard, 1967.
Marcel Arland, *La Grâce d'écrire,* Gallimard, 1955.
Gaëtan Picon, « Littérature du XXe siècle » in *Histoire des littératures,* III, Gallimard, La Pléiade.
Pierre de Boisdeffre, *Une histoire vivante de la littérature d'aujourd'hui,* Librairie Académique Perrin, 1958.
Robert Kanters, *L'Air des Lettres,* Grasset, 1973.

Table des matières

Aubin Imprimeur

LIGUGÉ, POITIERS

Achevé d'imprimer en octobre 1995
pour le compte de France Loisirs
123, bd de Grenelle, 75015 Paris
N° d'édition 26188 / N° d'impression L 50146
Dépôt légal, octobre 1995
Imprimé en France